JN437149

맛있는 말

한입 잡숴 봐 U!

작가의 말

말이 갈수록 더 거칠어지고 또한 날카로워지고 있다. 가을걷이가 끝난 들판의 마른 풀처럼 메말라 가고 있다. 다정한 말이 사는 공간마저 찌르는 말에 자리를 내어주고 있다. 그만큼 사회적 공공재라 할 수 있는 예쁜 말 예쁜 미소가 숨 쉴 공간이 좁아지고 있으니 참으로 안타까울 따름이다. '예쁜 말 대잔치' 라도 열어보고 싶은 마음이다.

말은 믿음이요 나눔이요 생명인 것이다. 한 사람의 따뜻한 말과 활짝 웃는 미소는 '세상을 밝게 이웃을 편하게' 하는 오병이어의 기적을 낳는다. 뭇 별들을 어두운 밤에도 반짝반짝 빛나게 하는 힘은 바로 배려하는 말에서 시작된다. 심산계곡에 숨어 있는 오래된 산삼을 찾아 나서듯 예쁜 말 한 접시 담아 보려 오늘도 행복한 발걸음을 멈추지 않는다.

〈월간 문학세계〉에 연재했던 "말이 주는 그 놀라운 축복"과 〈성동신문〉에 연재하고 있는 칼럼 "송란교의 마음산책" 중에서 비교적 조회 수가 많았던 글을 간추려 엮었다. 그리고 작사가로의 변신을 꿈꾸며 꾸준하게 준비해온 트로트와 발라드풍의 작사

곡도 함께 실었다.

평소에 하는 말이 곧 자신의 형상을 만든다. 자신을 매력 넘치는 사람으로 가꾸려면 예쁜 말의 조각을 모으고 다듬고 고치고 아껴야 한다. 석 달 열흘 가뭄 끝에 '투두둑' 떨어지는 빗방울 같은 말도 조각구름을 입술에 담아야 꿀맛이 나오는 것이다. 퇴근길 빵굼터에서 새어 나오는 구수한 냄새에 자신도 모르게 침샘이 발끈거린다. 맛있는 말, 엄마의 손맛인 것이다.

묵직한 주춧돌을 놓고 넘기는 페이지마다 맛깔스럽게 다듬어주시고 모든 열정을 쏟아 살맛 나는 아름다운 집을 지어주신 홍익대학교 산업미술대학원 이길형 교수님과 출판을 허락해주신 도서출판 천우 김해윤 이사장님께 감사의 마음 전합니다.

가시 달린 미움보다 웃음 달린 사랑이 더 좋다. 나도 만족하고 너도 흡족해하는 '예쁜 말 예쁜 미소'가 우리 사회에 널리 퍼지기를 소망합니다.

감사합니다.

2023년 정월에

지란지교 송 란 교

목 차

1.
복 있는 말,
복을 부른다.

1. 복 있는 말, 복을 부른다.

1-1.
뿌린 대로 거두리라

씨암탉이 대낮에 '꼬꼬댁 꼬꼬'하면서 기쁘게 울면 달걀이 나온다. 신생아가 '응~애 응애'하면서 목청껏 울어대면 세상 사람들은 만물의 영장이 태어났음을 알아차린다. 센 바람은 간밤에 '쓰르륵 쓰르'하면서 잠자는 나무를 흔들어 깨워 자신이 왔다 간 흔적을 남긴다. 반려견(伴侶犬)은 주인을 따라 산책길을 걷다가 여기저기 '쉬~쉬'하면서 자신의 영역을 냄새로 표시한다. 천년 묵은 고목도 긴 세월을 꿋꿋이 견뎌냈다고 깊은 상흔을 훈장처럼 드러낸다.

호사유피인사유명(虎死留皮人死留名), 호랑이는 죽으면서 가죽을 남기고 사람은 죽으면서 이름을 남긴다고 한다. 사람들은 한평생 살아온 삶의 흔적이 누구에게나 존경받는 아름다운 이름이기를 원한다. 지금까지 잘 살아온 감동은 얼굴에 새겨진 주

감동이 있는 말을 하고 울림이 있는 글을 쓰고
결과가 있는 행동을 한다면
누구에게나 사랑과 존경을 받을 것이다.

름에 그대로 투영되어 나타난다. 깊은 주름 사이로 아름답게 흐르는 명성이 내가 주인공이기를 소망한다. 감동이 있는 말을 하고 울림이 있는 글을 쓰고 결과가 있는 행동을 한다면 누구에게나 사랑과 존경을 받을 것이다.

나는 지금 어떤 말을 뿌리고 있는가? 누군가에게 아름다운 씨를 뿌리겠다는 마음으로 말을 하고 선한 영향을 끼치겠다는 소명으로 글을 쓴다면 반드시 그들에게 울림을 줄 것이다. 평소에 했던 말이나 글이 다른 사람들에게 예쁜 영향을 미치고 그 선함이 다시 나에게 축복으로 되돌아올 때 비로소 나는 좋은 씨앗을 뿌렸다고 말할 수 있을 것이다.

어떤 사람이 나에게 안부를 묻는다고 이런 글을 보내온 적이 있었다. '코로나 19가 유행하고 있습니다. 코로나 19에 걸리면 많이 힘들어집니다. 모든 사람이 코로나 19를 싫어하니 코로나 19에 걸리지 않기를 바랍니다. 코로나 19를 미워하고 코로나 19를 극복합시다.'

저는 이 글을 읽는 순간 머릿속은 온통 코로나 19에 지배당하고 말았습니다. 이런 글을 안부랍시고 보내오면 코로나 19에 안 걸릴 자신이 있나요? 다른 사람들의 말을 듣거나 글을 읽다 보면 자신의 뇌가 먼저 반응을 합니다. 그래서 코로나 19라는 소리를 듣거나 코로나 19라는 글을 보면 우리들의 뇌는 곧장 코로나 19에 대한 정보를 저 깊숙한 곳에서 사정없이 끄집어냅니다.

대다수의 공중파에서 3년이 넘도록 하루도 빠짐없이 외쳐대는 코로나 19 확진자 소식이 코로나 19의 무서운 기억을 스멀스멀 기어 나오게 합니다. 그래서 허약한 우리 몸의 일부가 코로나 19의 영향을 받게 되고 가만히 있어도 코로나 19에 걸린 듯 으스스해집니다. 그러니 다른 사람들에게 안부를 물을 때는 부정적인 뜻을 지닌 단어나 문장이 아닌 가급적 따뜻하고 다정한 언어를 사용하는 것이 좋습니다.

노래를 부르는 가수(歌手)는 자기가 불렀던 히트곡의 노랫말처럼 살다가 가는 경우가 많습니다. 특히 요절한 가수들은 너 나 없이 슬픔이나 죽음과 연관된 노래를 불렀음을 알 수 있습니다. 그들은 자신의 히트곡을 만들어내기 위해 수만 번의 연습을 하고 또한 그런 감정에 몰입합니다. 그래서 그 감정에 동화현상이 발생하여 운명도 이와 비슷하게 변한다고 합니다. '노래'는 '말'에다 '곡조'를 실은 것이어서 말보다 더 큰 영향력을 발휘합니다. 윤심덕 가수는 '사의 찬미'를 부르고서 자살했으며, 송대관 가수는 '쨍하고 해 뜰 날'을 부른 후 인생이 풀렸다고 합니다. 이러한 예들은 말이 곧 씨가 된 것이라 할 수 있습니다.

저는 '말이 주는 그 놀라운 축복'이라는 주제로 강연을 할 때면 '박사 사모님과 절름발이 아내'라는 사례를 자주 거론합니다.

그 내용을 요약해보겠습니다.

“어느 시골 동네에 다리를 저는 남편을 절름발이라 부르는 부인이 있었습니다. 절름발이라 는 말을 들은 동네 아주머니들이 그 부인을 ‘절름발이 아내’라 부릅니다. ‘절름발이 아내’라 불리니 그 부인은 창피하기도 하고 속이 상했습니다. 그래서 다른 마을로 이사 갔습니다.

그곳에서는 자신의 남편을 박사님이라 불렀습니다. 그러하니 동네 아주머니들이 존경하는 마음으로 그 부인을 ‘박사 사모님’이라 불렀습니다. 그래서 그 부인은 기분이 좋습니다. ‘절름발이 아내’와 ‘박사 사모님’은 결코 다른 두 사람이 아닙니다. 똑같은 한 사람인데 이런 대접의 차이를 누가 만들었습니까? 이는 그 부인이 내뱉은 말이 씨가 되고 자라서 본인에게 되돌아온 것뿐입니다.”

인정받고 대접받고 칭찬받고 싶은 사람은 늘어나는데 인정하고 대접하고 칭찬하는 사람은 자꾸 줄어들고 있습니다. 세상 사람들의 마음이 자꾸 쪼그라들고 있습니다. 세상이 이러하니 사소한 것일지라도 다른 사람을 존경하고 배려하는 마음을 담아 예쁜 말을 자주 한다면 이웃 사람들로부터 귀하게 존중받고 인정받고 대접을 받게 될 것입니다. 귀가 편하고 마음이 머무는 사람에게 시선이 쏠리게 됩니다.

말은 입 밖으로 나오면 그대로 이루어집니다. 자녀에게 실망했다고 ‘빌어먹을 놈’, ‘길거리에서 뒈져 죽을 놈’이라고 하였

어렵다고 말하면 어렵게 됩니다.
내가 원하는 것은 말을 해야 합니다.
그리고 행동을 해야 합니다.

더니, 그 자녀는 '빌어먹을 놈'이 되더니만 결국 전봇대에 받혀 죽었다고 합니다. 습관적으로 하는 말 중에 '죽겠다'라는 말이 있습니다. 기쁠 때나 슬플 때나 좋을 때나 나쁠 때나 그냥 '죽겠다'라고 합니다. 입에 밴 습관이라 더 자연스럽게 나옵니다. '배고파 죽겠다, 배불러 죽겠다, 귀찮아 죽겠다, 힘들어 죽겠다, 기분 좋아 죽겠다.' 등등. 또한 어떤 말을 해도 꼭 욕을 붙이는 사람도 있습니다. '죽겠다'는 말을 반복하면 죽을 일만 생깁니다. 욕을 밥 먹듯 하면 욕먹을 일만 생깁니다.

일이 잘 풀리지 않아 화가 난 부부가 다투면서 하는 말 '당신이 그런 소리 하니까 그렇게 된 거잖아요!' 그러면 싸움이 점점 커집니다. 자녀가 맘에 들지 않는다고 화를 내며 '너 나가버려' 하면 집 밖으로 뛰쳐나갑니다. 추운 날 늦은 밤까지 돌아오지 않는 자녀를 이 골목 저 골목을 찾아 헤맵니다. 걱정이 태산입니다. 어찌어찌 찾아내고서 또 야단을 치고 맙니다. 오늘만큼은 이런 말이 들리지 않았으면 좋겠습니다.

어렵다고 말하면 어렵게 됩니다. 쉽게 할 수 있는 일도 '잘 안될 것 같다'고 말을 하면 자신감이 줄어 일을 잘못하게 됩니다.

왜냐면 말을 내뱉으면 말은 말한 대로 이루려는 습성이있기 때문입니다. 말의 힘은 참으로 대단합니다. 모든 일은 안 풀리는 게 아니고 스스로 부정적인 말을 함으로써 안 풀리게 가로막는 것입니다. 부드럽고 맛있는 계란찜을 먹기 위해서는 계란을 풀어 열심히 저어야 합니다. 가만두면 결코 부드럽게 풀리지 않습니다.

내가 먹고 싶은 것을 말하지 않으면 그 누구도 먹고 싶은 음식을 가져다주지 않습니다. 정성 들여 키운 자식들에게 말하지 않아도 내가 원하는 것을 알아서 사 오겠지 하고 기다려 보십시오. 백날이 가도 기다리는 소식은 오지 않습니다. 내가 원하는 것은 말을 해야 합니다. 그리고 행동을 해야 합니다. 묵언수행의 날이 길어질수록, 행하지 않고 미루는 날이 쌓일수록 이루어짐은 멀어집니다.

인과응보(因果應報), 자업자득(自業自得), 종두득두(種豆得豆)라는 단어는 이미 익숙할 것입니다. 하얀 감자 꽃은 캐보나 마나 하얀 감자다. 오이 덩굴에 오이 열리고 가지 나무에 가지 열린다. 왕대밭에 왕대 난다. 이런 말들은 모두 내가 어떤 씨를 뿌렸느냐에 따라 거두는 열매도 다르다는 말입니다. 모든 결과엔 그 결과를 만들어내는 나의 말과 행동, 선택이 있었을 뿐입니다. 이웃을 내가 원하는 사람으로 만들고 싶다면 그 사람에게 내가 원하는 것을 자꾸 말해주면 결국 내가 원하는 사람으로 변하게 됩니다. 성경에서도 '사람이 무엇으로 심던지 그대로 거두리라(갈 6:7)' 고 했습니다. 말이 마음이고 마음이 곧 말입니다.

고운말과 따뜻한 마음, 미루지 않는 행동은 '심음과 거둠' 의 법칙을 벗어나지 않습니다. 가슴에 기쁨을 뿌리면 기쁨이 오고 원한을 쌓으면 원한이 따라옵니다. 말은 행동을 바꾸고 행동은 습관을 바꾸고 습관은 운명을 바꾼다고 했습니다. 내가 자꾸 기뻐하면 기쁜 일이 생기고 내가 슬퍼하면 슬픈 일이 생깁니다. 사랑의 마음을 뿌리면 사랑의 싹이 트는 것처럼 좋은 인연의 씨를 뿌리면 좋은 이웃이 다가올 것입니다. 생각은 삶을 움직이는 씨앗이고 마음은 인생을 만드는 씨앗이며 행동은 운명을 이끄는 씨앗입니다. 말은 행동을 이끄는 씨앗입니다. 말은 화자(話者)인 나를 비롯한 청자(聽者)인 타인에게도 똑같은 영향을 끼칩니다. 길을 가다가 갑자기 큰 소리로 싸우는 소리가 들리면 나와 전혀 상관이 없음에도 마음이 불안하고 긴장을 하게 됩니다. 웃음소리가 들리면 기분이 좋아집니다.

아침 출근길에 누군가의 호의적인 한마디에 하루 종일 기분이 좋을 때도 있고, 누군가의 기분 나쁜 한마디에 하루 종일 우울할 때도 있습니다. 이처럼 한마디의 말이 '나' 자신은 물론이고 다른 사람들의 기분을 좋게 할 수도 있고 나쁘게 할 수도 있다는 것을 이미 경험으로 알고 있습니다. 작은 불씨 하나가 온 산을 태울 수 있고 작은 꽃씨 하나가 온 산을 꽃으로 물들일 수 있는 것처럼, 말 한마디로 사람을 바꾸고 세상을 변하게 할 수 있는 당신은 참으로 대단한 분이십니다.

말은 살아있는 생물이라 어디에서든 뿌리를 내리고 잘 자라납니다. '선(善)한 말은 꿀단지 같아서 마음에 달고 뼈에 양약이 된다(잠16:24).'라고 했습니다. 내 입술을 통하여 '고맙습니다', '감사합니다', '사랑합니다', '행복합니다'를 날마다 외쳐 보십시오. 외침의 횟수가 늘수록 마음속의 행복도 그만큼 늘어날 것입니다. '이야, 너 때문에 망했어', '와우, 네 덕분에 성공했어.'라는 말이 있다면 여러분은 지금 어떤 말을 더 듣고 싶으신가요?

1-2.
긍정의 말꼬리 잇기

'긍정적인 사람은 한계가 없고, 부정적인 사람은 한 게 없다.' 윌리엄 아서 워드(William Arthur Ward)는 '비관주의자는 바람이 부는 것을 불평한다. 낙관주의자는 바람의 방향이 바뀌기를 기대한다. 현실주의자는 바람에 따라 돛의 방향을 조정한다.'라고 했다. 이루려는 마음을 가진 사람은 '되는 방법'을 찾아내고 미루려는 사람은 '안 되는 방법'을 찾아낼 것이다.

우리의 뇌는 긍정적인 말 보다 부정적인 말을 더 잘 기억한다. 한 실험에서 피실험자들에게 15개의 좋은 말과 15개의 나쁜 말을 보여준 결과 66%의 실험자가 나쁜 말을 더 많이 기억했다고 한다. 아이들이 말을 배우는 시기에도 고운 말보다는 욕설 같은 단어나 그러한 말을 더 빨리 배우는 데에는 이러한 사정이 있었는가 보다. 그러므로 매사에 긍정적으로 생각한다는 것은 정말 쉬운 일이 아니다.

좋지 않은 일이 생겼을 때 '와 미치겠네', '왜 나한테만 이런 일이 생기는 거야'라고 부정적으로 생각하기보다는 '그래, 그럴 수 있어', '괜찮아, 모든 일이 다 잘 될 거야.'라는 식으로 고개를 끄덕이는 것이 아마도 긍정의 시작일 것이다.

고소고발사건에서 당사자들이 하나의 사건이지만 '나는 잘못이 없고 네가 잘못했다'라고 주장하는 경우를 자주 보게 된다. 권력을 가진 사람과 권력을 갖지 못한 사람들도 국민이 바라는 마음은 하나인데 각자의 입맛대로 해석을 다르게 하는 경우도 흔하다. 피해자 또는 이용당하는 사람과 가해자 또는 이용하려는 사람이 하나의 사건을 놓고 바라보는 관점과 잇속 챙기는 생각이 서로 다르기에 전혀 다른 주장을 하게 된다.

월급을 주는 사장님은 월급날이 왜 이렇게 빨리 오는 거야 하면서 투덜거리고 월급 받는 근로자는 월급날이 왜 이리 더디게 오냐고 불평을 한다. 한 달이라는 시간은 공평하게 주어지는데 각자의 마음이 어디에 있는가에 따라 느낌의 차이가 이렇게 다르다. 하나의 사물을 놓고 위를 보고 밑을 보고 좌(左)를 보고 우(右)를 보면 각각 다르게 보인다. 누구에게는 정상으로 보이고 누구에게는 밑바닥으로 보이고, 끝점과 시작점으로 달리 보인다. 같은 방향을 보고 있음에도 다르게 보인다면 이는 마음을 다르게 쓰고 생각을 달리하고 있다는 것이다.

어느 곳에 서 있든 앞을 보는 사람은 앞에 있는 것을 보게

오늘 무심코 던진 한마디가
내 인생의 마지막 한마디일 수 있다.
믿는 대로 되는 긍정의 힘,
모든 성공은 긍정의 말에서 시작된다고 믿어보자.

되고, 뒤를 보는 사람은 뒤에 있는 것을 보게 된다. 다만 바라보고 있는 것들이 긍정인지 부정인지, 행복인지 불행인지는 그 사람의 마음과 생각이 결정한다. 바라보는 방향이 어디인가에 따라 어떻게 생각하는가에 따라 이렇게 큰 차이가 난다. 내 아이의 뱃살이 불룩하면 장대비 내린 후 마중 나온 햇살처럼 반갑지만, 해가 뜰 때마다 불거져 나오는 나의 뱃살은 얄밉기가 한이 없다. 같은 뱃살인데도 느낌이 다르다.

반가운 마음이 시작하는 곳은 어디이고 얄미운 마음이 끝나는 곳이 어디인가? 세상을 살아가면서 좋은 추억 나쁜 기억들을 떠올리지만 어떤 기억을 더 많이 떠올렸느냐에 따라 결과는 크게 달라진다. 부정적인 생각은 부정의 씨앗을 키우고, 긍정적인 생각은 긍정의 뿌리를 내린다. 시작점에서의 아주 작은 생각 차이가 끝점에서의 결과를 크게 가른다.

마치 강남에 있는 빌딩 소유주와 집 한 채 없이 서울 변두리에서 월세로 살아가는 빈털터리와의 차이만큼 확연해진다. 인생은 자신이 생각한 대로 말한 대로 이루어진다는 것은 맞는 말이다.

인생을 감사로 물들이고
긍정의 힘으로 주변을 밝게 해보자.

'내가 걱정을 해서 걱정이 없어지면 걱정이 없겠네' 라고 하면서 일어나지도 않을 걱정거리를 앞세워 날마다 걱정 놀이를 한다. 날마다 '걱정' 거리를 찾는 부정적인 생각과 그러한 습관은 병을 키운다. 걱정 근심으로 키운 암 덩어리는 더 큰 걱정거리를 만들어낸다. 매사 '안되면 어떡하지, 왜 나만 못하지' 라는 부정적인 생각들은 진정 어느 짝에도 쓸모없는 것이다.

긍정적인 생각의 근육을 건강하게 키워 부정적인 생각의 싹을 싹둑 잘라내야 한다. 데일 카네기의 말처럼 바람개비를 계속 돌리기 위해서는 바람이 불기를 기다릴 것이 아니라 스스로 앞으로 달리면 될 일이다. 부정적인 생각을 줄이고 긍정의 말꼬리를 조금씩 이어가다 보면 분명 큰 행복이 다가올 것이다. 긍정이라는 생각의 자석을 끌어당기고 다이아몬드 조각처럼 빛나는 말을 찾아내자. 오늘 무심코 던진 한마디가 내 인생의 마지막 한마디일 수 있다. 믿는 대로 되는 긍정의 힘, 모든 성공은 긍정의 말에서 시작된다고 믿어보자. 나는 돈과 행복이 어울리는 사람이라 생각해보자. 그러면 남은 인생이 정말 여유로울까?

할 수 없다 → 하면 되겠지, 긴장하지 말고 → 맘 편하게,

긴장돼 죽겠어 → 너무 긴장해서 입술이 떨려, 수능시험 보러 가는 아이에게 재수할 생각 꿈에도 하지 마 → 힘들었지 무사히 잘 보거라, ~~하지 마 → ~~하세요, 가지 마 → 머물러주세요, 출입금지 → 떨어져 있으세요, 오지 마 → 홀로 있고 싶네, 요구사항이 말도 안 되는군요 → 요구사항을 명확하게 해주세요, 뛰지 마라 → 걷는 발을 이용해라, 만지지 마세요 → 내 손을 잡으세요, 의자 위로 올라가지 마세요 → 발을 바닥에 두세요, 우산을 가져오지 못했네 → 우산을 놓고 왔네, 큰소리치지 마세요 → 조용한 목소리 들려주세요, 바빠 죽겠다 → 잘나가니 바쁘네, 고생하셨습니다 → 정말 멋졌습니다, 너의 실수 이제 넌더리가 난다 → 교정 한 번 더 보는 것이 황당한 실수를 피합니다, ~~ 때문에 → ~~ 덕분에 등등, 부정어를 긍정어로 바꾸어 표현하면 분위기가 훨씬 부드럽다. 어딘지 모르게 그 사람이 고급지게 보인다.

잘하고 있어, 더 좋아질 거야, 다 잘 될 거야, 괜찮아, 좋아 등의 긍정적인 말은 우리가 살아가는 데 많은 힘을 준다. 그냥 듣기만 하는 것보다 말을 하면 효과가 두 배로 나온다. 아침에 일어나 '오늘 하루 제가 계획한 것들 다 이루겠습니다' 라고 외치면 저녁에는 '오늘 계획한 것을 다 이루었습니다. 감사합니다.' 를 외칠 수 있을 것이다. '내가 나에게 내뱉는 말의 힘' 은 매우 크다. 매사 긍정적인 언어를 통해 주변에도 긍정적인 영향을 끼치면 좋겠다.

사무실에서 상사가 나 아닌 다른 동료들에게 욕설을 퍼부어대면, 나의 귀를 통해 들어온 그 욕 때문에 나한테도 부적정인 파장을 일으킨다. 무시하고 잊으려 해도 계속 떠오른다. 그러니 부정적인 단어, 욕, 험한 말은 하지 않고 듣지 않는 게 상책이다. 부정적인 언어를 줄이려는 어느 선생님은 "'저 망했어요' 라는 말을 하고 싶으면 '망고', '아 짜증 나' 라는 말을 하고 싶으면 '짜장면' 을 외쳐라" 라고 하였다고 한다. 망했어요, 짜증 나 라는 단어는 듣는 사람 누구에게나 악영향을 끼친다. 그러나 망고, 짜장면 등으로 바꾸어 표현하면 그 뜻을 알고 있는 나 자신 이외의 사람에게는 악영향을 미치지 않는다. 다른 말꼬리도 더 찾아보자. 말들에게 먹을 것 주지 마시오 → 말은 사과와 당근만 먹어요, 아직 못 받았습니다 → 아직 도착하지 않았습니다.

CCTV가 설치되어 있습니다, 훔쳐 가지 마세요 → 카메라를 보고 웃어주세요, 나무에 오르지 마세요 → 길에 머물러주세요, 풀을 밟지 마시오 → 식물이 자랄 수 있도록 기회를 주세요. 등등.

'괴롭다' '힘들다' '죽겠다' '미치겠다' 라는 말이 입에 붙어 있다면 그 말대로 내 마음이 괴롭고 힘들어서 죽어간다. 이러한 말이 습관적으로 배어 있는 사람은 말의 씨가 싹이 트고 자라서 말한 대로 되기 때문에 괴롭고 힘들어서 결국은 죽게 된다는 것이다. 이런 말은 하지 않는 것이 더 좋다.

우리는 어떤 말을 더 많이 하면서 살아가는가? 긍정의 말인가 부정의 말인가? 긍정의 말이 활짝 꽃 피도록 해보자. 인생을 감사로 물들이고 긍정의 힘으로 주변을 밝게 해보자. '이것조차도 고맙다' 라는 생각과 '이것밖에 대접을 못 받네' 라는 생각의 차이는 얼굴에 피는 주름에까지 영향을 미친다. 긍정의 천사를 만나거나 부정의 악마를 만나게 되는 것은 결국 자신의 언어습관에 달려있다.

1-3.
말버릇이 인생을 바꾼다

행복하게 살자, 뇌! 당당하게 살자, 뇌! 웃으며 살자, 뇌! 당신이 맞소, 뇌! 많이 웃소, 뇌! 낮말은 뇌가 듣고 밤 말도 뇌가 듣는다. 내가 하는 말은 나의 뇌가 가장 먼저 듣는다. 내가 하는 모든 말은 나에게 하는 말이다. 나를 즐겁게 하는 말, 나를 소중하게 하는 말이 입에 배이면 나는 즐거울 수밖에 없고 다른 사람들에게 호감이 넘치는 사람으로 기억될 것이다.

말투, 말버릇이라 하는 것들은 여러 번 거듭하는 사이에 몸에 배고 굳어버린 말의 투, 말하는 버릇이라 할 수 있다. 말하는 방식이 오랫동안 켜켜이 쌓여서 '말의 결'을 이룬다. 입으로 내뱉는 말의 결은 바로 말 습관에서 비롯된다. 말의 결이 부드러운 사람은 분명 부드러운 인격을 가졌을 것이고, 말의 결이 거친 사람은 그만큼 상대에게 말로 상처를 줄 때가 많을 것이다. 말이 향

말버릇을 보면 인생이 보인다.
말버릇이 자신의 행복과 불행을 결정하고
자신의 이미지도 결정짓는다.

기로운 꽃이 되면 그 꽃도 아름다운 말이 된다.

무심코 내뱉는 말, 얼떨결에 쏟아낸 황당한 말들이 때로는 다른 사람들에게 즐거움을 주고 웃음을 안길 수도 있다. 하지만 대부분의 그런 말들은 다른 사람들에게 상처를 주게 되는 경우가 더 많다. 실수한 말이 생각날수록 낯이 뜨거워 얼굴을 들 수 없어 곧바로 지워보려하지만 쉽게 지워지지 않는다. 상대방에게 어떤 말로 변명을 해야 하나 하는 생각에 사로잡혀 하루 종일 찝찝한 기분을 떨쳐버리지 못한 경험들이 있을 것이다. 말을 잘못했다는 생각을 하면서도 그런 실수를 줄이지 못하는 것은 몸에 밴 말투, 말버릇 때문이다. 입 밖으로 뱉어낸 말을 '취소한다' 고 외치지만, '내 의도는 전혀 그런 뜻이 아니었다' 고 부르짖지만, 그말은 이미 상대방의 마음을 사정없이 후벼 판다. 상대방에게 여차저차 설명을 하면 앞에서는 당장 '그래 알았어, 이해해' 라고 말을 하지만 뒤돌아서면 이미 상처받은 마음은 곪기 시작한다. 화가 치솟은 마음은 용광로 안의 쇳물처럼 부글부글 끓는다. 세상에 뒤끝이 없는 사람은 없다.

말 한마디에 인생이 바뀐다면? 어디서나 환영받는 사람은 어떻게 말하는가? 한마디만 바꿔도 자신에 대한 평판이 달라질 수 있다. 말버릇을 보면 인생이 보인다. 말버릇이 자신의 행복과 불행을 결정하고 자신의 이미지도 결정짓는다. 자신의 이미지가 바뀌면 인생도 달라질 것이다. 길은 갈 탓이고 말은 할 탓이다. 습관도 버릇도 모두 자신이 길들이기 나름이다.

대부분의 사람들은 말을 잘한다는 것은 단순히 막힘없이 언변을 쏟아내는 것이라 생각한다. 그러면서 상황과 목적에 맞는 적절한 말을 건네는 것을 간과한다. 칭찬이라 생각하고 말을 건넸는데 상대가 오히려 기분 나쁘게 반응을 하는 경우가 있다. 의도하지 않았는데 상대가 오해한다거나, 친근하게 하려고 건넨 말이 오히려 불쾌감을 주는 경우도 간혹 발생한다. 더욱이 상대를 위로해야 하는 상황에서 충고한다면 결코 그 사람과의 관계가 좋아질 수 없다. 상대를 위한 관심과 배려가 부족하기 때문이다. 말을 잘하기 위해서는 상대에 대한 관심과 배려가 필요하다. 언제까지 '내가 실수했다', '내 의도는 그것이 아니었다.'라고 변명할 것인가? 시의적절하지 못한 말은 장례식장에서 축의금 봉투 건네고 돌아서는 것과 다를바 없다.

또한 의도하지 않은 말실수로 인해 후회할 때도 많다. 무심결에 튀어나온 말 때문에 갑자기 분위기가 썰렁해지고 관계도 서먹서먹해진다. 사소한 말 습관에서 말실수가 비롯된다.

말 습관은 일상의 대화나 관계에도 영향을 미치지만 비즈니스에서는 자신의 이미지와 성과마저 크게 떨어뜨릴 수 있다. 별 생각 없이 건넨 한마디 때문에 오해와 다툼이 생겨 연인과 헤어

지거나 심지어는 일자리를 잃는 경우도 허다하다. 보통의 사람들은 자신의 말 습관이 잘못되었다는 것을 의식하지 못한다. 그래서 개선할 필요성도 느끼지 못한다. 그러면 말실수는 끝내 줄어들지 않고 자신도 모르는 사이에 사람들이 점점 떠나간다. 혀 안에 있는 말은 내가 다스릴 수 있지만 이미 입 밖으로 나온 말은 거꾸로 나를 다스리게 된다. 갑자기 주인에서 종으로 신분이 바뀌면 기분 좋을 리 없다. 그러므로 어떤 순간에도 후회할 일이 발생하지 않게 하려면 평소에 꾸준히 좋은 말 습관을 길들여야 한다.

누군가에게 은혜를 베풀거나 신세를 지게 하여 내 곁에 오래 머물도록 하려면 한꺼번에 많은 것을 내어주면 안 된다. 은혜를 받는 사람은 은혜를 베푼 사람이 곁에 있으면 큰 부담을 느끼게 된다. 그래서 가까이 하려 하지 않고 자꾸 멀리 벗어나려 한다. 그러니 조금씩 자주 베풀어야 한다. 그러면 곁에 있어도 크게 부담을 느끼지 않아 쉽게 떠나가지 않는다. 말하는 습관도 마찬가지가 아닐까. 지금까지 해 오던 말투나 말버릇을 바꾸려면 쉽지 않다. 그러니 조금씩 그리고 한 구절 한마디씩 바꾸어 보는 것이다. 하나가 익숙해지면 또 다른 하나는 더 쉽게 바꿀 수 있을 것이다. 안 하면 어렵게 느껴지고, 어색하면 안 하게 된다. 그러면 결국 못하게 된다.

'낙숫물이 댓돌 뚫는다'라는 의미를 지닌 한자의 표현들이 참 많다. 승거목단 수적석천((繩鋸木斷 水滴石穿 : 노끈으로 톱질하여 나무를 자를 수 있고, 물방울이 떨어져 돌에 구멍을 낸다),

나쁜 습관에 매몰되면
좋은 기회를 놓친다.

마부위침(磨釜爲針 : 도끼를 갈아 바늘을 만든다), 우공이산(愚公移山 : 우공이 산을 옮긴다는 말로, 남이 보기엔 어리석은 일처럼 보이지만 한 가지 일을 끝까지 밀고 나가면 언젠가는 목적을 달성할 수 있다), 적소성대(積小成大 : 작거나 적은 것도 쌓이면 크거나 많아짐), 수적성연(水積成淵 : 물이 모여 못을 이룬다), 일일일전천일천전(一日一錢千日千錢 : 하루 한 냥이면 천일이면 천 냥이 된다). 이런 예문은 끊임없이 노력하면 반드시 그 결과를 보장받는다는 것을 깨닫게 해준다.

말이란 바람을 불어내는 소리가 아닌 뜻을 나타내는 것이다. 입에서 나오는 말이 어떨 때는 말이 되고 어떨 때는 말이 아닌 소리가 되는가? 말을 하는 사람은 말을 한다고 하는데 듣는 사람은 말이 아닌 소리로 듣는 경우가 있다. 뜻을 담아 말을 했다고 하는데 듣는 사람은 아무런 의미가 없는 소리로 듣는다면 헛소리 개소리를 말한 것에 불과하다.

상대를 위해 말을 한다고 하지만 일방적으로 내가 하고 싶은 말만 하고 있지는 않는가. 상대의 기분이나 생각은 무시하고 오로지 내 생각이 옳다고 내 마음대로 해석하고 그것이 정답이라고 외치고 있는 것은 아닌지 되돌아볼 필요가 있다. 상대를 위한 관심이나 배려 없이 일방적으로 내 생각을 다른 사람에게 주입하고 강요하고 있는 것은 아닐까? 그런 태도나 자세가 몸에 배어 있다면 나는 항상 옳다. 나는 항상 옳은 말만 한다고 생각한다. 그래서 상대의 감정이나 환경에 대해 생각하지 않고 아무렇지 않게 내뱉는다. 정작 자신의 말버릇이 발목을 붙잡고 있다는 것을 알지 못한다. 은연중에 내 몸에 쌓인 버릇, 그중에서도 좋지 않은 말버릇이 무엇인지 돌이켜볼 필요가 있다.

나는 말을 아주 잘한다고 생각하는데 다른 사람은 그렇게 생각하지 않으면 분명 화자(話者)인 나에게 문제가 있을 것이다. 이는 호감 가는 사람들의 말버릇, 인생이 잘 풀리는 사람들의 말 습관에서 답을 찾을 수 있다. 그들은 언제나 상대의 입장에서 생각하고 상대를 배려하려는 말 습관이 몸에 배어 있음을 알 수 있다.

환자들은 의사의 말 한마디에 울상이 되기도 하고 얼굴이 활짝 피기도 한다. '많이 좋아지셨습니다.' 하면 기분이 좋고 '차도가 없네요.'하면 기분이 우울해진다. 부러진 뼈의 엑스레이를 보면서 전혀 붙지 않았다고 하면 실망이 크지만, 수염같이 생기는 것이 보이니 나아질거라 하면 기분이 좋아진다. 같은 증세이지만 의사들의 말투에 따라 환자들의 마음은 천 갈래 만 갈래가 된다.

누구나 하고 싶은 말을 하지만 아무나 복이 있는 말은 하지 못한다. 누구나 마음을 열 수는 있으나 아무나 마음을 얻지는 못한다. 같은 말을 하면서 누구에게나 인정받고 싶지만 아무나 인정받지 못한다. 같은 말이지만, 누구에게는 행복이 누구에게는 불행이 될 수도 있다. 청자(聽者)의 입장에 따라 화자(話者)의 뜻을 다르게 받아들이기 때문이다. 필요로 하는 것을 필요한 곳에 필요한 때에 전달해준다면 서로가 소통이 잘 되고 행복하겠지요?

'안 먹으면 안 돼'보다 '먹고 싶으면 먹어라', 단순하게 '고마워'보다 '~~해서 고마워'라고해보자. '~하면 안 돼요?' 보다 '이렇게 하면 되나요?'라고 해보자. 그러면 죽이는 말이 곧 살리는 말이 된다. 망하게 하는 말이 흥하게 하는 말이 되고, 병들게 하는 말도 치유가 되는 말이 된다. 긍정의 단어인가 부정의 단어인가에 따라 그 결과는 확연히 다를 것이다.

습관적으로 하는 말, '그런데 말이야', '짜증 나', '역시 안 돼', '난 운이 없어', '왜 나만 이래', '사는 게 너무 힘들어', '그래서 뭐?', '그게 나와 무슨 상관이야.', '절대 아니야', '잘하는 짓이다', '너는 왜 그러니', '네가 그걸 어떻게 해', '그것도 모르냐?', '그 정도밖에 못하겠 어?' 등등. 이런 말들은 주로 부정적인 생각이나 다른 사람을 무시하고 업신여기는 생각이 은연중에 발현되는 말들이다. 다른 사람이 하는 말이지만 듣고 있으면 기분이 별로다. 감탄이나 존경, 공감과 신뢰의 마음이 우러나면 '정말!', '우와!', '대단하네요.', '그래그래, 그렇죠!', '네가 최고야', '잘 했어', '넌 할 수 있어', '너를 믿는다.' 등등. 다른 사람들이 하는 말을 듣고 있어도 기분이 좋다. 이런 말들이 더 자연스럽게 나올 수 있도록 말버릇을 바꾸어 보면 좋겠다.

말버릇을 바꾼다는 것은 자신의 인생에 큰 변화를 가져올 수 있다. 말 습관을 좋은 방향으로 바꾼다면 사람들이 저절로 모이고 사람들과의 관계에 더 깊은 신뢰가 쌓일 것이다. 나쁜 습관에 매몰되면 좋은 기회를 놓친다. 말버릇을 바꾸면 인생도 바뀐다.

1-4.
끊임없이 감동을 주어라

감동도 칭찬도 끊임없는 관심에서 시작된다. 사랑을 받아본 사람이 사랑을 베풀 수 있는 것처럼 자신이 칭찬받고 감동 받은 경험이 많아야 다른 사람에게 칭찬도 잘 할 수 있고 감동도 줄 수 있다. 맛있는 고기도 먹어본 사람이 맛있는 부위를 잘 안다. 감동의 눈물을 흘려본 사람이 감동의 감칠맛을 알 것이다. 말은 잘 못해도 감동을 주는 말은 하고 싶어 한다. 글은 잘 못써도 울림을 주는 글을 쓰고 싶어 한다. 맛있는 반찬은 잘못해도 다른 사람들이 맛있게 먹어주기를 바란다. 사람이기에 누구에게나 칭찬받고 인정받고 싶은 마음이 숨어있다.

너는 나에게 감동을 준 적이 있는가? 라고 물으면 '그래, 너에게 감동을 안겨준 적이 참 많지! 다만 네가 잘 몰라서 그렇지?' 라고 자신 있게 대답할 수 있을까? 분명히 감동을 주는 말을

감동을 주기 위해서는
말에 살아있는 색깔도 입혀야 한다.
꽃도 화려한 색깔이 더 보기 좋다.

한 것 같은데 받아들이는 상대가 그게 아니라 하면 자신이 한 말에 무언가 잘못이 있을 것이다. 말투가 전투적 이거나 때에 맞지 않거나 표현하는 방법과 자세가 적절하지 못한 경우일 수도 있다. 거짓으로 칭찬의 말을 하는 것은 조화(造花)에 향기가 없고 가짜 감동에 울림이 없는 것과 다를 바 없다. 내가 하는 말에 감동을 주려는 진실한 마음이 빠졌다고 하면 앙꼬 같은 진심을 넣어야 할 것이다. 감동을 주기 위해서는 말에 살아있는 색깔도 입혀야 한다. 꽃도 화려한 색깔이 더 보기 좋다. 마음의 귀를 쫑긋 열 수 있도록 감동에 깜찍한 칭찬을 보태자.

내가 듣고 싶은 말을 들으면 기분이 좋듯 상대에게도 듣고 싶은 말을 해주면 기분이 좋을 것이다. 체리피커(cherry picker)가 골라 먹을 수 있도록 예쁜 말을 고명으로 얹어보자. 말은 품앗이다. 기대했던 사람에게서 듣고 싶은 말을 듣지 못하면 서운하고 화도 난다. 열심히 공부했는데 기대했던 점수가 나오지 않으면 실망하고 기가 죽는다. 지금 이순간 나를 잘 안다고 떠오르는 사람이 얼마나 되는가? 그들을 한껏 칭찬 해주었는데 그 사람으로부터 자신에 대한 평가가 아주 낮거나 나쁜 평가의 소릴 듣는다면 정말 살맛이 안 난다. 비즈니스 관계가 아니더라도 좋은 점과 나쁜 점이 교차한다면 좋은 점을 먼저 말해주면 믿음이 두 배로 커질 것이다.

감동의 느낌이 줄지 않도록, 사랑의 포근함이 늘어나도록 말의 근육을 살찌우자. 화초와 잡초는 손길이 가고 안 가고의 차이에서 구분된다. 화초에 거름을 주듯 말도 예쁜 마음으로 가꾸면 예쁘게 자란다.

상대의 관점과 생각을 존중하고
배려하고 그것에 맞추려 노력할 때
상대에게서 울림이 온다.

내가 한 말을 기억해주는 그 사람은 달리 보인다. 무언가를 해주었을 때 상대가 좋은 반응을 보이면 더 해주고 싶고 감동도 더 커진다. 애정표현을 잘 안 하면 하게 만들어야 한다.

감동표현을 안 하면 그 사람에게 더 큰 감동을 베풀어 보자. 말을 하지 않으면 혀가 굳고 행동을 하지 않으면 근육이 굳는다. 말이나 행동은 흐르는 샘물 같아서 다른 사람들의 타는 목마름을 해갈(解渴)해줄 수 있도록 계속 흘러야 한다. 내 기억에서 가장 좋은 것, 내가 했 던 말 중에서 가장 잘했다고 생각되는 예쁜 말들을 자주 떠올리자. 그리고 상대에게 그런 말을 표현해보자.

예쁜 미소가 따라올 것이다. 예쁜 말 예쁜 미소는 오랜 시간 마르지 않을 것이다.

말(言)은 마음의 알갱이가 입을 통하여 밖으로 표현되는 것이다. 말은 누구나 할 수 있다. 그러나 아무에게나 감동을 줄 수 있는 것은 아니다. 말은 입 밖으로 나오면 이루려는 강한 에너지를 품는다. 말은 영혼을 담고 있기에 살아있다. 그러기에 말은 반드시 말한 자에게 되돌아온다. 말은 내가 남에게 하는 말이지만 결국 나에게 하는 것이다. 날카로운 가시가 매달려 있는 말은 다른 사람의 마음에 상처를 줄 수 있는 것처럼, 찌르는 말 한마디로 듣는 사람의 마음에 지워지지 않는 상처를 입힐 수도 있다. 반대로 따뜻한 격려의 말은 큰 힘을 줄 수도 있다. 내가 한 말이 누군가를 사랑할 수 있게 한다면 그 말은 아름다운 마술사로 다시 태어나는 것이겠지요?

우리의 삶을 가치 있게 만들 수 있는 것도 예쁜 말이다. 이웃과 편하게 지낼 수 있게 하는 것은 예쁜 미소다. 들어서 기분 좋은 말, 감동을 주는 말들을 모아 보자. '송란교의 마음산책'에서 언급했던 내용 중 일부를 다시 떠올려 봅니다.

'잠깐만요!', '예?', '혹시 이거 당신이 흘리신 거죠?', '뭘요?', '당신은 지금 매력을 다 흘리고 다니잖아요!!'. 미소를 품은 화려한 색깔의 꽃이 보기에 더 좋은 것처럼, 말에도 아름다운 색깔을 입히면 더욱 매력적으로 들린다. '나 몇 살처럼 보여?',하고 물으면 50세로 보여도 '40대 초반',이라 하면 상대의 기분이 좋을 텐데 꼭 '60대는 넘어 보이네',라고 말한다. 젊게 보인다는 소릴 기대하고 있는 상대에게 기어코 염장을 지른다. 그러면서 난 사실대로 말했고 정직하게 말했는데 무엇이 문제인가라고 말한다. 틀린 말은 아닌데 듣고 나면 왠지 기분이 별로다. 상대가 듣기 좋은 말을 한다고 돈이 더 들지도 않을 텐데 말이다.

소리가 무엇엔가 부딪쳐 되울려 나오는 현상을 '울림'이라 말한다. 사람과 사람 사이에서 울림이 생기려면 상대에게 공감을 불러일으켜야 한다. 그러려면 상대의 마음을 먼저 움직여야 한다. 자신만이 절대적으로 옳다고 믿는 생각만을 고집하지 않고, 상대의 관점과 생각을 존중하고 배려하고 그것에 맞추려 노력할 때 상대에게서 울림이 온다. 내가 하는 말이 상대를 웃게 할 수 있을까? 그들에게 감동을 줄 수 있을까? 말을 할 때마다 이런 생각을 하기란 쉬운 일이 아니다. 오늘 하루도 나는 다른 사람에게 아름다운 말로 감동을 준 적이 있는지 스스로 자문해본다. 상대방을 기분 좋게 하고 감동을 줄 마음의 준비가 되어있다면, 그들의 마음을 여는 것은 그리 어려운 일이 아닐 것이다. 공감하는 순간 나도 몰래 감동이 찾아온다. 살아서 펄떡펄떡 뛰고 있는 그 감동 말이다.

상대에게 음식을 꼭 먹게 하고 싶을 때 '밥 먹을래? 안 먹을래?' 보다 '밥 먹을래? 빵 먹을래?' 라고 물어라. 사랑받고 있다는 느낌이 필요할 땐 '나, 사랑해 안 사랑해?' 보다 '하늘만큼 사랑해 땅만큼 사랑해?' 라고 물어라. 돌아오는 대답은 하늘과 땅 만큼 차이가 크다. 부정이 포함된 질문에는 부정의 답이 먼저 나온다. 그러니 더 많은 긍정의 선택지를 준다면 우리는 긍정의 대답을 더 많이 들을 수 있게 된다.

'생일 축하해 태어나줘서 고마워', '너는 갈수록 더 멋있어지는구나', '괜찮아 네 잘못 아니야', '너는 충분히 소중해', '너라면 꼭 할 수 있어', '너 지금까지 잘 해왔고 앞으로도 잘 해낼 거야', '당신하고 있으면 내 마음이 따뜻해져요', '너의 생각과 행동을 믿는다', '너는 언제나 나에게는 1번이야', '네 마음속에 보물이 들어있구나', '나는 언제나 네 편이야' 등등, 이런 감동의 말을 언제 들어보았는지요?

부부가 다투면서, '당신은 똑 부러지게 잘하는게 뭐 있어?', '내가 잘한게 딱 하나 있지', '도대체 그게 뭔데요?', '당신과 결혼한 것'. 이래도 상대를 TV만 볼 줄 아는 사람이라 흉보며 계속해서 무시할까요? '당신이니까 나를 데리고 살지'를 덧붙이면 어떨까요? 칭찬을 즐기면 상대도 즐겁고 인생도 즐겁다.

예쁜 말 예쁜 미소의 선순환구조를 만들어 보자. 말이 혁명을 일을 킬 수야 없겠지만 누군가의 마음에 잔잔한 감동을 주고 작은 울림을 줄 수 있다면 그 파문(波紋)은 계속해서 퍼져 나갈 것이다. 그 사람도 다른 사람에게 좋은 파장을 계속해서 전해줄 것이다.

'네 입의 말로 얽혔으니 네 입의 말로 인하여 잡히게 되었느니라'(잠10:11), '너희는 언제나 소금으로 맛을 내는 것같이 은혜롭게 말을 하여라. 그러면 너희가 각 사람에게 어떻게 대답해야 할지 알게 될 것이다.'(골 4:6), '미련한 자는 교만하여 입으로 매를 자청하고 지혜로운 자는 입술로 스스로 보전하느니라' (잠 14:3). 희망과 기쁨을 주는 예쁜 말 예쁜 미소가 지닌 긍정의 힘을 믿어 봅시다.

1-5.
칭찬도 연습이 필요하다

칭찬(稱讚)이란 좋은 점이나 착하고 훌륭한 일을 높이 평가하는 말이다. 아첨(阿諂)은 남의 환심을 사거나 잘 보이려고 알랑거림. 또는 그런 말이나 짓을 말하고, 아부(阿附)는 남의 비위를 맞추어 알랑거림을 이른다. 우리는 어려서부터 누군가를 칭찬하고 좋은 점을 말해주려 해도 상대가 아부나 아첨으로 받아들이면 어쩌나 하는 부정적인 생각이 앞서 예쁜 말이나 칭찬하는 말을 자주 하지 않게 된다. 그런 분위기 속에서 성장하고 어른이 되니 다른 사람을 칭찬하는 것을 매우 어렵게 느낀다.

진실한 마음으로 좋은 점을 열심히 칭찬했는데 상대가 칭찬으로 받아들이지 않고 아부로 받아들인다면 낭패가 아닐 수 없다. 이것은 다른 사람의 칭찬을 감사한 마음으로 받아들이는 데 익숙하지 않기 때문이며, 또한 다른 사람을 칭찬하는 데 어색함이 몸에 배어 있기 때문일 것이다. 어렵다고 생각하니 말이나 행동이 부자연스러울 수밖에 없다.

어린이들은 말을 하면 액면 그대로 받아들이는 데 어른이 되어 가면서 다른 사람의 말을 순수한 마음으로 받아들이지 않고 오해하거나 왜곡하려 한다. 말뜻을 비트는데 선수가 되어 간다.

사는 동안 누군가에게 속임 당하고 이용을 당한 경험들이 마음의 때로 두껍게 쌓인 결과일 것이다. 자동차 앞 유리창에 황사가 짙게 쌓여 있는데 창밖의 화창한 날씨가 눈에 들어올 리 없듯 언제나 누런 먼지만이 눈앞에 어른거릴 뿐이다. 국물 튄 안경을 벗고 바른 눈으로 바라보아야 흠 없이 보인다. 칭찬하는 내 마음이 순수할 때 다른 사람도 순수하게 받아들인다. 칭찬의 완성은 결국 듣는 사람이 어떻게 받아들이느냐에 따라 달려있다. 아무리 좋은 말로 칭찬을 해도 듣는 사람이 인정하지 않으면 '입에 발린 헛소리', '지나가는 바람 소리'일 뿐이다.

상대가 갑자기 예뻐 보일 때 어떻게 칭찬하는가? '우와 예쁘다!', '와 언제 이렇게 예뻐졌지?', '언제 보아도 예뻐!', '전에도 예뻤는데 오늘은 더 예쁘구나!', '살이 빠지니 더 예뻐 보이는구나!', '뭘 발라서 이렇게 예뻐진 거야?', '아니 이렇게 예쁜 모습이 있었다니!', '당신은 보름달보다 더 둥근 마음을 가졌네요', '당신의 아름다운 마음은 장미꽃조차 부끄럽게 만드네요'. 등등. 어떤 말이 더 자연스럽게 나오는가요? 매일 같은 밥은 먹을 수 있어도 똑같은 반찬은 싫증이 나고 물림이 밀려온다. 예쁘다, 참 예쁘다, 진짜 예쁘다, 너무너무 예쁘다 등, '예쁘다'라는 말을 하면서 약간의 수식어를 붙이면 감동의 크기는 아주 많이

칭찬하는 데 인색하다 보니 누가 칭찬을 하면 받아들이는데 무척 어색해한다.

달라진다. 화려한 수식어가 아닌 아주 사소한 수식어라 할지라도 그 효과의 차이는 크다.

어제 듣던 칭찬의 말이 아니기에 오늘 받아들이는 감동이 새롭다는 것이다. 낯설게 칭찬하면 새로운 느낌을 줄 수 있지만, 비교하는 칭찬, 외모에 대한 칭찬, 과정이 생략된 결과만 칭찬하는 것 들은 지양해야 한다. 칭찬할 때는 근거를 콕 들어내어 구체적으로 하면 좋다. 그리고 칭찬 거리를 보게 되면 즉시 해야 효과만점이다. '참 지난번에 잘했더라' 하면 김빠진 맥주, 녹아버린 아이스크림 신세일 뿐이다.

칭찬하는 데 인색하다 보니 누가 칭찬을 하면 받아들이는데 무척 어색해한다. 인터넷상의 상담하는 글 중 일부다. '부모님이 저한테 갑자기 칭찬하면 기분이 이상해요. 나한테 왜 칭찬을 하지 싶기도 하고, 허얼 공부하고 있었어? 맨날 이러시는데 왜 그러는지 이해도 안 가고 오글거리고 칭찬받는 게 너무 부담스럽다고 느껴져요. 칭찬 안 받을 때가 더 좋은데 무슨 마음일까요?' 이처럼 평상시 엄마한테 듣던 말이 아닌 갑자기 칭찬 같지 않은 비꼬는 듯한 말을 들으니 어리둥절할 수밖에 없다.

칭찬하면 칭찬받을 일을 하고 비난을 하면
비난받을 짓을 한다.
자신의 칭찬 거리를 찾아 지금 즉시 적어보자.

귀에 익숙한 말이 아니고 늘 보아온 행동이 아니면 경계심이 발동한다. 무슨 꿍꿍이지? 하면서 의심을 하게 된다. 다른 사람이 칭찬하면 받아들일 자세가 되어있지 않아서, 뜨거운 맥반석 위에서 마른오징어가 온몸을 비비 꼬며 춤을 추는 것처럼 부자연스럽다. 오랫동안 숨겨온 치부가 만천하에 공개되어 얼굴이 확 타오르는 느낌일 수도 있다. 상대가 칭찬해올 때, 적당한 말로 대꾸를 해야 하는데 할 말을 찾지 못하고 자기 비하적 발언이 먼저 튀어나온다. '오우 아주 잘 만드셨네요'하면 '열심히 준비했습니다', '고맙습니다'라고 대답을 하면 그만인 것을 '뭘요, 보잘 것 하나도 없는데요'하는 말이 더 자연스러울 것이다. 칭찬받으면 사양하지 말고 빼지 말고 먼저 기뻐하면 된다.

칭찬은 바보를 천재로 바꾼다. 칭찬하면 칭찬받을 일을 하고 비난을 하면 비난받을 짓을 한다. 칭찬은 고래를 춤추게 하지만 비난은 날뛰게 한다. 사람을 교육하는 방법 중 한 가지는 칭찬이다. 칭찬하는 것에 능숙한 조교가 되어보자. 칭찬하면 칭찬이 돌아오고 원망하면 원망이 돌아온다. 물질의 나눔은 순간의 기쁨이지만 칭찬은 평생의 기쁨이다. 만날 때도 칭찬하고 헤어질 때도 칭찬하라. 미운 사람에게 칭찬 떡 하나는 배고픈 관계회복의 지름길이다. 당신의 작은 칭찬 한마디, 누군가에게는 커다란 감사가 되고 용기가 되고 격려가 된다. 비싼 선물은 큰 비용을 지출해야 하지만 칭찬은 단 1원도 들어가지 않는다. 그러나 선물보다 더 큰 감동을 준다. 하면 된다. 한 번 해보자.

뇌는 칭찬하는 소릴 들으면 화자와 청자를 구분하지 않고 세로토닌(serotonin)을 분비한다. 칭찬하고 나면 기분이 좋아지고, 비난하고 나면 기분이 언짢아지는 것도 그 때문이다. 약점을 찾아다니는 어둠의 노예가 되지 말고, 칭찬에 목마른 사람에게 시원한 물 한잔 건네는 천사가 되어보자. 해가 뜨면 별이 보이지 않듯 칭찬이 늘면 원망은 줄어든다. 행복이 쌓이면 불행이 다가올 시간이 없다. 칭찬을 받고 싶으면 먼저 칭찬하라. 세상에 외상은 있어도 공짜는 없다. 고기도 먹어본 사람이 고기 맛을 알듯 칭찬을 받아본 사람이 더 칭찬받고 싶어 한다. 칭찬이 일상이고 일상이 칭찬이면 무원무구(無怨無仇) 할 것이다.

'그 사람이 먼저 나를 칭찬하면 나도 그를 칭찬할 수 있을 텐데' 라는 말은 하지 말자. 먼저 다가가서 칭찬해보면 어떨까요? 칭찬은 아름다운 마음을 표현한 것이다. 숙달된 조교도 부단한 노력과 훈련이 필요한 것처럼 칭찬도 그만큼 연습이 필요한 것이다. 칭찬은 웃음꽃을 피우는 마술사다. 칭찬하다 보면 마음이 열려 네가 내가 되고 내가 네가 된다. '어떻게 내 마음을 그렇게 족집게처럼 알았을까?', '아니 나도 모르는 사실을 기억해주다니'하는 감탄사를 듣게 될 것이다. 당신은 아마도 칭찬의 달인으로 불릴 것이다.

자신의 칭찬 거리를 찾아 지금 즉시 적어보자. 과연 몇 개나 적어낼 수 있을까요? 손이 굽은것도 아니고 입이 막혀 말 못 할 형편도 아닌데 잘 써지지 않는다. 참 묘한 일이다. 흠잡으라 하면 봇물 터진 듯 쏟아낼 것 같은데 말입니다. 저의 칭찬 거리 10개를 적어 봅니다. '항상 감사할 줄 안다', '예쁜 말을 참 잘한다', '작은 일에도 잘 웃는다', '아름다운 글을 잘 쓴다', '상대방을 많이 배려한다.', '모든 일에 솔선수범한다.', '남들에게 양보할 줄 안다.', '남을 위해 봉사할 줄 안다.', '웃는 모습이 정말 아름답다.', '모든 일을 긍정적으로 생각한다.' 다른 사람이 아닌 자신의 칭찬 거리를 찾는 데도 그리 쉽지 않다. 낯간지러워서 그러신가요? 아니면 그만큼 자신에 대하여 무관심한 것인가요? 나의 허기진 배로는 다른 사람을 돌아볼 여유가 없다는 사실을 명심하면 좋겠습니다.

칭찬은 하고 싶은데 도대체 뭘 칭찬해야 하는지 막막하시다고요? 그 사람이 정말 좋아하고, 인정받고 싶어 하는 것을 찾아내야 한다. 그래야 상대가 쉽게 받아들이고 뿌듯함까지 느낀다.

운동을 좋아하는 사람이라면 '운동해서 그런지 옷 태가 딱 사네', 그림 그리기를 즐기는 사람이라면 '정말 직접 그린 거예요? 느낌 진짜 좋네요'. 스피치 전문교육가에게는 '발표 잘 들었어요. 말씀을 어쩜 그리 잘하세요?' 이렇게 말하면 상대방도 '그건 내가 봐도 그렇지' 라고 동의할 수밖에 없을 것이다. 내 칭찬에 상대가 '납득 할 수밖에 없는 이유'를 함께 이야기해주면 금상첨화다. 노래를 못하는 사람에게 '가수로 데뷔하라' 하면 이것은 칭찬이 아닌 빈정거림에 불과합니다. '네가 나에 대해 아는 게 뭐야?' 하는 반발감만 생기고 괜히 기분만 상할 수 있습니다. 상대방이 동의하지 않는 어설픈 말은 정말 칭찬이 아닙니다. 그래서 칭찬하는 것도 연습이 필요합니다. 칭찬 잘한다는 거, 결코 쉬운 일이 아닙니다.

변명의 3원칙 '타이밍', '정확 간결', '겁먹지 않기' 등을 칭찬의 3원칙 '즉시', '구체적으로', '대담하게 말하기' 등으로 바꿀 수 있겠지요! 말하지 않으면 아무도 알아주지 않습니다. 말로 표현하지 않는 칭찬, 마음속에 갇혀 있는 칭찬은 아무런 의미가 없습니다. 칭찬은 선물입니다.

선물은 나누어줄 때 가치가 생기고 빛이 납니다. 선물도 아끼면 똥이 됩니다. '황금 같은 사람은 태어나는 것이 아니라 칭찬으로 만들어지는 것이다(잠 31:10)'고 하였습니다. '와 대단하군요', '바로 그거야', '정말 놀라워', '오우 멋져', '우와 훌륭해' 등의 감탄사와 칭찬하는 말을 자주 들을 수 있으면 좋겠습니다.

1-6.
내 탓 네 덕

월말이라 정리할 게 많아 사무실 근처에서 간단하게 저녁을 해결하려고 허름한 한정식 식당을 찾았었다. 그런데 식당 입구에서 안쪽을 바라다보는 벽면에 '내 탓 네 덕'이라는 글자가 큼직하게 자리 잡고 있었다. 식당 주인의 마음 씀이 예사롭지 않겠다는 생각이 들었다. 음식을 맛있게 먹었으면 '네 덕'이고 배가 덜 부르면 '내 탓' 아니겠는가. 일이 잘못되면 탓 할 거리를 찾아 남에게 돌리고 일이 잘되면 공치사 거리는 내 덕으로 삼으려는 세상인데, 이런 세상 물정과 정반대로 마음을 크게 쓰고 있는 사람도 있구나 하면서 '덕분에, 때문에, 탓'이라는 단어를 어떻게 사용하고 있는지 되돌아보았다.

'덕분(德分)'은 베풀어 준 은혜나 도움을 긍정적으로 나타낼

'내 탓' 임을 인정하기보다
'네 탓' 으로 떠넘기는 '내 탓 없는 사회' 로
급속하게 변하고 있다.

때 사용하는 단어이며, '덕택(德澤)', '덕'이라는 단어도 함께 사용한다. 그 사용 예를 보면,

'일등한 덕분에 큰 성취감을 맛보았다', '엄한 선생님 덕분에 학교생활을 무사히 잘 마쳤다', '어머니의 헌신적인 사랑 덕분에 여기까지 왔습니다', '사장님 덕분에 좋은 구경 했습니다', '제가 성공한 것은 모두 OO 덕분입니다', '걱정해주신 덕분에 잘 지냈습니다', '세상은 아름다운 사람들 덕분에 더욱 아름다워지고 착한 사람들 덕분에 더욱 착해지며 정의로운 사람들 덕분에 정의가 유지됩니다', '강물을 막은 댐 덕분에 큰 물난리를 피했다', '훌륭한 가문 덕분에', '좋은 친구 덕분에' 등등

'때문'은 어떤 일의 원인이나 까닭을 말하며 긍정과 부정의 의미에 모두 사용할 수 있다.

'너 때문에 힘들어 죽겠다', '그만저만한 내가 일등을 했기 때문에 질투하는 친구들이 많아졌다', '그놈의 빚 때문에 죽도록 고생했었다', '너 때문에 내가 얼마나 힘들었는지 알기는 하냐', '내가 기쁜 것은 네가 오기 때문이다', '불의 사나운 성질 때문에', '서툰 손재주 때문에', '머리숱이 많이 빠졌기 때문에

동년배들보다 더 나이 들어 보인다', '여름휴가는 폭우 때문에 다음 달에 가기로 했다', '잘생긴 외모 때문에 결혼했다', '네 말 때문에 집을 못 사 폭망했다', 'OO 때문에 피할 수 없었다'. 등등

'탓'은 주로 부정적인 현상이 생겨난 까닭이나 원인을 나타내며, 구실이나 핑계로 삼아 원망하거나 나무라는 경우가 많다. '바람'이라는 단어도 가끔 쓰인다.

'죽기 살기로 일등 하려 한 탓에 좋은 친구를 더 많이 사귀지 못했다', '이번 사고는 순전히 내 탓이다', '그는 급한 성격 탓에 나와 충돌이 잦았다', '어제의 실수는 술이 과한 탓이다', '잘되면 내 덕 못되면 조상 탓을 한다', '만난 기억이 전혀 없었던 탓에 분위기가 서먹서먹했다', '왜 이게 내 탓이야?', '밤마다 야식을 찾는다고? 그 이유는 위 탓이 아니고 뇌탓인 것 같다', '들고양이가 내 차 앞으로 갑자기 뛰어드는 바람에 가슴이 철렁 내려앉았다'. 등등

'○○ 때문에', '○○가 잘못한 탓에', '○○씨가 일을 엉망으로 하는 바람에', 이런 말은 일상생활에서 자주 하고 자주 듣는 말이다. 이러한 말 습관은 내 탓도, 네 탓도, 그 누구의 탓도 아니다. '잘되면 내 덕, 못되면 남 탓'하려는 사람의 본성과 세상 풍조가 그렇게 만든 것이다. '조건 탓'은 어떤 일이 잘못됐을 때나 그 일을 하기 싫을 때, 불쑥불쑥 튀어나온다. 일의 성공 여부는 모두 자기 자신에게 달려있는데 모두 남 탓만 하는 것이다. 남 탓이라 외치는 사람은 넘쳐나는데 내 탓이라 말하는 사람은 씨가 말라가고 있는 것은 현실 아닌가. 어쩌다가 열 개중 하나 잘되면

모두 내 덕이라 말하고 싶은 것이 사람 마음이다.

'덕분에'라는 마음으로 세상을 바라보면 내 주변에 항상 좋은 일이 일어난다. '때문에'라는 마음으로 세상을 바라보면 불평불만이 그림자처럼 따라붙는다. 말이 거칠면 생활도 마음도 거칠어질 수밖에 없다. 왜냐면, 그 말이 씨가 되기 때문이다. 우리 사회가 거친 말이 넘쳐나는 데에는 '나' 역시 책임이 있음에도, 먼저 '내 탓이오(Mea Culpa)'라고 말하지 않고, 오로지 상대의 흠을 찾고 상대가 잘못한 탓이라 억척스럽게 우기려 하기 때문이다.

허대중 시인의 〈네 덕 내 탓〉이라는 시를 옮겨 본다.

'내 탓이오 하고 나를 보니
내 자신이 어찌 그리 자랑스럽던지.
남을 탓한 지난날은 겁쟁이 시절
나를 탓하고 나니
내가 이렇게 커지는 것을
네 덕이요 하고 그를 보니
그 사람 어찌 그리 사랑스럽던지.
나만 세운 지난날은 욕심쟁이 시절
공(功)을 돌리고 나니
이렇게 큰 부자가 되는 것을'

심리학에서는 여럿이 일을 할 때 그 일이 성공하면 다 '내 덕

'덕분에'를 외치다 보면
내가 잘난 것이 없는데도
주변에서 도와주는 사람이 많아진다.

분'이라며 공을 독차지하려는 반면, 일이 실패하면 자신에게 자비를 베풀기 위해 잘못의 원인을 남에게 돌리려는 사고방식을 '베네펙턴스(beneffectance) 현상'이라고 한다. 인간의 뇌는 성공하면 그 공을 자신에게 돌리고 실제보다 더 큰 일을 해낸 것처럼 확대해석하려는 경향이 있다고 한다. 반대로 실패할 땐 '뭐 그럴 수도 있지'라고 생각하는 것에 더 익숙해져 있다는 것이다.

솔직하게 '내 탓'임을 인정하기보다 '네 탓'으로 떠넘기는 '내 탓 없는 사회'로 급속하게 변하고 있다. 일이 잘되면 자기가 잘해서이고, 잘못되면 남의 탓, 이웃 탓, 사회 탓, 환경 탓, 조상 탓으로 돌린다. 모든 것이 자신의 잘못이 아니고 주변 사람들이 잘못한 탓이라 말한다. 때로는 '미안합니다. 라고 말하면서도 이러저러한 사정으로 어쩔 수 없었습니다'라며 열심히 변명하기도 한다. 이는 잘못을 인정하는 것 같지만 여전히 주변 탓을 하는 것이다. 나쁜 인연 탓이라 할지라도 그 인연이 숙명적인 인연이라면 그것조차도 '네 덕분이다'라고 외쳐보자. 그러면 참 좋은 인연으로 바뀔 수도 있을 것이다.

사람들은 일이 잘못되면 상대방에게서 핑곗거리를 찾아내

는 것에 천재의 머리를 가졌다. 대형 참사가 발생하면 사건 해결은 둘째 치고 그 원인을 두고 '네 탓 공방'을 일삼는다. 그러면서 일분일초의 아까운 시간을 허비하는 경우를 자주 보게 된다. 더 큰 문제는 사건 해결 책임자들이 '내 책임이 아니다'하면서 '네 탓'만 하는 것이다. 이들의 '네 탓 공방'은 사고 현장에 갇혀 있는 사람과 그들의 가족과 지인, 그리고 신속한 사태 해결을 바라는 국민의 마음을 아프게 하고, 눈살을 찌푸리게 한다.

어떤 일이 잘못될 때마다 남 탓만을 외치면 개선과 변화의 기회를 얻기 어렵다. '남 탓 문화'는 자신의 잘못이 절대로 아니라고 생각하기에 내가 책임질 일도 아니며, 그래서 변화하고 노력할 필요가 없다고 생각한다. 빈손으로 옆집 잔치에 낯을 내려고만 하는 사람들, 어지간히도 두꺼운 낯이 아닌가. '네 탓에서 내 탓, 내 덕에서 네 덕으로'가는 길은 어쩌면 세상에서 가장 먼 길인지도 모른다. 부정적인 일은 모두 내 덕이 부족한 내 탓이고, 긍정적인 일은 네 덕이라 말하면 한평생 무적(無敵)으로 살 수 있다는 것을 진정 모른다는 것인가?

'덕분에'를 외치다 보면 내가 잘난 것이 없는데도 주변에서 도와주는 사람이 많아진다. 그덕분에 성공과 행복이 따라온다. '때문에'는 모든 것을 남의 탓이라 하고 부정적으로 생각하기 때문에 사람들이 서로 흉을 보면서 흩어진다. 실패를 자신 탓이라 인정하지 않기에 원망 미움 불행이 끊이질 않는다. 내 탓이라 말하면 병나는 줄 안다. 잘못되면 오로지 남 탓만 노래할 뿐이다. 머리는 닭 볏처럼 달고 다니는 장식품이란 말인가?

세상을 살다 보면 '네 탓'처럼 보이기도 하고, 확실히 '너 때문'인 경우도 있다. '고양이 덕과 며느리 덕은 느끼지 못한다'는 말도 있지만, '네 탓이 아니라 내 탓'이라고, '내 덕이 아니라 네 덕'이라고 말할 수 있는 용기가 필요하다. 다른 사람을 인정하고 배려하고 칭찬하는 마술이 정말 필요한 시절이다. '야 너 때문에 망했잖아'. '네 탓이 아니면 누구 탓이란 말인가?'라는 말들을 좀 줄여가면 좋겠다.

동네에서 축구를 하다 보면 공이 있는 곳에 선수들이 모여 있다. 프로선수들의 축구경기를 보면 공을 받을 곳에 선수가 서 있다. 여하튼 공을 따라 선수들이 뛰어다닌다. 둥근 공을 공(功)이나 덕(德)으로 바꾸어 생각해보자. 덕불고필유린(德不孤必有隣 : 덕을 베풀면 외롭지 않고 반드시 이웃이 있다)이란 말은 공짜로 생긴 말이 아니다. 어쨌든 공이 있는 곳에 사람이 모이게 되고 공을 나누어 주고 덕을 베푸는 사람은 그 공을 반드시 되돌려 받게 된다는 것은 불멸의 진리다.

'나'는 나를 내세워 만족해하는 사람인가? 아니면 다른 사람이 나로 인해 행복하다고 말해주는 사람인가? 어느 누군가로부터 '당신 덕분에 여기까지 왔습니다'라는 고백을 듣는다면 행복한 인생이 아니겠는가. 좁은 골목길 반대편 방향에서 다가오는 사람을 만나면 상대방이 먼저 몸을 피하게 하지 말자.

1-7.
꿈을 이야기 하자

마음속에 웅크리고 있는 꿈은 혹독한 겨울을 견뎌내기 위해 땅속에 묻혀 있는 것이고, 입밖으로 나온 꿈은 따스한 봄 햇살을 받고 꽃을 피우기 위해 기지개를 켜는 것과 같다. 그러므로 꿈이 열매를 맺기 위해서는 반드시 입을 통하든 글을 통하든 밖으로 드러나야 하는 과정을 거쳐야 할 것이다. 바람 결에 스치듯 지나가는 말이 아닌 침 발라가며 또박또박 눌러 쓴 꿈은 새봄과 함께 새파란 싹이 솟아오를 것이다.

사람들은 매일 밥을 먹는다. 배가 고프면 누가 시키지 않아도 누가 주지 않아도 본능적으로 먹을 것을 찾는다. 날이 추우면 따뜻한 난로를 찾고 날이 어두워지면 밝은 불빛으로 모이고, 외로우면 위로해줄 사람을 찾게 되는 것도 같은 이치일 것이다.

꿈을 품고 있어야
그 꿈을 이루려는 욕망도 생긴다.

사람들은 매일 꿈을 먹고 산다. 이루고자 하는 꿈이 거대하거나 아주 사소하거나는 문제 될 게 아니다. 우리 마음속에 꿈 자체가 있고 없고에 따라 살려고 발버둥 치는 삶의 에너지에 차이가 있게 된다. 꿈을 품고 있어야 그 꿈을 이루려는 욕망도 생긴다.

그 꿈을 이루기 위해 살려고 하는 것이다. 목숨을 연장해서라도 내가 이루고 싶은 꿈을 꼭 이루어보려고 도전할 것이다. 나를 움직이게 하는 살아있는 꿈을 가졌는가? 내 심장을 뛰게 하는 뜨거운 꿈을 품었는가?

사람은 누구나 꿈을 가질 수 있고 꿈을 꿀 수 있는 능력이 있다. 그 꿈의 조각들을 퍼즐 맞추듯이 한 조각 한 조각씩 맞추어야 하고, 도미노를 쌓듯이 조심조심 정성 들여 쌓아야 한다. 꿈의 파편들이 펄떡펄떡 뛰고 있을 때는 그 주변도 역동적인 에너지 덕분에 환하게 빛날 것이다. 그래서 꿈은 불씨라 할 수 있을 것이다. 그 불씨가 꺼지지 않고 계속 타오르면 주변을 밝고 따뜻하게 해줄 것이다. 꿈이 없는 삶은 공허하다. 춥고 어둡다. 그러니 작은 꿈이라도 품고 살아야 한다.

꿈은 미로를 달리는 인생항로(人生航路)에서 등대 역할을 한다. 꿈은 외로움을 삭이는 별빛이요, 어둠의 길을 비추는 달빛이다. 그러니 날마다 내 꿈이 잘 있는지 살펴야 한다. 다른 사람들에게는 골목길에 내버려 둔다 해서 훔쳐 갈 만큼 탐나는 물건은 아니겠지만 자신에게는 황금과도 바꿀 수 없는 아주 소중한 물건이다. 꿈은 파닥거리는 내 영혼의 심장인 것이다.

내 꿈을 향해 열렬하게 응원해본 적이 있는가? 내 꿈을 향해 진실하게 대해 본 적이 있는가? 올봄에는 내 꿈에 대해 진정한 팬이 되어보면 어떨까? 내가 선택한 꿈은 다른 사람의 질문이나 강요에 따라 눈치를 보면서 내뱉는 꿈과는 차원이 다르다. 생성되는 에너지가 확연히 다르다. '나'의 꿈과 '남'의 꿈은 다를 수밖에 없다. 내 꿈을 이루기 위해 피와 땀과 눈물을 쏟아야 할 내가, 남의 논이나 남의 꿈에 물만 대고 있어서는 아니 될 것이다. 누군가에게 잘 보이기 위해 반사적으로 꾸며내는 꿈은 '남'의 꿈이고 남의 논일 뿐이다. '나'의 꿈이 뭔지도 모르고, 모르니 말도 할 수 없고, 말할 수 없으니 꿈에 대해 열정도 가질 수 없고 팬이 될 수도 없다. 그러니 응원과 격려도 할 수 없게 되는 것이 아닌가?

연초가 되면 새해 목표를 세우곤 한다. 어린 시절에는 장래의 꿈을 마음에 새긴다. 그런 '나'의 꿈들이 이제 입 밖으로 나오게 해야 한다. 그러면 더 구체성을 가지게 된다. 꿈을 이루는 방법을 더 많이 가지게 된다. 입 밖으로 내뱉어 놓으면 그 꿈들은 살아서 돌아다닌다.

누군가에게 '나'의 꿈을 들려주었다면, 그들은 나의 꿈을 훔쳐 가거나 이룰 수 있도록 도와주거나 할 것이다.

'나'의 꿈을 다른 사람들이 듣도록 큰 소리로 말해보자. 나의 꿈을 듣는 사람도 '나'의 꿈에 대해 생각하게 될 것이다. 나의 꿈을 다른 사람들 앞에서 말하다 보면 수만 개의 보는 눈이 있고 듣는 귀가 있으니 더 열심히 노력하게 될 것이다. 아름다운 꿈 이야기는 듣는 사람에게도 선한 영향력을 미치게 된다.

너른 밭에 씨 뿌려놓고 저절로 자라겠지 하면서 돌보지 않고 관심을 두지 않으면 새가 날아와서 그 씨를 쪼아 먹어 버릴 수도 있다. 새싹이 돋아나면 토끼가 뜯어 먹어버릴 수도 있고, 너무 습하면 싹조차 트지 못한 채 썩어버릴 수도 있다. 바람불면 꺾일 수도 있고 가물면 말라죽을 수도 있다. 소중한 나의 꿈을 외롭게 내버려 두고 싶지는 않겠지요? 농사를 짓는 농부가 씨를 고르면서부터 수확을 할 때까지, 씨 뿌려진 논밭을 수만 번씩 들여다보는 이유가 있을 것이다. 정성껏, 진정성을 가지고 가꾸어야 한다.

하늘이 한자의 비를 내리면 식물은 한자만큼만 자란다. 그러나 꿈은 한 입에서 나와 수만 개의 귀로 들어간다. 수만 배로 커진다. 사람의 뇌는 말을 듣는 순간 반응을 시작한다. 내가 하는 말은 나의 뇌가 가장 먼저 듣게 된다. 그러니 반응도 가장 먼저 하게 되고, 꿈을 이루는 방법도 그만큼 먼저 찾아내게 될 것이다. 보물찾기 경쟁에서 한발 앞서게 되는 것이다.

내일이 기다려지는 행복한 꿈을 이야기해보자. 도박은 망할 때까지 하고 음주운전은 사고 날 때까지 한다고 하는데, 꿈을 이룰 때까지 왜 도전하지 않고 왜 중도에 포기하는가?

초등학교에 갓 입학했을 때 담임을 맡으신 선생님이 학생들에게 맨 처음 묻는 말이 있다.

'학생 여러분, 장래 꿈이 뭐예요? 어떤 사람이 되고 싶나요? 가장 존경하는 사람은 누구인가요?' 등등. 그러면 학생들은 '대통령이 되고 싶습니다', '장군이 되겠습니다', '의사가 되겠습니다', '농부가 되고 싶습니다', '부자가 되고 싶습니다'라는 다양한 대답들이 나온다. 학생들의 꿈을 듣다 보면 '무엇이 되고 싶다', '무엇을 갖고 싶다', '무엇을 하고 싶다'. 등으로 집약되는 듯하다. 여기서 선생님이 한 번 더 질문을 해주면 좋겠는데 그렇게 하지를 않는다.

내 꿈을 향해 열렬하게 응원해본 적이 있는가?
'나'의 꿈들이 이제 입 밖으로 나오게 해야 한다.

즉, '그 꿈을 이루기 위해서는 어떻게 해야 할까요?'라는 질문이 생략된 채 그 수업이 끝난다는 것이다. 학생들은 자신의 꿈을 이야기했으니 그 꿈을 이루는 방법 등을 듣고 싶어 했을 것이다.

꿈, 노력과 희생을 먹고 자란다. 생각만으로도 꿈을 키울 수 있지만, 행동하는 노력 없이는 좋은 결실을 거둘 수 없다. 나는 꿈을 키우는 사람인가 꿈을 짓밟는 사람인가? 자식들을 키우면서 잘되라고, 꿈을 키워준다고, 훈시하다 대통 큰 다툼이 생기는 경우가 있다. 그럴 때면 이런 말도 서슴없이 내뱉는다. '이 망(亡)할 놈의 새끼가, 야 임마 너 어디서 굴러먹다 온 놈이야, 너 뒈질래? 어쩌다 너 같은 녀석이 태어났는지 모르겠다', '이 놈의 새끼가 왜 말을 안 들어 처먹어, 이런 개뼈다귀 같으니라구'

꿈을 키워주는 것이 아니고 꿈을 불태워버리는 것이 아닌가. 불같은 화는 결국 다른 사람의 마음에 분노의 불을 지르게 된다. 그러면 말이 순하게 편하게 나올 리 없다. 혀도 꼬인다. 물불 가리지 않고 퍼붓고 있는 동안에는 내가 무슨 잘못을 저지르고 있는지 무슨 상처를 주고 있는지 생각할 겨를이 없다. 오직 자신의 분노를 발산시키는 것에만 혈안이 되어있기 때문이다.

불이 나면 신속하게 꺼야 하는데 남의 집에 불을 지르면서 내 집의 불만 끄려고 하면 불이 꺼지겠는가? 마귀가 던져주는 쾌락에 미혹(迷惑)되는 것이다. 화가 났을 때 '이 흥(興)할 놈의 자식이, 제발 잘 좀 해라. 그래야 훌륭한 사람 된다'라고 말하는 부모가 얼마나 될까?

아이들의 꿈을 키워주는 방법은 '칭찬'이 으뜸이다. 그래서 시험 잘 보고 온 아이에게 한마디 한다. '잘했구나, 조금만 더 잘했으면 일등도 할 수 있었잖아!', '네 친구는 몇점 받았니, 100점 맞은 애들 몇 명이나 되니?'라고 하면서 기분 좋게 칭찬의 말을 했다고 생각한다. 그런데 이런 말을 듣는 아이는 이게 칭찬이야 꾸지람이야 하면서 헷갈리기 시작한다. 마음의 문이 닫히게 된다. 자라나는 아이의 성장판이 닫힐까 걱정을 하면서 꿈이 말라가는 것에는 짐짓 무관심하다는 것일까?. 정말 칭찬해주고 싶다면, '이번에 열심히 노력하더니만 아주 잘 받았구나, 장하다'이정도의 말에서 끝내야 한다. 하지만 부모의 마음은 꼭 그러지도 않는가 보다. 자식과 오래간만에 이야기가 통하네 하면서, '기회는 이때다'라고 생각하고 칭찬하는 말 뒤에 습관적으로 꼭 사족을 붙이려 든다. 그러면서 아이의 꿈이 아닌 내가 바라는 '나'의 꿈을 아이에게 강요하는 것이다. 강요된 꿈은 '남'의 꿈일 뿐이다.

꿈은 키우고 절망은 버리게 해야 한다. 꿈이 마르면 행복이 자라지 않는다. 꿈이 없다면 살아있는 게 아니다. 지금 당장 돌아가실듯한 사람도 하루만 더 살려고 발버둥 치는 것은 아직 못다 이룬 꿈을 이루기 위해서일 것이다.

내 재산이나 귀한 물건을 다른 사람과 나누어 가지려는 하는 것은 매우 어려운 일이다. 먼저 차지하려고 아등바등 다툼이 일어날 것이다. 그러나 꿈은 다르다. 꿈은 다른 사람과 공유할수록 실현가능성이 높아진다. 다른 사람들 앞에서 '나'의 꿈을 과감하게 말해보자. 간절한 꿈, 절실한 꿈은 반드시 이루어진다고 믿어보자.

1-8.
복 있는 말이 복을 부른다

복(福) 그릇은 내 얼굴을 닮았을까? 복 그릇은 내 마음보다 클까? 복 그릇은 어떻게 만들어질까? 복 받을 짓을 하면 정말 복을 받을 수 있을까?

금이 간 항아리에 복을 담으면 복이 머물 수가 없다. 복을 짓는데도 자꾸 새어나가면 이를 유루복(有漏福)이라 한다. 지어놓은 복이 새지 않고 무럭무럭 자라면 무루복(無漏福)이라 한다. 피땀 흘려 수확해둔 농작물을 생쥐가 야금야금 빼먹으면 며칠 가지 않아 남는 게 없을 것이다. 차라리 그 수확물을 옆집에 사는 이웃들에게 나누어주었다면 그만큼 큰 복이라도 짓는 것이 될 터인데 말이다. 아무리 많은 재물도 새는 곳이 있다면 금방 줄어들게 된다. 복도 마찬가지라 생각한다. 그러니 복이 허투루 새어나가지 않게 잘 다스려야 한다.

복이라는 실체는 눈에 잘 보이지 않는다. 그래서 복 그릇을 크게 준비한 사람에게는 하늘이 내려주는 무량대복(無量大福)을 담아낼 수 있지만, 작은 그릇을 준비한 사람은 자신이 준비한 그릇의 크기만큼만 복을 받을 수밖에 없다. 그러므로 무량대복을 받으려면 무량한 복 그릇을 준비해야 한다. 수많은 복은 보이지 않은 곳곳에 널려 있다. 아침 일찍 일어나 주변을 깨끗하게 정리한다면 그곳에 떨어진 복은 오롯이 내 몫이 될 것이다. 만나는 사람들에게 밝은 미소로 인사를 건넨다면, 그 사람 주위에 있는 복이 나에게로 몰려올 것이다. 일상에서 복을 짓고 복을 나누는 일은 그리 어렵지 않다.

복 그릇을 키운다는 것은 몸과 입과 생각(身口意)을 잘 다스려 일상 그 자체가 복 짓는 일이 되게 하면 될 일이다. 지어먹는 복은 내가 짓는 밥처럼 내 몫이기에 내 마음대로 쓸 수가 있다. 그러나 주어지는 복, 구하는 복, 받는 복은 내 몫이 아닌 다른 사람에게서 온 것이니 내 마음대로 써서는 안 된다. 이 복은 반드시 다른 사람에게 나누고 베풀어야 한다.

복(福)이란 무엇인가? 한자를 파자(破字)해보면, 보일 시(示), 한 일(一), 입 구(口), 밭전(田)이 합해진 글자임을 알 수 있다. 필자는 간혹 '신이 한 사람의 입을 통해 복 있는 말을 전하여 여러 사람을 먹여 살린다.'라고 풀어보기도 한다. 한 입이 다섯 입을 거두고 있다는 엉뚱한 생각을 해보았던 것이다.

사람들은 복 받는 것을 아주 좋아한다. 재앙이 닥치는 것은 바퀴벌레 보듯 싫어한다. 그런데 예로부터 전해오는 글들을 보면

복은 스스로 아끼고 나누고 키워야 한다는 것이다.
쓸데없는 복은 하나도 없다.
버릴 복도 하나도 없다.

복이라는 글자 옆에는 화(禍)라는 글자도 자주 보인다.

복을 지나치게 탐하면 화도 따라온다는 뜻 아니겠는가. 그러한 문구들을 일별 해본다.

화복무문유인자초(禍福無門惟人自招) : 화와 복에는 문이 따로 없음. 오직 사람이 스스로 부르는 것임.

화복유기(禍福由己) : 화나 복은 자기에게서 말미암는다는 뜻으로, 화나 복은 자기 스스로 부르는 것이라는 의미.

화복동문(禍福同門) : 화나 복은 같은 문에서 생긴다는 말.

화여복린(禍與福隣) : 화와 복이 서로 이웃한다는 뜻으로, 복이 있으면 화가 있고, 화가 있으면 복이 있다는 의미.

화복의복(禍福倚伏) : 화나 복이 서로 의지하고 엎드린다는 뜻으로, 화 가운데 복이 있고 복 가운데 화가 있어 화와 복은 항상 돌고 도는 것이라는 의미.

화복상생(禍福相生) : 화와 복이 서로 생긴다는 것. 화와 복이 서로 번갈아 일어남을 뜻함.

양화구복(禳禍求福) : 재앙을 물리치고 복(福)을 구함.

화혜복지소의(禍兮福之所倚) : 화와 복은 서로 의지(依支)하고 있음.

원화소복(遠禍召福) : 화를 물리치고 복을 불러들임.

복연선경福緣善慶 : 복(福)은 착한 일에서 오는 것이니, 착한 일을 하면 경사(慶事)가 옴.

복생어미(福生於微) : 복은 작은 것에서 생긴다는 뜻, 행복은 조그마한 일에서부터 싹튼다.

다행다복(多幸多福) : 운이 좋고 복이 많음.

복덕원만(福德圓滿) : 복과 덕, 즉 행복(幸福)과 이익(利益)이 넘쳐흐를 정도(程度)로 가득함.

복과재생(福過災生) : 복이 너무 지나치면 도리어 재앙이 생김.

무량대복(無量大福) : 헤아릴 수 없을 만큼 큰 복.

복인복과(福因福果) : 복덕의 인(因)으로 말미암아 복덕의 과보(果報)를 얻음.

무망지복(無望之福) : 바램이 없었던 복이라는 뜻으로, 뜻밖에 얻은 복이나 행운.

일본의 사상가 고다 로한은 『노력론』(비전코리아 출판)에서 삼복론(三福論)을 강조했었다.

첫째 : 석복(惜福). 타고난 복을 아껴 쓴다. 이는 타고난 복을 아끼고 아껴서 복 그릇을 키운다는 의미다.

복을 아낄 줄 알아야 복이 찾아온다.

둘째 : 분복(分福). 다른 사람을 위해서 복을 나누어 준다. 내 복을 나눠서 타인의 복 그릇을 키워준다면 결국에는 타인의 복 그릇 덕분에 내 복도 커진다는 의미다.

셋째 : 식복(植福). 세상 사람 모두가 누릴 수 있는 크나큰 행복을 만든다는 의미다. 사회 구성원 모두가 누릴 수 있는 가장 큰 복 그릇을 말한다. 다른 사람을 위해 헌신, 봉사하며 복의 씨를 심는 것이다. 내가 심은 복은 결국 나에게로 돌아온다.

복은 스스로 아끼고 나누고 키워야 한다는 것이다. 쓸데없는 복은 하나도 없다. 버릴 복도 하나도 없다. 예쁜 말을 하고 예쁜 미소를 짓는 것도 복을 짓는 것이다. 우리는 좋은 말을 자주 하면 복 있는 사람이 될 수 있다. 복 있는 말은 결과론적으로 자신을 위한 기도가 된다. 박복(薄福)하면 자기만 생각하게 되나 다복하면 모두의 행복을 생각할 수 있게 된다.

그러므로 복을 나누기 위해서는 자신이 먼저 복 있는 사람이 되어야 한다. 올해는 다복다행(多福多幸)한 사람이 되어보자. 아무런 노력 없이 저절로 복이 하늘에서 뚝 떨어지는 법은 없다. 떠먹여 줄 때까지 기다리고 있는 복은 없다. 제 발로 복이 있는 곳으로 다가가든지 손을 내밀어야 하는 것 아니겠는가. 그리고 나에게 '복 좀 주세요' 보다 내 '복 좀 가져가세요'를 외치는 것이 외려 더 큰 복을 짓는 것은 아닐까? 때로는 입이 방정이고 때로는 입이 보살이다.

자신이 먼저
복 있는 사람이 되어야 한다.

화복동문을 화복동구(禍福同口)로 바꾸면 딱 들어맞는 말이 된다. 복 있는 말을 계속하다 보면 복은 저절로 들어온다. 축복의 말이 당신의 축복을 만든다. 희망이 담긴 말, 행복을 부르는 말이 당신의 희망을 부르고 행복을 부른다는 사실을 기억하면 좋겠다.

복을 다른 사람에게 나누어준다고 하여 내 복이 줄어들거나 작아지지는 않는다. 그 곱으로 커질 것이다. 오병이어(五餠二魚)의 기적을 체험할 수 있을 것이다. 여러 사람의 마음속에 뿌려놓은 복은 이자 쳐서 돌아온다. 어쩌면 자신이 받는 복도 매 순간 다른 사람 마음에 뿌려둔 복 씨앗이 자라서 열매를 맺은 결과일지도 모른다. 다른 사람이 흘려주는 복, 작다고 생각 말고 내 마음속에 오랫동안 머물게 해보자.

그냥 입으로 말하면 되는 것이다. 일상의 삶에서 감사의 말, 축복의 말, 한두 마디씩 던지면 되는 것이다. '고맙습니다', '감사합니다', '사랑합니다', '행복합니다'를 외치면 정말 복이 될 거라 믿는다.

내가 들어서 기분 좋은 말은 상대도 듣고 싶어 하는 말이다.

이것이 복 나눔의 첫걸음이다. 오늘은 누군가에게 예쁜 말을 툭 던져 보자. 복은 내가 내뱉은 말이 부른다. 다복해지고 싶다면 복 있는 말을 입에 담아야 한다. 그리고 불평불만과 동업하면 안 된다. 내가 조금 가지고 있는 것과 다른 사람이 많이 가지고 있는 것을 수시 때때로 비교하다 보면 불평불만 제조업자가 되기 쉽다. 다른 사람의 손에 들려 있는 복을 더 가져오려는 것이 아닌, 다른 사람보다 내가 나누어준 복이 부족한지를 살피면 될 일이다. 우리는 복 받을 만한 사람이 되어야 한다. 간혹 '저 사람 복 받을 만한 그릇입니까?'라고 물으면 자신 있게 '예 그렇습니다'라는 대답을 들을 수 있어야겠지요?

얼굴에 피는 웃음꽃에는 천 만금의 가치가 있다. 다른 사람을 향한 나의 웃음은 자신뿐만 아니라 그들에게도 복을 나누는 것이 된다. 그야말로 돈 안 들이고 복을 짓는 방법이다.

찡그리고 화난 얼굴에는 복이 들어오지 않는다. 금이 간 얼굴에는 복이 머물 수 있는 공간이 없다. 방긋방긋 미소 짓는 얼굴과 우락부락 화난 얼굴이 있다면 아름다운 복이 어느 얼굴에 머물려 하겠습니까? 새로운 한 해가 시작되었으니 '하하하하하하하! 히히히히히히히! 후후후후후후후! 해해해해해해해! 호호호호호호호!'하고 큰소리로 웃어보면 좋겠다. 하늘은 짓지 않은 복을 내리지 않고, 사람은 짓지 않은 죄는 받지 않는다(天不降不作之福, 人不受不作之罪). 복 받으려면 복 받을 일을 해야 한다.

나는 너의 복을 빌어주고 너는 나의 복을 빌어주고 우리는 이웃의 복을 빌어주고...

올해는 '~~ 해야 하는데', '~~ 하면 뭘 해?'라는 말은 멀리하고, '~~ 해봤어', '~~하면 돼'라는 말을 자주 들을 수 있으면 좋겠다. 돈을 아끼고 좋아하는 것처럼 주변 이웃을 향해 그렇게 축복해주면 좋겠다. 나를 위한 기복(祈福)보다는 너를 위한 축복(祝福)의 기도가 널리 울려 퍼지기를 기대해본다.

2.
예쁜 말은 축복이다

2-1. 예쁜 말로 세상을 환하게 이웃을 편하게

2-2. 예쁜 말 예쁜 미소는 사회적 공공재다

2-3. 따뜻한 말, 아름다운 보시

2-4. 나도 한번 해볼까? 예쁜 말! 예쁜 미소!

2-5. 감사의 말로 하루를 시작하자

2-6. 맛있는 말에 혀가 머물다

2-7. 말에 향기를 입히자

2-8. 예쁜 말은 잇고 나쁜 말은 잊자

2-9. 예쁜 말은 축복이다

2. 예쁜 말은 축복이다.

2-1.
예쁜 말로 세상을 환하게 이웃을 편하게

온통 어수선한 세상에 꿈과 희망, 온정이 넘치게 하는 방법은 없을까? 혹시 예쁜 말이라면 이 차가운 세상을 좀 더 따뜻하게 안아 줄 수 있을까? 말 한마디 바꾸어서 우리 모두 행복 할 수 있다면 지금 당장 말 보시를 베풀어 보면 어떨까?

누군가가 나에게 귓속말로 묻는다.

오늘 하루 몇 마디의 말을 하였습니까?

누군가에게 꿈과 희망을 나누어주었습니까?

누군가에게 웃음과 미소를 지어주었습니까?

누군가에게 사랑과 그리움을 안겨주었습니까?

그들에게 사랑을 주었노라 당당하고 멋지게 대답할 수 있으면 좋겠습니다.

말씀 언(言) 이라는 한자는 두(亠)+심(心)+구(口)를 합쳐 놓은 것이라 생각합니다. 마음속에 품고 있는 생각들이 머리라는 필터를 통하고 입이라는 수단을 통하여 바깥 세상으로 나오면서 의미를 갖는 말과 글이 됩니다. 즉 마음이라는 알갱이들이 입을 통해 밖으로 드러나는 것을 말이라 할 수 있습니다. 존 어베블리는 "말을 하는 것은 혀가 아니라 두뇌의 운동이라야 한다"고 주장하기도 했습니다.

정성 성(誠) 이라는 한자를 더 살펴보겠습니다.

말씀 언(言)+이룰 성(成)을 합쳐 놓은 것입니다. 이는 말을 정성스럽게 하면 말 한대로 이루어진다는 뜻일 겁니다. 말에 정성을 담으면 정말 말 한대로 이루어질까요? 간절한 정성을 담아 말을 하면 자신이 말 한대로 이루어집니다. 왜냐하면 말은 씨가 되기 때문입니다.

끊임없이 다른 사람들과 경쟁을 하며 살아가야 하는 것이 우리네 인생입니다. 이런 경쟁 속에서 낙오하고 꼴찌를 하면 즐겁지 않습니다. 순위를 매기고 상금이 걸린 시합에서 지거나 탈락하면 정말 속상합니다. 회사나 조직도 마찬가지입니다. 조직을 이끌면서 성과는 꼴찌를 달리고 불평불만은 차고 넘치고 친절서비스는 거꾸로 일등만 한다면 어찌해야 할까요? 그 조직의 리더는 그 조직을 포기하고 떠나거나 아니면 새롭게 탈바꿈을 시키든지 양자택일을 해야 할 것입니다. 이런 조직을 이끌었던 저의 경험을 간단하게 소개해드리겠습니다.

저는 떠날 때 떠나더라도 이 조직이 왜 꼴찌를 하는지 그 원인이 궁금했습니다. 그래서 직원들 간에 하는 말버릇과 행동, 고객을 대하는 태도 등을 우선 살펴보았습니다. 그리고 문제점이라 생각되는 것을 여섯 가지로 요약할 수 있었습니다.

첫째 : 너 때문이잖아, 너 때문에 안됐잖아, 너 때문에 짜증나 죽겠다!

둘째 : 너는 왜 안 해, 네가 해, 내 일 아닌데요!

셋째 : 난 못해, 왜 내가 해? 절대 안 됩니다!

넷째 : 넌 틀렸어, 네가 잘못했잖아, 야 이 멍청아!

다섯째 : 화만 내면서 웃지 않고 찡그린다.

여섯째 : 핑계거리만 찾고 하고 싶은 말만 내 지른다.

문제가 있으면 해결책도 있다는 사실을 굳게 믿었습니다. 심성이 고운 직원들이기에 그들이 하는 부정적인 말버릇과 태도를 긍정적으로 바꾼다면 좋은 결과가 있을 거라 생각했습니다.

그래서 그들이 하는 말과 태도를 바꾸도록 했습니다. 무조건 반복적으로 따라 하도록 했습니다.

첫째 : "함께해서 감사합니다 덕분입니다". "고맙습니다 감사합니다"하고 외치기.

둘째 : "너 때문에 안됐잖아" 대신 "네 덕분에 이만큼이나 해냈다"라고 말하기.

셋째 : "너 틀렸잖아" 대신 "내 생각과 좀 다르구나"하며 상대를 인정하기.

넷째 : "난 못해", "난 안 해" 대신 "제가 하겠습니다", "이렇게 해보겠습니다"라고 태도를 바꾸기.

하기 싫어서 핑계거리 찾는데 능숙하고 상대를 비난하고 무시하는데 익숙하고 불평불만이 몸에 밴 직원들에겐 이런 말과 행동이 쑥스럽고 어색할 따름이었습니다. 처음 한 번이 어렵지 한 번 하고 나면 두 번째는 조금 수월해집니다. 그래서 반강제적으로 따라 하도록 시켰습니다. 이틀 정도 마지 못해 따라 하더니 조금씩 입이 열리고 태도가 바뀌기 시작했습니다. 고맙습니다, 감사합니다, 덕분입니다, 해 보겠습니다라는 말이 들리기 시작했습니다. 죽었다 깨어나도 안됩니다, 절대 못합니다, 의견이 다르면 틀렸다고 빡빡 우기며 대들던 직원들이 스스로 변하고 있었습니다.

첫째 : 서로에게 관심을 갖고 바라봅니다.
둘째 : 무시했던 직원들을 인정하고 격려합니다.
셋째 : 불평불만 비난의 소리가 줄어들고 간혹 칭찬하는 소리가 들립니다.
넷째 : 한 번 해보겠다, 한 번 해보자, 모두 동참하자고 서로 응원합니다.
다섯째 : 고객을 향해 미소를 짓고 큰 소리로 웃기도 합니다.

포기 대신 도전, 꼴찌 대신 1등, 비난 대신 칭찬, 무시 대신 인정, 짜증 대신 웃음이 피어나니 직원들 스스로 놀랍니다.

예쁜 말이 입속에서만 굴러다니면
어느 세월에 아름다운 꽃을 피울 수 있겠습니까?
내 인생이 잘 풀리도록 이끌고
더 나아가 세상을 아름답게 바꾸고

그렇게 조직의 분위기가 확 바뀌었습니다. 결국 당해 년도 말 성과평가에서 1등, 친절서비스 평가에서 1등을 차지하여 모든 직원이 포상을 받게 되었습니다. 다른 경쟁자들보다 한 발 앞서는 기회가 주어졌습니다. 말이 그들의 인생을 통째로 바꾸었습니다.

이처럼 고맙습니다, 감사합니다, 덕분입니다, 다름을 인정하기, 해 보겠습니다 라는 '긍정의 말', '희망의 말', '인정의 말'은 우리들의 인생을 희망으로 이끌 것입니다. 말이 곧 글이 되니 글을 쓴다는 것도 마찬가지가 아닐까 합니다. 말은 듣는 사람에게 큰 영향을 미치듯 글은 보고 읽는 사람에게 지대한 영향을 끼칩니다. 내 것도 내가 쓰지 못하면 내 것이 아니라 했습니다. 예쁜 말이 입 속에서만 굴러다니면 어느 세월에 아름다운 꽃을 피울 수 있겠습니까? 내 인생이 잘 풀리도록 이끌고 더 나아가 세상을 아름답게 바꾸고 싶다면 어떤 말을 해야 하고 어떤 글이 필요할까요? 멋진 인생은 멋진 말에서부터 …

2-2.
예쁜 말 예쁜 미소는 사회적 공공재다

어떤 마을을 찾아가다 보면 마을 입구에 그 마을을 상징하는 조형물과 홍보하는 문구가 새겨진 푯말을 자주 보게 된다. 역사가 오래된 마을일수록 그 입구에는 '천하대장군 지하여장군'이라는 수호신 기둥이 세워져 있는 경우가 많다.

사람들은 그 수호신이 자신과 마을을 안전하게 잘 지켜주리라 굳게 믿는다. 마을 사람들이 그런 마음으로 수호신을 세우고 그런 믿음으로 수호신을 바라보기 때문에 마을에 평화가 유지되고 안전이 지켜지고 있다고 믿는 것이다. 이런 상징물이나 수호신 등은 마을공동체를 위해 준비된 사회적 공공재라 할 수 있다. 그 기둥에 예쁜 말, 예쁜 미소가 새겨지면 좋겠다는 생각을 해본다.

햇살 같은 예쁜 미소를 졸졸 흘리고 다니면
주변이 환해진다.
기분이 좋아 다시 한번 돌아보게 된다.

예쁜 말 예쁜 미소는 사회적 공공재라 할 수 있을까? 왕비의 햇살 같은 예쁜 미소를 졸졸 흘리고 다니면 주변이 환해진다. 노랑나비들이 줄을 잇는다. 기분이 좋아 다시 한번 돌아보게 된다. 쓰레기 같은 말을 흘리고 다니면 주변이 온통 쓰레기 더미만 쌓이게 된다. 똥파리들이 모여 군무(群舞)를 춘다. 그 쓰레기를 치우려는 생각보다 신속하게 그 자리를 벗어나고자 한다. 예쁜 말을 하고 다니면 주변 사람들이 편안한 마음으로 모인다. 마음이 편안하니 표정도 환하다. 보름달을 안고 있는 것처럼 여유롭다.

나쁜 말 저질스러운 말을 흘리고 다니면 듣는 사람들은 마음이 불편하다고 모두 떠난다. 그런 말을 듣는 순간 얼굴이 찡그려진다. 찌그러진 양은 냄비 옆구리처럼 볼품이 없다. 콩을 삶아 메주를 다듬다 모양이 볼품있게 안 나오면 허물고 새로이 다독거리면 된다지만 엎어진 물, 쏟아낸 말들이야 달리 수습 할 길이 없다. 하지만 다른 사람들에게 알게 모르게 선한 영향을 미치고 있는 예쁜 말 예쁜 미소는 다르다. 절망을 희망으로 악마를 천사로 만들 수 있는 예쁜 말은 주워 담을 필요가 전혀 없다. 이런 것들이야말로 우리 사회에 꼭 필요한 사회적 공공재가 아닌가? 지친 영혼의 편한 쉼터가 되어주는 것은 바로 예쁜 미소다.

'공공의 선(善)'이라고 하면 더 어울리는 말일까? 이웃 사람들에게 선한 복을 나누어줄 수 있는 예쁜 말 예쁜 미소를 많이 흘리고 다닐수록 우리 사회는 더 환해진다. 지나다니는 사람들의 얼굴에 미소가 피어나면 거리도 밝아진다. 그래서 예쁜 말 예쁜 미소는 밝은 사회를 만들기 위해 꼭 필요한 것이다.

공공재(公共財)라 함은 모든 사람이 공동으로 이용할 수 있는 재화 또는 서비스를 말한다.

시장의 가격 원리가 적용될 수 없고 그 대가를 지불하지 않고도 재화나 서비스를 이용할 수 있는 비배제성을 지니고 있다. 일반적인 재화나 서비스는 사람들이 이것을 소비하면 다른 사람이 소비할 기회를 줄여 사람들 사이의 경합관계에 놓이게 되지만 공공재는 사람들이 소비를 위해 서로 경합할 필요가 없는 비경쟁성도 가지고 있다. 그러나 공공재의 비배제성에 따라 비용을 부담하지 않는 사람도 공공재의 이익을 누릴 수 있으므로, 이른바 '공짜 승객(free rider)'의 문제가 생길 수도 있다. 그러나 예쁜 말 예쁜 미소는 모든 사람에게 공짜다.

품절이 없다. 사람들이 원하는 대로 필요한 대로 나눌 수 있다. 그러니 공짜승객의 문제도 발생하지 않는다. 베풀려는 선한 마음을 서로 경쟁하듯 나누면 되는 것이다. 승자와 패자가 따로 있을 수 없다. 더 많이 베풀었는가의 문제일 뿐, 오직 기쁨만이 존재한다. 그러니 경쟁을 하지만 기분이 좋을 수밖에 없다.

나무가 아무리 크더라도 한 그루만으로 온 천지를 뒤 덮을 수 없다. 하지만 예쁜 말 예쁜 미소는 한 조각의 불빛으로도 온

누리를 밝고 환하게 밝힐 수 있다. 사람은 혼자서는 살 수 없고 필연적으로 다른 사람과 교류하며 살아가기 때문이다. 그래서 다른 사람을 만날 때마다 예쁜 말 예쁜 미소는 끊임없이 오병이어의 기적을 일으킬 수 있게 된다.

예쁜 말 예쁜 미소는 모든 사람에게 공짜다.

두 살배기 어린아이가 싱글벙글 웃고 있는 사진을 보면서 자신의 얼굴을 찍어보자. 화난 사람처럼 잔뜩 찡그린 표정을 짓고 있는 다 큰 어른들의 사진을 보면서 찍어보자. 그리고 그 사진을 비교해보자. 같은 내 얼굴인데 무슨 차이가 있겠느냐 하지만 분명 큰 차이가 난다. 웃는 모습을 보면 저절로 웃게 되고 찡그린 표정을 보면 나도 몰래 찡그리게 된다. 믿지 못하겠거든 지금 즉시 실험해보자. 겉으로 웃는 표정을 짓고 있으나 마음속에 찡그림이 있다면 그 웃는 모습이 어찌 자연스러울 수 있겠는가? 마음속에서 어떤 생각을 떠올릴 때마다 우리 얼굴에는 아주 미세하지만 분명하게 그에 대한 반응이 나타난다.

예쁜 생각에는 예쁜 미소가 피어난다. 아름다운 상상에는 행복한 표정이 드러난다. Lester Thorow는 '아름다운 성품은 어떤 평범한 얼굴이라도 아름다운 광채로 빛나게 만들 수 있다'라고 말했다. 또한, 시인 헨리는 '내 운명의 주인은 나다. 나는 내 영혼을 지배한다'라고 말했다. 그렇다. 내 마음을 지배할 수 있는 내 운명의 주인은 바로 나다. 내가 어떤 마음을 먹느냐에 따라, 어떤 상상을 하느냐에 따라 미래의 내 모습이 달라진다. 생각하는 대로, 말 한대로 내 인생은 바뀌게 된다.

사람들이 모이면 말이 많아진다. 말이 많으면 신경 쓸 일도 많아진다. 듣고 싶지 않은 불편한 말을 듣게 되면 신경이 곤두서고, 그 말은 곧 사람을 피곤하게 한다. 생각보다 더 많은 에너지를 사용하게 한다. 배고픈 것으로 끝나면 좋은데, 나쁘게 들리는 말은 나쁜 생각을 자극하고 나쁜 감정을 유발한다. 그래서 마음을 더 쓰게 만든다. 그러니 다른 사람이 듣고 싶어 하는 예쁜 말을 해야 한다. 고약한 입 냄새보다 코털을 번쩍 일으켜 세우는 향기가 나면 더 낫지 않겠는가. 예쁜 말로 타인의 얼굴에 예쁜 미소를 피어나게 한다면, 그 미소에 다른 사람들도 쉬어가려 할 것이다. 말이란 우리 마음속에 심어놓은 축복의 씨앗이다. 우리는 이 축복의 씨앗을 적극적으로 잘 관리할 책임이 있다. 자신의 '마음밭'을 잘 가꾸어서 한 톨이라도 수확하고 싶다면 예쁜 말을 해야 한다. 저절로 이루어지는 것은 없다. 내가 하는 말로 나를 이루어 가는 것이 나의 인생이 되는 것이다.

저는 「예쁜 말 예쁜 미소 예쁜 인생」이란 책에서 오병이어의 기적을 이룰 수 있는 것으로 '따뜻한 말 한마디', '해맑은 미소', '아낌없는 사랑', '범사에 감사', '다름의 인정', '숨은 배려', '재능기부 봉사' 등을 강조했었다. 이것들은 '나' 보다는 다른 사람을 위해 사용할 때 더욱 큰 가치를 발휘한다. 사용하면 사용할수록, 나누면 나눌수록, 베풀면 베풀수록 줄지 않고 계속 늘어나는 것이니 오병이어의 기적을 이룰 수 있는 것이라고 주장했었다. 예쁜 말 예쁜 미소는 나를 포함한 다른 모든 사람에게 행복호르몬을 분비시키고 면역강화제를 나누어준다. '예쁜 말 예쁜 미소로 세상을 환하게 이웃을 편하게'라는 문구가 누군가의 선거공약에 나오면 좋겠다. 온 세상을 향해 널리 외쳐지면 좋겠다.

어느 초등학교 선생님이 말썽만 피우는 학생을 모범생으로 만들기 위해 1년 동안 '모범생 ㅇㅇㅇ'하고 불렀더니 정말 모범생이 되었다는 체험수기를 읽은 적이 있었다. 말은 들리는 대로 행하고, 말한 대로 이룬다는 사실을 다시 한번 깨닫는다. 큰맘 먹고 장만한 물건을 보고 '이건 너무 싸구려 같아. 길거리에서 흔히 볼 수 있는 그런 거잖아.'라고 말하면 한 대 쥐어박고 싶어진다. 내가 하는 말이 곧 내 얼굴이다. 그 말이 곧 다른 사람이 나를 판단하는 기준이 된다. 내가 내뱉은 말 덕분에 다른 사람들이 상처를 받는다면 그 사람에게 큰 빚을 지게 되는 것이다. 다른 사람이 용기를 갖게 된다면 그 사람에게 큰 사랑을 베푼 것이다. 모두 내가 한 말의 결과물인 것이다.

다른 사람들이 나를 만나고 난 후 '만나고 싶지 않은 사람', '사귀고 싶지 않은 사람' 1순위에 올려놓으면 기분 좋을 리 없다. '저 나이 먹도록 말을 그렇게밖에 못하냐'는 소릴 듣고 싶지 않거든 예쁜 말 예쁜 미소를 자주 흘려야 한다. 그러면 다른 사람들이 줄을 설 것이다. 사랑의 기억은 돌에 새기듯 마음속에 영원히 간직하자. 신세를 지거든 기름종이에 치부책(置簿册) 정리하듯 꼼꼼하게 기록하자. 미움의 기억은 바람 타고 떠나가는 구름에 맡기고, 깨끗이 잊어버리자. 예쁜 말 예쁜 미소가 다른 사람에게 큰 사랑으로 기억된다면, 우리 사회는 더 따뜻해질 것이고, 웃음이 넘치는 세상이 될 것이고, 우리 모두 행복하다고 느끼게 될 것이다.

2-3.
따뜻한 말, 아름다운 보시

말 한마디에 웃고 운다. 말 한마디로 천 냥 빚을 갚는다. 말 한마디의 힘은 위대하다. 하루를 시작하는 아침에 어떤 말을 들었느냐에 따라 그날의 성과가 크게 달라진다. 유년 시절에 어떤 말을 듣고 자랐느냐에 따라 삶을 바라보는 태도가 많이 다르다.

직장생활에서는 직원 간의 말 한마디가 그 사람의 하루를 좌우한다. 실수하면 비수 같은 차가운 말을 듣는다. '이것도 못 해', '너 때문에 망했다'라는 소리에 감정이 개입되면 결국 큰 사단이 난다. 무시하듯 '네가 잘되라고 하는 말이야'하면서 또 다시 아픈 비수를 꽂는다. 그러면 당장 이 직장을 때려치울까 하는 마음이 하루 종일 떠나지 않는다. '너는 얼마나 잘하나 어디 함 두고 보자'하면서 솟아오르는 분노를 진정시키지 못하면 일이 손에 잡히지 않는다. 그러면 업무에 대한 의욕도 그 사람에 대한

서운함이 쌓이면 좋아하는 감정도 줄어든다.
서운한 마음에 응어리를 남기지 말자.

신뢰도 자꾸 줄어든다. 그러다 보면 개인의 성과는 물론 조직의 성과도 엉망이 될 것이다. 그러므로 하루의 시작은 긍정의 말로 시작하는 것이 좋다. 아침을 상쾌하게 시작해도 중간중간 어려운 상황이 발생하는데 새벽부터 오지랖 넓은 꾸중을 들으면 하루 종일 일이 잘 풀릴 리 없다. 마음이 얼어붙은 사람에게 쌀쌀한 말은 악업의 감옥을 짓는 것이고, 따뜻한 말은 선업(善業)의 복을 짓는 것이다. 정말 내가 잘되라고 하는 말일까 의심을 하게 되면 이는 격려나 위로의 말이 되지 못한다. 진심을 담아 '위로의 말, 격려의 말'을 해준다면 상대가 마음으로 받아들이게 된다. 마음의 변화가 이러하니 따뜻한 마음을 담아 어려움을 이겨내게 하고, 하고자 하는 일을 더 기분 좋게 할 수 있도록 도와주어야 하는 것이다.

칭찬을 들으면 사흘을 굶어도 배가 부르다고 한다. 다른 사람들을 가르치려 할 때, 일방적인 '지시나 교육' 보다 '칭찬, 위로, 격려'의 말이 오히려 더 교육적인 효과를 가져 올 수 있다. 오늘, 칭찬할 수 있는 딱 한 번의 기회가 주어진다면, 어떤 말을 할 것인가? 자신에게든 타인에게든 가장 듣고 싶었던 칭찬 한마디면 만사 오케이다.

모두를 힘내게 하는 격려의 말, '잘하고 있어!', '잘 될 겁니다!', '함께 이겨내요!' 지친 사람에게 위로가 되고 격려가 되고 응원이 되는 말은 상대에 대한 존중과 신뢰를 기반으로 한다. '알아주는 이 없다 해도 하늘이 알고 땅이 알고 내가 알아요'. 사람을 움직이는 것은 마음이다. 사람에게 상처받은 마음은 사람에게 위로를 받아야 풀린다. 다른 사람에게 건네는 괜찮다는 위로의 말을 자신에게 먼저 해보자. 그리고 느껴보자. 느낌이 생긴다면 타인에게 진심을 담아 응원할 수 있을 것이다.

삶에 지친 상대가 듣고 싶은 한마디는 '따뜻한 말'이다. 상대가 느끼고 싶은 것은 '따뜻한 마음'인 것이다. 마음이 아픈 사람에게 어떤 말을 해주어야 치료가 될까? 나의 말 한마디가 그 사람을 천당과 지옥을 왔다 갔다 하게 만든다는 사실을 잘 알면서도 아픈 데를 더 찌르는 빚진 말을 하고 있지는 않는가? 빚지면 힘든 것처럼 말빚을 많이 지면 좋지 않다. 세상에는 갚지 않아도 되는 빚은 결코 없다. 빚은 어둠을 만들 뿐이다. 따뜻한 말의 밝은 빛으로 말빚을 갚아 나가야 밝은 세상으로 나올 수 있다. 아무 생각 없이 내뱉는 말 때문에 수많은 사람에게 말빚을 지게 된다. 때로는 치우기 어려울 정도로 많이 쌓인다. 그러면 평생 갚아도 다 못 갚는다. 그러니 쌓이지 않도록 미리미리 갚아 나가야 한다. 향기 나는 말, 따뜻한 말을 많이 하는 것은 물론이고 그런 말을 듣고 옆 사람에게 전해도 빚이 탕감될 것이다. 서운함이 쌓이면 좋아하는 감정도 줄어든다. 서운한 마음에 응어리를 남기지 말자. 잘되는 사람은 살리는 말, 긍정적인 단어를 많이 쓰고 안 되는 사람은 죽이는 말 부정적인 단어를 자주 쓴다.

돈을 더 많이 벌기 위해 돈을 미끼로 사용한다. 재물을 아까워하면서도 체면치레를 위해서는 재물을 아낌없이 쓴다. 지독하게도 아끼는 돈을 지불하지 않고 돈을 벌 수 있는 효과적인 방법이 있다. 그중의 하나는 웃는 얼굴 보여주고, 아름다운 말을 많이 하는 것이다. 따뜻한 말을 많이 한다고 아까운 재물은 결코 줄지 않는다. 그럼에도 예쁜 말을 하는데 많이 인색하다. 어쩌면 마음이 내키지 않아서 그러는지 모르겠다. 돈을 아까워하고 돈을 모으려 악착같이 덤비면 덤빌수록 친한 사람조차도 점점 멀어져간다. 하지만 예쁜 말을 자주 하면 비용은 들지 않지만 사람은 모이게 된다. 사람이 모인다는 것은 수익창출의 기회가 무궁무진해진다는 것이다. 그러므로 예쁜 말을 자주 하여 사람을 모이게 해보자.

사람이 다가올 때는 빈손으로 오는 법이 없다. 무언가 한 가지씩은 꼭 들고 온다. 그냥 편한 마음으로 한 번 해보자, 좋은 말 예쁜 말을..... 밑천 없이 돈을 벌 수 있게 해주는 것은 고운 말이다. 진심이 실린 예쁜 말은 곧 돈이 된다. 돈을 잘 썼다는 것은 체면을 잘 차렸다는 것이고 자신의 얼굴을 잘 썼다는 것이다. 얼굴을 잘 썼다는 것은 많이 웃었다는 것이다. 내가 웃으면 상대도 웃게 된다. 내가 행복해하면 상대도 행복해한다. 한 푼도 내어줄 형편이 아니지만 부드러운 미소 한 번 지어주는 것도 큰 보시가 된다.

보시란 널리 베푼다는 것이다. 자비의 마음으로 다른 사람에게 아무 조건 없이 베풀어 주는 것을 뜻한다. 말로서 베푸는 것도 보시다. 말을 시의적절 잘 쓰면 된다. 돈을 쓴 효과보다 말을 쓴 효과가 훨씬 더 크고 강렬하다. 푸짐한 음식 대접하고 폼 잡는 것도 기분이 좋지만 예쁜 말 해주고 칭찬을 받으면 기분이 훨씬 더 좋다. 그 칭찬의 말은 첫날밤의 달콤한 키스보다 더 달다. 덕담은 선업을 주관하고 악담은 악업을 주관한다. 칼로 입은 상처는 아물어 지지만 말로 입은 상처는 평생 지워지지 않는다. 세상이 더럽게 오염되는 것도 혀끝에서만 굴러다니는 오염된 말이 주범일 것이다.

업보(業報)란, 선악의 행업으로 말미암은 과보(果報), 선인선과(善因善果) 악인악과(惡因惡果)를 말한다. 업보는 천차만별로 나타난다. 업보는 늦고 빠름에 관계없이 반드시 온다. 한번 나온 말은 업보와 마찬가지로 주어 담을 수가 없다. 콩 심은 데 콩 나고, 팥 심은 데 팥 나는 원리다. 누가 나를 흉보고 다닌다면 내가 그 사람을 흉보고 다녔는지 돌아보면 된다. 바른 행동을 하고, 좋은 말을 하는 사람은 선의 업보를 받을 것이고, 남을 증오하고 원망하며 이간질해서 싸움이나 붙이고 사기나 일삼는 사람은 악의 업보를 받을 것이다. 공동묘지에 가면 수많은 사연이 쌓여 있듯이 모든 업보에도 스토리가 있고 사연이 있다.

보시가 때론 거래로 뒤바뀔 수도 있다. 주고받으려 계산하는 마음이 생기면 거래가 되는 것이다. 신세를 진 사람의 마음은 빚진 마음이기에 그 마음은 늘 자유롭지 못하다. 언젠가는 꼭 이 은혜를 갚아야 하는데 하는 부담스런 마음이 생겨날 것이고, 그렇게 되면 주고받는 거래가 형성될 수밖에 없다. 어떠한 형태의 보시이든지 최종적으로 보시받는 자는 바로 나 자신이다. 사람들은 자신에게 도움이 되겠다 싶으면 조금 손해 본다 싶어도 지금 당장은 많이 베푸는 것처럼 드러내려 한다. 그렇게 계산해서 베풀고 기대만큼 되돌아오는 게 없으면 후회를 하고 원통해 한다. 이왕 주겠다고 마음 먹었으면 보다 더 좋은 것을 주려 하고, 주고 나면 잊어야 하는데 사람인지라 그렇게 잘 되지 않는다. 그래서 선업이 악업으로 바뀌기도 한다. 불행을 가까이 하는 사람은 잃은 것을 먼저 셈하고, 행복을 노래하는 사람은 얻은 것을 먼저 셈한다고 한다. 주고 나면 이미 내 것이 아니지만 남은 행복은 내 것이 된다는 사실을 잊지 않았으면 좋겠다. 지나가는 구름이 뜨거운 햇볕 막아주었다고 자랑을 하는가요? 흘러가는 강물이 깊은 산 속 쓰레기들을 깨끗하게 치웠다고 새경을 달라 하는가요? 노래하는 새들이 아름다운 합창을 댓가로 모이를 더 달라고 하는가요?

무재칠시(無財七施)라는 말도 있다. 화안시(표정), 언시(말), 심시(마음), 안시(눈길), 신시(몸), 좌시(자리), 찰시(보살핌)등을 말한다. 가진 것 없어도 우리들이 살아가면서 베풀 수 있는 것들입니다. 재물이 풍족하지 않아도 다정한 말과 예쁜 표정, 따뜻한 눈길로 보시할 수 있다면 참으로 고맙고 다행한 일입니다. 웃음이 필요한 사람들에게 웃음을 선물하자. 나를 웃게 하는 사람에게도

촛불은 자신을 태워서 모든 사람에게
어둠을 물리치고 밝음을 선물합니다.

고맙다 말하자. 자신이 먼저 웃어야 세상이 밝아집니다.

구름은 아름다운 석양을 위해 따가운 햇살을 온몸으로 휘감고, 제 몸을 붉게 불태웁니다. 촛불은 자신을 태워서 모든 사람에게 어둠을 물리치고 밝음을 선물합니다. 네모난 비누 조각은 제 몸을 녹여 둥글게 작아지지만 사람들에게 향기를 묻힙니다. 봄 햇살은 겨우내 얼었던 대지를 녹여 새 생명을 불어넣습니다. 그들은 결코 보시했다고 드러내지 않습니다. 입을 통해 나오는 따뜻한 말, 얼굴을 통해 피어나는 예쁜 미소, 몸에 밴 친절한 행동은 배고픈 사자의 눈에서 사랑이 샘솟게 할 것입니다. 확실한 적들의 마음에도 믿음을 줄 것입니다. 옷은 좋은 것부터 입으려 하고 음식은 맛있는 것부터 먹으려 하면서 말은 어찌 좋지 않은 말부터 하려 하는가요? 말은 인격의 주고받음입니다.

2-4.
나도 한번 해볼까? 예쁜 말! 예쁜 미소!

칭찬과 용기를 주는 말 한마디, 다른 사람의 인생을 빛나게 하는 햇살이 된다. 한평생 살다 보면 힘들거나 어려울 때가 있다. 그리고 내 주변의 소중한 사람들 역시 힘든 시기가 있기 마련이다. 이렇듯 서로가 힘든 시기에는 주변 사람들이 큰 응원군이 되어야 하며, 나 또한 다른 사람에게 큰 위로와 격려를 보탤 수 있어야 한다. 온통 서로에게 눈과 귀와 입을 닫아 버린다면 함께 살아가는 다정한 '이웃사촌'이라 할 수 없을 것이다. 실의에 빠진 사람에게 해주는 격려의 말 한마디, 슬픔에 잠긴 사람에게 건네는 위로의 말 한마디, 아픈 사람에게 속삭이는 사랑의 말 한마디는 보약보다 값진 것이고 다이아몬드보다 귀하고 귀한 것이다.

대가 없이 지어주는 미소는
내 영혼을 향기롭게 하고
다른 사람의 마음도 행복하게 해준다.

'예쁜 말 예쁜 미소'는 굳게 닫힌 대문을 열고 이웃과 친하게 지낼 수 있는 가장 경제적이면서 가장 효율적인 소통의 도구다. 예쁜 말 예쁜 미소는 언제나 다른 사람의 마음을 평온하게 해주는 천사이며, 그들의 마음을 열어 주는 만능열쇠인 것이다. '말은 사람의 향기다'. 그 향기는 숨기려 해도 숨길 수 없다. 미소는 숨기는 게 아니라 다른 사람에게 지어줄 때 비로소 가치가 있는 것이다. 더불어 사는 이웃에게 언제나 힘이 되는 말 한마디 환한 미소를 건네줄 수 있는 '우리'이기를 기대해 본다.

♡예쁜 말 예쁜 미소 예쁜 인생♡. 낯선 이에게 보내는 고운 미소 한 모금은 서로 친구가 되게 하며 어두운 길을 가는 이에게는 한줄기 등불이 된다. 예쁜 미소 안에는 질투 시기 비난이 들어갈 공간이 없다. 미소 안에 담긴 마음은 사랑과 배려와 이해로 가득 채워져 있기 때문이다. 진정한 마음에서 우러나오는 미소는 '나'를 아름답게 하며 바라보는 상대를 웃게 해준다. 대가 없이 짓는 미소는 내 영혼을 향기롭게 하고 다른 사람의 마음도 행복하게 해준다. 미소 안에는 우리 사회를 아름다운 꽃으로 수놓는 마법이 숨어있다. 그런 미소가 잠들면 어둠이 날뛰는 세상이 될

수밖에 없다. 저는 그렇게 믿고 오늘도 열심히 미소를 짓는다. 꽃은 피면서 물 달라 거름 달라 사랑 달라 떼쓰지 않는다. 그렇게 조건 없이 피어난 꽃이 뭇 사람의 사랑을 듬뿍 받을 수 있다.

목마름이 불타는 사막에서 길을 잃고 사지를 헤매고 있을 때 한 구덩이 오아시스를 만나는 기적이 따르고, 먼바다에서 배가 거센 파도에 부딪혀 산산이 부서져 허우적거릴 때 한 척의 구조선을 만나는 천운이 따르고, 세상으로부터 버림을 받았다고 자학하면서 스스로 목숨을 버리려고 할 때 다정한 이웃을 만나 따뜻한 말 한마디를 들을 수 있는 행운을 지녔다면, 이 얼마나 선택받은 인생인가. 다정한 말 한마디에 용기를 얻고, 활짝 핀 예쁜 미소 한 송이에 희망을 품는다. 예쁜 말 예쁜 미소는 지루한 일상을 재미나게 하고 사람과 사람 사이를 가로막고 있는 높은 담을 허물어 준다. 소통의 다리가 된다.

당신의 눈으로 보는 것 중에서 가장 예쁜 것은 무엇인가요? 당신의 코로 맡는 냄새 중에서 가장 배고프게 하는 것은 무엇인가요? 당신의 예쁜 입술로 말을 할 때 다른 사람들이 즐거워하고 행복해하는 사람이 얼마나 되는가요? 당신의 귀로 듣는 말 중에서 당신을 웃음 짓게 하는 말은 어떤 말인가요? 당신의 손으로 무언가를 만지면서 가장 행복하다고 느낄 때는 언제인가요?

눈 코 입 귀 손도 나름 좋아하는 것이 있을 것이고 싫어하는 것도 있을 것이다. 그들이 좋아하는 것을 어찌 다 알겠는가만, 싫어하는 것들은 금방 알 수 있을 것이다. 이는 마음이 결정한다. 그리고 표정으로 말을 한다. 맘에 들면 방긋거리고, 그저 그러면 무표정하고, 맘에 들지 않으면 찡그린다. 산의 정상은 하나이나 오르는 길은 수만 가지다. 각자의 삶의 시간은 엇비슷하나 평판은 각양각색이다. 나비가 아지랑이 사이를 피해 가는 방법도, 쏟아지는 빗줄기를 피해 다니는 방법도 여러 가지다. 너른 들판에서 하늘을 향해 뒹구는 풀의 향기도 수만 가지다. 한 몸에서 나온 나의 오감조차도 좋아하고 싫어함이 각각 다를 수도 있는데, 다른 사람을 말해 무엇하랴. 같은 말이라도 듣는 사람이 처한 상황에 따라 느낌이 확 다르고 쓰임도 크게 다를 것이다.

'누칼협'은 '누가 칼로 협박했냐'의 줄임말이고, '악깡버'는 '악으로 깡으로 버텨라'의 줄임말이다. 이런 신조어는 다른 사람을 향해 '나는 당신에게 공감하지 않겠다. 당신을 이해해주거나 위로해주지도 않겠다. 그냥 당신이 알아서 하라. 네가 한 선택이니 네가 책임지고 감당하라'라고 주장하고 싶을 때 사용한다고 한다. 참으로 섬뜩한 말이다. 서로 시멘트가 섞이지 않은 마른 모래알이 되어간다. 공감과 이해의 노력은 눈곱만큼도 보이지 않는다. 인정이 말라가고 서로에 대한 최소한의 이해와 배려조차 사라지고 있는 안타까운 현실의 반영인 것이다.

마음이 힘들고 지쳐있는 사람에게 하는 말, 내가 생각하기에 적절한 듯 보여도 상대방에게는 아픔을 더 크게 줄 수도 있다. 그러므로 의도가 좋더라도 다른 사람의 마음을 다치게 할 가능성이 많은 표현이나 오해를 부르는 말들은 서로 피하는 것이 좋다. 배터리가 밑바닥까지 방전된 것처럼 넘어질 듯 지쳐있는 사람에게

상대방이 듣고 싶어 하는 말을
자주 해준다고 하여 그 사람에게
말빚을 지는 것은 결코 아닐 것이다.

'많이 힘들지?'하면서 확인할 필요는 없을 것이다. 얼마나 힘들고, 어디가 힘들고, 언제부터 힘들었으며, 어떻게 힘들었는지 등등, 나의 궁금증 해소를 위해 계속해서 질문하면 상대방은 더욱 고통스러워할 뿐이다. 병문안을 온 사람들에게 자신의 증상을 하루에도 몇 번씩 설명해야 하는 환자의 입장을 생각 해보면 쉽게 동의할 수 있을 것이다.

'힘들겠네!'라는 어설픈 공감도, '이렇게 해봐!'라는 설익은 충고도 가능하면 피하는 것이 좋다. 상대방의 힘들고 어려운 마음을 위로하고 싶다면 진실한 마음을 표현하고 전달하는 것이다. 몰라서 못 하는 게 아니라 '못할 수밖에 없는 상황이나 상태'인 사람에게, '죽을 각오로 하면 안 되는 게 어디 있어!'라고 핀잔하듯 말하면 상대방은 더 비참해진다. 상대가 지금 이 자리에서 가장 듣고 싶어 하는 말이 무엇인지 생각을 더듬어 봐야 할 것이다. 때로는 말없이 곁에 있어 주는 것만으로도 큰 위로가 될 수 있음을 명심하자.

격려가 필요할 때, '너는 명품이야'. '너는 뭘 해도 잘할 거야'.

'좋은 생각으로 이겨내자'. 등등. 미안함을 표현할 때, '내 반응이 너무 극단적이었어, 미안해', '나한테 어떤 말을 듣고 싶은지 말해줘'. '이번 일에 내가 잘못한 부분이 보이네', '내가 ~~ 한 것에 대해 사과할게' 등등. 긍정적인 분위기가 필요할 때, '이제야 네 말이 좀 수긍이 되네'. '이 정도씩 서로 양보하면 어떨까?'. '함께 할 수 있는 방법을 찾아보자'. '네가 걱정하는 게 뭔지 말해줄래?'. '그러니까 네 말은 ~~ 이런 뜻인가?'.등등. 인정하고 싶을 때, '네 잘못이 아니라는 걸 알아', '너의 입장을 이제야 좀 알 것 같아', '네가 나에게 ~~을 해준 것이 고마워', '너라면 가능해' 등등.

사랑하는 마음을 표현할 때, '당신은 나의 전부', '당신은 나의 행복', '너와 함께 시간을 보내는 게 너무 좋아', '날 위해 이런 것들을 해줘서 정말 고마워', '넌 정말 아름다운 것 같아', '넌 정말 친절하고 마음이 따뜻해', '제 눈이 그대를 많이 보고 싶어 합니다', '내가 살아가는 이유는 오로지 당신과 함께 하고 싶기 때문이라오'. 등등

앞서 예를 든 표현들은 평범하지만 어쩌면 평생 해보지 못한 말일 수도 있다. 하지만 스스로 하지 않으면 끝내 할 수 없는 말이 된다. 그러므로 의도적으로 한 번씩 해볼 필요가 있다.

시장에 있는 기름집 가게 앞에 대문짝만한 크기로 '진짜 100프로 순 참기름'이라 적어 놓은 폿말이 간판처럼 세워져 있는 것을 자주 보게 된다. 얼마나 믿지 못하면, '순(純)'을 덧붙이고 '100

프로'라고 강조하고, '진짜'를 동원하는가 말이다. 고소한 냄새만으로도 진짜 참기름이란 것을 금방 알 수 있는 것이 아닌가. 말을 하다 보면, 이해보다는 오해가 더 빠르다. 그 오해를 뿌리치기 위해 온통 이말 저말을 갖다 붙이게 된다. 그러나 진실과 진심이 빠진다면 아무리 많은 수식어를 붙인다 해도 그 말은 오해만 부를 뿐이다. '해어화'(解語花)는 나의 말을 이해하는 꽃이라는 뜻이다. 꽃조차도 나의 말을 이해해준다면 더 예쁘게 보인다. 그러나 다른 사람의 말을 일부러 오해하려 애쓰는 사람을 간혹 보게 되는데, 이는 지금 즉시 버려야 할 나쁜 습관이다. 어떻게 해서든지 숨어있는 흠을 찾아내겠다 하면 믿음이 사라지고 이웃이 떠날 수밖에 없는 것 아니겠는가?

저는 어느 강연장에서나 '고감사건부행존성축덕미잘'을 강조한다. 즉, '고맙습니다, 감사합니다, 사랑합니다, 건강하십시오, 부자 되십시오, 행복하십시오, 존경합니다, 성공하십시오, 축하합니다, 덕분입니다, 미안합니다, 잘 될 겁니다'. 등이다. 이런 말이 입에 배면 다른 사람들과 말싸움이 일어날 수가 없다. 덤으로 이웃 사람들의 존경은 그냥 따라오게 된다.

자랑하고 싶은 것이 넘치는 사람에게는 '굉장하네요', '대단하십니다'를 덧붙여 칭찬해주자. '사랑해' 앞에 아름다운 수식어를 더하고, '고맙다' 앞에 구체적인 사실들을 덧붙이면 효과가 극대화된다. 자녀들이 부모에게서 가장 듣고 싶은 말은 '사랑해', '돈 필요해?', '너만 믿는다' 등이라 한다. 사랑하는 사람이 해주는 것에 대해서 아무리 작은 것이라도 감사함을 표현해 보자. '설거지 해줘서 고마워. 일찍 들어와서 고마워.' 등등. 상대방이 듣고 싶어 하는 말을 자주 해준다고 하여 그 사람에게 말 빚을 지는 것은 결코 아닐 것이다.

2-5.
감사의 말로 하루를 시작하자

아침에 눈을 뜨면 살아있음에 '감사합니다'를 외치고, 저녁에 잠자리에 들 땐 잘 살았음에 '감사합니다'를 외치자. 김밥에 김을 말아 먹을까 김에 김밥을 말아먹을까? 고민하지 말고 맛있는 김밥을 맛있게 잘 먹었다고 생각을 바꾸어 보자.

가을 밭에 자라고 있는 무를 보면서 세상일이 절반 정도만 궁금해서 머리를 절반만 땅 밖으로 내밀고 있는가? 아니면 길쭉한 몸통을 홀라당 모두 보여주려니 부끄러워서 흙 치마를 칭칭 감고 있는가? 이렇게 멍때리는 생각을 하면서도 그 무를 바라볼 수 있음에 감사해보자. 가을 무는 어떻게 요리를 해도 참 맛있고 달다. 어쨌든 맛있게 잘 보낸 하루에 감사를 외치다 보면 감사할 일이 쌓일 것이다. 이런 감사의 외침이야말로 행복한 잠을 부르고 아름다운 아침을 예비하는 것이라 믿는다.

날마다 근심 걱정을 품고 사는 사람은,
근심 걱정을 철저히 가불(假拂)하여
쓰는 사람이다.

긍정적 사고가 성공을 이끈다. 류태영 전 건국대학교 교수는 「나는 긍정을 선택한다」라는 책에서 부정적으로 생각을 하는 사람은 길이 막히면 그대로 주저앉아 포기해버리지만, 긍정적으로 생각하는 사람은 길을 잃고 벽에 부딪치더라도 다시 방향을 바로잡아 힘차게 달려나간다고 했다. '짚신장수와 우산장수'의 일화도 있다. "한 어머니에게 큰아들은 짚신을, 작은아들은 우산을 파는 두 아들이 있었다. 이 어머니는 비 오는 날에는 짚신장수 아들을, 해가 쨍쨍한 날에는 우산장수 아들을 걱정했다. 이래도 걱정, 저래도 걱정, 매일 밤낮으로 걱정뿐이었다. 그러던 어느 날 그녀는 기적을 일으키듯 생각을 바꾸었다. 맑은 날에는 짚신을 파는 아들 생각으로 미소 짓고, 비가 내리면 우산을 파는 아들을 떠올리며 함박웃음을 지었다. 이래도 기쁘고 저래도 기쁘니 해가 뜨나 비가 오나 늘 편안하고 행복한 날만 계속되었다"는 것이다. 걱정 근심이 행복으로 바뀌는 것은 '생각 바꿈'에서 시작된 것이다. 세상의 근심 걱정을 모두 짊어진 사람처럼 날마다 근심 걱정을 품고 사는 사람은, 근심 걱정을 철저히 가불(假拂)하여 쓰는 사람이다. 그렇게 근심 걱정을 앞세우면 근심 걱정이 어찌 떠날 수 있겠는가?

하루 한가지씩 감사해야 할 이유를 찾으면
얼마든지 찾아낼 수 있을 것이다.

하루 한가지씩 감사해야 할 이유를 찾으면 얼마든지 찾아낼 수 있을 것이다. 최근 지인에게 들었던 이야기 일부를 옮겨봅니다. "나는 자타가 공인하는 건강한 사람이었다. 매년 검사하는 건강검진에서도 아무 이상이 없다는 통보를 받았다. 그런데 조금만 먹어도 배가 부른 느낌이 들어 가까운 병원에서 정밀검사를 받았다. 그 병원에서는 지체하면 큰일 난다고 서둘러 큰 병원으로 가보라고 했다. 화들짝 놀랐다. 갑작스럽게 병원에 입원했다. 어른 주먹보다 더 큰 혹이 있는데 암인 듯하니 수술부터 해야 한다고 했다. 당장 무슨 큰일이라도 날 것처럼 겁을 주는 의사가 얄밉기 그지없었다. 선택의 여지가 없으니 급하게 수술할 날을 잡았다. 이때부터 온 세상이 지옥으로 변했다. 얼마나 더 살 수 있을까? 왜 나한테 이런 일이 생긴 걸까? 이런 우울한 생각과 불안한 마음이 수술하는 그날까지 가슴을 졸이게 했다. 눈물을 흘리면서 신변정리도 조금씩 했다. 내가 이러려고 밤낮없이 힘들게 고생고생하며 살아왔는가 하는 후회가 밀려들었다. 세상이 미워지려고 했다. 정리되지 않는 생각들이 손에 잡히지 않았다. 점점 자포자기가 되었다. 적어도 수술하기 전까지는 그랬다. 그러면서도 별일 아니겠지 하는 희망을 꿈꾸기도 했다. 마음을 조금씩 내려놓으니 숨을 쉴 수 있었다. 6시간 넘게 수술하면서 여러 가지를 검사한 결과, 암이 아니라는 판정을 받았다. 그 순간 저절로 '감사합니다'라는 단어가 튀어나왔다.

죽음을 걱정했던 시간이 너무 아까웠다. 그래서 그날 이후로는 하고 싶은 일에 도전해보고, 살아있음에 감사하고, 사소한 것일지라도 볼 수 있고 느낄 수 있고 만질 수 있음에 감사하며 살아야겠다고 다짐을 했다."라고 웃으면서 이야기를 해주었습니다. 또한, 그 사람은 '잠시 쉬어가는 인생을 허락해 주어서 감사합니다'라고 외쳤습니다.

바뀐 것은 오직 세상을 긍정적으로 바라보겠다는 생각뿐입니다. 우리도 '감사합니다'를 외칠 수 있을 때 '감사합니다'를 외쳐 보면 좋겠습니다.

2-6.
맛있는 말에 혀가 머물다

말이 마음이 되고 마음이 곧 말이 된다. 따뜻한 말은 따뜻한 생각, 따뜻한 마음이다. 마음의 알갱이가 자라서 입을 통하여 밖으로 나오면 말이 된다. 손을 통하여 밖으로 나오면 글이 된다. 바른 마음은 바른 말, 예쁜 마음은 예쁜 말의 기본이 됨은 물론이다. 불쑥불쑥 튀어나오는 말도 마음의 밭에서 자라난 것이다. 말의 씨를 마음 밭에 뿌려놓으면 저절로 예쁘게 자라는 것이 아니다. 자연 방목이나 자유 방임한다고 내버려 두면 제멋대로 뒤죽박죽되어 쓸모없는 검불이나 쭉정이 신세가 되어버릴 수도 있다. 정성을 들이고 관리를 하면 버릴 것이 하나 없는 토실토실한 알곡이 될 것이다.

해야 할 말 필요한 말은 꼭 하고, 해서는 안 되는 말 필요 없는 말은 절대 안 하는 사람이 말을 잘하는 사람이다. 정성 들여

말이 달면 지나가는 바람도 쉬어간다.
말이 따뜻하면 추위에 떠는 손님도 머물다 간다.
말에 단맛이 나면 맛있는 반찬에 손이 먼저 가듯
귀가 먼저 쫑긋한다.

태아를 교육하고 행동거지를 반듯하게 하는 엄마의 마음으로 마음속 알갱이들이 예쁘게 잘 자라도록 하면 언제 어디서나 실수 없이 바른말을 잘할 수 있다. 마음의 알갱이들이 무지개 색깔을 지니고 있으면 다른 사람들이 금방 눈치를 챈다. 몇 마디의 말을 채 나누기도 전에 그 사람의 말에서 예쁜 향기가 나기 때문이다. 그 사람이 숨기려 해도 어쩔 수 없이 흘러나오는 향기는 감출 수 없다. 낭중지추(囊中之錐)처럼 삐져나오는 매력을 어찌 호주머니 속에 숨길 수 있겠는가? 세상에서 노력 없이 저절로 이루어지는 것은 극히 드물다. 어떤 목표를 이룬다는 것은 자신이 피땀 흘려 노력하거나 다른 사람이 도와주었을 때 가능한 일이다. 다른 사람의 도움도 내 곁으로 사람이 모여야 가능하다. 따뜻한 말을 한다면 많은 사람이 모여들 것이다. 성공의 운도 함께 불러올 것이다.

바쁜 마음으로 다음 일정을 위해 서둘러 가다가도 맛있는 냄새가 코를 자극하면 잠시라도 내 눈이 그곳을 바라보게 된다. 웃음소리가 들리면 짧은 순간이라도 내 귀가 그 소리를 들으려

한다. 눈을 뜨게 하고 귀를 열게 하는 것은 따뜻한 말, 고운 말, 예쁜 말이다. 퇴근길 허기를 유혹하는 고기 굽는 냄새에는 자신도 모르게 침이 솟는다. 그렇게 맛있는 말은 어디에 있을까?. '가는 말 고운 말, 오는 말 예쁜 말'. '마음이 머물고 싶은 말'을 찾아보자. 밤새 이슬을 머금고 그리운 임 기다리다 아침 햇살에 얼굴 붉히며 떨어지는 오색 코스모스꽃처럼 고운 마음을 찾아보자.

예쁘지 않은 꽃이 어디 있으랴만, 아무리 예쁜 꽃이라도 꺾어 놓으면 시든다. 예쁜 말 미운 말이 어디 따로 있겠는가만, 말은 내뱉으면 씨가 된다. 주인의 관심을 받지 못한 꽃은 버려진다. 그러나 주인을 떠난 말은 무성하게 더 잘 자란다. 다른 사람들이 합심하여 키우기 때문이다. 정성껏 키운 딸아이 시집보내는 부모의 마음, 부정 타지 않도록 빌고 또 비는 그런 마음으로 예쁜 말을 내뱉어야 한다. 그러면 엄마의 마음을 닮은 향기로운 말이 나온다.

인정머리라고는 눈곱만큼도 없는 뱀같이 차가운 사람을 우리는 냉혈한(冷血漢)이라 부른다. 꽁꽁 언 얼음덩어리를 깎아 만든 것처럼 아름다운 조각 얼굴, 사람들은 그 얼굴이 예쁘긴 한데 아름답다고 말하지는 않는다. 날카로운 유리 조각처럼 따뜻한 피가 흐르지 않는 사람, 그 사람에게서 사람 냄새가 난다고 말하지 않는다. 차가운 사람이 다가오면 숲속에서 갑자기 독사(毒蛇)를 만난 것처럼 머리카락이 확 일어선다. 그래서 그 자리를 서둘러 피하려 한다. 가까이하기에는 부담스럽다. 따뜻한 아랫목에 앉혀 놓으면 모난 부분이 녹아내릴까? 날카로움이 무디게 둥글어지면 함께 어울리기가 편해진다. 내 몸속에 따뜻한 피가 흐르고 있어야 다른 사람의 차가움을 녹일 수 있다. 화가 나면 피가 끓어 오른다. 천불이 나면 온도가 급하게 올라간다. 그러면 펄펄 끓는 뜨거운 피라고 말할 수 있지만 그렇다고 그 사람이 따뜻한 마음을 지녔다고 말할 수는 없다. 들끓는 피는 모난 부분만 녹이는 것이 아니라 모든 것을 태워 버린다. 그러므로 뜨거운 피가 아닌 적당히 따뜻한 피가 필요하다. 암을 일으키는 세포는 낮은 온도를 좋아한다고 한다. 따뜻한 말로 따뜻한 피를 돌게 하여 몸을 따뜻하게 유지하면 건강한 육체를 보존할 수 있을 것이다.

차가운 밥은 먹을 수 있으나 차가운 말은 참기 어렵다. 듣고 있기에 힘든 비수 같은 말, 꽈배기처럼 비비 비꼬는 말, 가시 돋친 말은 깊은 상처를 입히고 심한 스트레스를 일으킨다. 듣는 사람의 피를 부글부글 끓게 한다. 끓는 물은 너무 뜨거워서 못 마시고 얼음물은 너무 차가워서 안 마신다. 거칠고 차가운 말을 내지르고 또박또박 말대꾸하며 대드는 말썽꾸러기 어린애들도 다루기 힘든데 다 큰 어른들을 어떻게 다독일까? 예쁜 말 고운 말 따뜻한 말 긍정의 말로 토닥여 보자.

말이 달면 지나가는 바람도 쉬어간다. 말이 따뜻하면 추위에 떠는 손님도 머물다 간다. 말에 단맛이 나면 맛있는 반찬에 손이 먼저 가듯 귀가 먼저 쫑긋한다. 멀리서도 소문 듣고 수많은 사람이 찾아온다. 맛있는 반찬 골라 먹듯 말도 멋있게 해보자. 정성이 들어가면 말도 더 맛깔나다. 다른 사람의 귀를 즐겁게 하면 나의 귀도 즐겁다. 너와 나의 마음과 마음이 통하면 말에 난향(蘭香)이 흐를 것이다. 二人同心其利斷金 同心之言其臭如蘭(두 사람이 마음을 합하면 그 예리함이 쇠라도 끊을 수 있고, 마음을 합한 사람끼리의 말은 그 향기로움이 마치 난초와 같다)라 했다. 텅 빈 지갑 속에 남몰래 용돈을 넣어주는 그런 사람은 뜨거운 마음을 지녔을 것이다. 별들이 모두 숨어버린 어두운 골목에서 반짝이는 마음의 별로 주변을 환하게 밝히는 사람, 갑자기 소낙비가 내리면 연잎처럼 그 빗물을 모두 막아주는 사람, 따따따 막말을 퍼부어대도 스펀지처럼 모두 품어주는 사람, 요즘에는 그런 사람이 필요하다.

인정, 배려, 대접, 칭찬은 다른 사람에게서 가장 받고 싶은 것들이다. 받고 싶어서 받으면 기분이 좋지만 되려 베푼 사람에게 빚을 지게 된다. 빚을 지면 삶이 무겁다. 신세를 졌다면 갚아야 할 의무가 생긴다. 빚이나 신세의 많고 적음은 중요한 것이 아니다. 아무리 작은 빚이나 신세도 무조건 갚아야 한다는 것이다. 반면, 빚을 내주면 마음이 가볍다. 다른 사람을 위해 인정, 배려, 대접, 칭찬을 해주는 것도 그 사람에게 빚을 지우는 것이다. 말빚도 빚이다. 나의 빚을 진 사람이 많으면 그만큼 마음이 부자로 산다. 그 사람이 빚을 갚든 안 갚든 내가 짊어지고 가는 짐은 가볍다. 인정은 하되 다름을 배우자. 배려는 하되 비굴하지 말자. 대접은 하되 소문을 내지 말자. 칭찬은 하되 가시는 빼자. 장미꽃에는 가시가 있어야 아름답다고 주장하지 말자. 들어도 들어도 미소가 떠오를 감동, 먹어도 먹어도 또 먹고 싶은 초

유의 맛, 엄마의 손맛을 넣자. 그러면 상대는 나의 말에 단내가 난다고 느낄 것이다.

말 속에 무엇을 넣는가에 따라 말의 맛이 달라진다. 비싼 것을 넣으면 비싼 말이 되고 싼 것을 넣으면 싼 말이 된다. 희망을 말하면 희망가, 절망을 노래하면 절망가가 된다. 듣는 귀가 귀하게 들으면 귀해지는 것이고 싸구려로 들으면 싸구려가 되지 않겠는가? 케이크 속에 다이아몬드를 넣어 전해준다면 상대는 사랑을 먹을 것이고, 돌덩이를 넣으면 부서진 이를 먹을 것이다. 송편 속에는 단팥, 볶은 깨, 밤, 꿀물 등이 들어 있다. 입맛에 따라 취향에 따라 골라 먹을 수 있다. 무엇이 들어있는지는 만든 사람만이 알 수 있다. 다른 사람은 그것을 먹어보아야 알 수 있다. 맛있고 맛없고, 내 입맛에 맞고 안 맞고는 먹어보아야 알 수 있다. 그러니 먹어보지 않고도 속에 들어있는 내용물이 무엇인지 알 수 있게 조그마한 빈틈을 보여주면 좋겠다. 어떤 맛에 내 손이 자주 가는지, 어떤 말에 내 마음이 자주 머무는지 돌이켜보자. 한마디 말로 천 냥 빚을 갚을 수도 있지만 한평생 친구의 우정에 금이 가게 하고 닭살 부부를 불구대천(不俱戴天)의 원수로 만들 수도 있다.

'하지만' → '그런데', '이렇게 해' → '이렇게 해줄래?', '하지 마' → '어떻게 할래?', '안 돼' → '다음에 해보자', '어쩔 수 없어' → '이렇게 하면 될 것 같다', '문제 없지?' → '잘 되지?', '이렇게 하면 안 됩니다' → '이렇게 하면 됩니다', '안 되면 어떡하지?' → '이번엔 꼭 성공할 거야' 등으로 바꾸어 표현해보자.

선택지가 긍정이어야 긍정의 답이 나온다. 다른 사람이 살짝 미안함을 느끼게 해 준다면 미안한 마음의 빚을 갚기 위해 내 곁에 오래 머물 것이다. 씨암탉이 방금 낳은 알은 따끈따끈하다. 엄마의 품에서 나온 말도 따뜻하다. 갓 구워낸 따끈따끈한 빵 냄새는 참 맛있다. 천 번의 절보다 따뜻한 말 한마디가 힘이 더 세다. 그러니 맛있는 말에는 혀가 머물고 따뜻한 말에는 마음이 머물 수밖에 없다. 시선이 따라올 수밖에 없다.

2-7.
말에 향기를 입히자

지란지교(芝蘭之交)는「명심보감(明心寶鑑)」교우(交友)편에 나오는 문구다. 지초(芝草)와 난초의 향기롭고 고상한 사귐이라는 뜻이다. 원문을 더 살펴보면, "공자(孔子)는 선한 사람과 함께 있으면 지초와 난초가 있는 방으로 들어가는 것과 같아서 오래되면 향기를 맡지 못하니, 그 향기에 동화되기 때문이다(子曰 與善人居 如入芝蘭之室 久而不聞其香 卽與之化矣).

선하지 못한 사람과 함께 있으면 마치 절인 생선가게에 들어간 것과 같아서 오래되면 그 악취를 맡지 못하니, 또한 그 냄새에 동화되기 때문이다(與不善人居 如入鮑魚之肆 久而不聞其臭 亦與之化矣).

붉은 주사를 가지고 있으면 붉어지고, 검은 옻을 가지고 있으면 검어지게 되니, 군자는 반드시 함께 있는 자를 삼가야 한다

(丹之所藏者赤 漆之所藏者黑 是以 君子必愼其所與處者焉)" 라고 하였다.

공자의 말처럼 향기로운 사람이 곁에 있으면 향기로운 냄새가, 생선에 절인 사람이 곁에 있으면 생선 절인 냄새가 난다는 것이다. 주변에 지초와 난초처럼 향기로운 사람이 많으면 향기로 물들 것이고 소인배들이 많으면 썩은 냄새로 물들 것이다. 몸에 밴 냄새만으로 다른 사람들에게 영향을 주는 것은 아니다. 입에 밴 말에 따라 낚싯밥에 고기가 몰려들 듯 다른 사람들이 몰려오기도 한다. 역경(易經) 계사상전(繫辭上傳)에서 금란지교(金蘭之交)라는 말이 유래하였는바, "군자(君子)의 도는 나가서 벼슬을 하거나, 물러나 집에 있거나, 침묵을 지키거나, 말을 할 때, 두 사람이 마음을 하나로 하면 그 날카로움이 쇠를 끊고, 마음을 하나로 하여 말하면 그 향기가 난초와 같다."(子曰 君子之道 惑出惑處 惑默惑語, 二人同心 其利斷金 同心之言 其臭如蘭) 라고 하였다. 서로 다른 마음을 품고 살아가는 두 사람이 어찌 한 마음이 될 수 있을까. 하지만 한 마음이 되어 말을 한다면 난향과 같이 향기롭다고 일러준다.

길을 걷다 보면 유난히 많은 개미들이 모여 있는 곳이 있다. 빵부스러기이거나 바짝 마른 벌레의 다리 조각들에 수백 마리의 개미가 달라붙어 있다. 단물을 빨기도 하고 잘게 나누어 먹기도 한다. 이들을 한 곳에 불러 모으는 힘은 어디에서 나올까? 흙먼지 속에 숨어있는 먹을거리를 어찌 찾아낼 수 있을까? 이는 배고픔의 힘이 아닌 냄새의 힘이 아닐까? 유난히 사람들을 잘 모

사람들이 싸우면서 하는 말을 들어보면
대부분 자기보다 낮은 수준의 사람으로
만들려고 애를 쓴다.

이게 하는 이웃 사람을 볼 수 있다. 겉모습을 보아서는 평범한 사람처럼 보이지만 밝은 표정이나 말하는 품세가 남과 다르다. 말에 단내가 나고 인품에 향기가 나니 그 주변으로 사람들이 몰려드는 것이다. 그는 향기 있는 사람이다. 만나면 반갑고, 만나지 못하면 보고 싶고, 만날수록 정이 드는 사람이다. 코로 맡을 수 있는 냄새가 아니다. 그 사람의 말과 행동으로부터 자연스럽게 나오기 때문에 눈으로 보고 마음으로 느낄 수 있는 것이다. 겸손한 언행, 타인을 배려하고 존중하는 마음씨는 좋은 향기의 원천이 된다.

근주자적(近朱者赤), 붉은 것을 가까이하면 자기 스스로도 붉게 물든다는 것으로, 먹을 가까이하면 검게 물든다는 근묵자흑(近墨者黑)과 비슷한 뜻이며, 근주필적 근묵필치(近朱必赤 近墨必緇)라고도 한다. 중국 서진(西晉)의 문신이자 학자인 부현(傅玄:217~278)이 편찬한 「태자소부잠(太子少傅箴)」에 실려 있는 다음 구절에서 나온 성어이다. '붉은색을 가까이하는 사람은 붉은색으로 물들고 먹을 가까이 하는 사람은 검어진다. 소리가 고르면 음향도 맑게 울리고 형상이 바르면 그림자도 곧아

자신의 생각, 자신의 말로 살아야 한다고 하지만
대부분 남의 생각, 남의 말로 살아간다.

진다[近朱者赤 近墨者黑 聲和則響淸 形正則影直].' 좋은 친구를 사귀거나 좋은 환경에서 생활하면 좋은 영향을 받고, 나쁜 친구를 사귀거나 나쁜 환경에서 생활하면 좋지 않은 영향만 받는다는 말이다.

삼인성호(三人成虎)라는 말이 있다. 세 사람이 거짓말로 없는 호랑이를 만들어낸다. 나는 거짓이라고 주장하는데 다른 사람들이 몇 차례 우기면 거짓이 참이 되고 참이 거짓으로 둔갑될 수 있다. 다른 사람들이 자신을 늙은이 취급하면 스스로 늙은이가 되어버린다. 건강한 사람이 갑자기 환자로 변하고 젊은 사람이 갑자기 늙게 되는 것은 다른 사람들의 말을 듣고 자신이 그렇게 반응을 하기 때문이다.

내가 그렇게 아픈가, 내가 그렇게 늙었는가 하는 생각이 자신의 뇌를 지배하면 결국 아프지 않고 늙지 않고 견뎌낼 수 있겠는가? 다른 사람들이 나쁜 사람이라고 말하면 나쁜 사람이 되는 것이고 훌륭한 사람이라고 말하면 훌륭한 사람이 되는 것이다. 이처럼 다른 사람의 인생을 성공으로 이끌 수도 타락으로 이끌 수도 있는 것이 우리들이 하는 말이다. '나는 아닌데'라고 말하고 싶은가요?

우리들은 만나는 사람들을 무의식적으로 등급을 매긴다. 우리들은 평가하고 있는 사람을 자신이 평가하고 있는 수준으로 만들어 내곤 한다. 왜냐하면 자신의 생각은 언제나 옳다고 믿기 때문에 자신이 평가하는 다른 사람은 결코 자신의 평가범주를 벗어날 수 없다고 생각한다. 다른 사람을 여차저차 평가한다는 것은 결국 자신이 그 사람에 대하여 평가하는 말을 밖으로 끄집어낸 것에 불과할 수도 있다. 그러므로 다른 사람에 대해 나쁘게 평가할 필요는 없다.

인생은 Give & Take다.
먼저 베풀고 나중에 돌려받는 것이 맞는 순서다.

말에 향기가 있어 나쁠 것은 하나도 없는 것이다. 그러니 무조건 좋은 말 예쁜 말 향기로운 말로 감싸주어야 한다. 다른 사람의 말이 나를 그렇게 만들 듯이 나의 말이 다른 사람을 또한 그렇게 만든다는 것이다. 향기로운 말은 향기로운 사람을, 악취를 풍기는 말은 악취 나는 사람을 만들어낸다. 내가 좋은 말을 더 많이 하면 다른 사람은 나쁜 말을 덜 듣게 된다. 내가 나쁜 말을 더 많이 하면 다른 사람들은 좋은 말을 덜 듣게 된다.

사람들이 싸우면서 하는 말을 들어보면 대부분 자기보다 낮은 수준의 사람으로 만들려고 애를 쓴다. 그래서 갈수록 더

천박하고 수준 떨어지는 나쁜 말들을 꺼낸다. 한 대 맞으면 두 대를 때리고, 두 대를 맞으면 세 대를 때리고 싶은 것처럼, 상대로부터 무시당하는 말을 들으면 그보다 훨씬 더 세게 보복하고 싶은 것이 사람 마음이다. 말싸움하다 주먹다짐이 되고, 어린애들 싸움이 어른 싸움이 되는 경우가 그렇다. 말도 품앗이다. 자신의 생각, 자신의 말로 살아야 한다고 하지만 대부분 남의 생각, 남의 말로 살아간다. 좋은 평가 좋은 대접을 받고 싶으며 다른 사람에 대해 좋은 평가를 먼저 해주면 된다. 인생은 Give & Take다. 먼저 베풀고 나중에 돌려받는 것이 맞는 순서다. 꽃의 향기가 퍼져가는 길을 눈을 부릅뜨고 따라가 보았는가? 꽃이 피어나는 소리를 귀를 활짝 열고 들어 보았는가? 말에 향기가 있고 인품에 향기가 흐르는 사람을 닮아보려 했는가? 아름다운 추억을 아지랑이처럼 피어나게 하는 예쁜 꽃을 얼마나 자주 상상하는가? 좋은 생각이 많으면 좋은 생각이 늘고, 나쁜 생각이 많으면 나쁜 생각이 많아진다. 목재를 대패질하고 그 목재에 자개를 붙이고 예쁜 모양을 새겨 넣고, 그림을 그리고, 장인의 손, 명장의 손을 보태면 결국 그 목재는 명품으로 거듭난다. 평범한 사람도 말에 향기를 입히면 명품 인재로 거듭날 수 있다.

불교에서 말하는 십악(十惡)은 몸과 말과 뜻으로 짓는 열 가지 죄악을 뜻한다. 살생(殺生). 투도(偸盜). 사음(邪婬). 망어(妄語). 악구(惡口). 양설(兩舌). 기어(綺語). 탐욕(貪欲). 진에(瞋恚). 사견(邪見)을 일컫는다. 이 중에서 입이나 말을 통한 악행이 4가지나 된다. 妄語(거짓말이나 헛된 말), 惡口(남을 괴롭히는 나쁜 말), 兩舌(이간질하는 말), 綺語(진실이 없는, 교묘하게 꾸민 말)

등이 있다. 말에 향기가 있어야 선행이 가능하다.

들어서 기분 좋은 말, 정말 잘했어. 와! 너 짱이네. 넌 웃는 게 좋아 보여. 잘 지내. 행복하자. 사랑해. 수고했어. 역시 자네가 최고야. 이번 일은 자네 덕분에 잘 끝났어. 괜찮아 실수할 수도 있어. 오늘 내가 한 잔 살게. 그런 인간적인 면이 있었군. 내가 뭐 도와줄 건 없을까. 그래 자네를 믿네. 잘 될 거야. 이런 말을 들으면 더 잘해보려는 욕망이 솟는다.

밥 한 끼 먹자고 찾아온 친구에게 시간 없다는 핑계를 대며 매몰차게 되돌려 보내지는 않았는지, 함께할 시간을 공동으로 투자하고 싶어 하는 친구에게 나의 시간만 소중하다고 외치지는 않았는지 되돌아본다. 도도히 흐르는 인생의 강에서 징검다리를 나 혼자 건너려 떼를 쓰고 있는 것은 아닐까? 그냥 말을 하고 싶어서, 말이 그리워서 홀로 지내는 시간을 멈추어보고 싶어서 찾아온 사람에게 너무 매몰차게 굴지는 않았는가? 두발로 걷고 뛰어다닐 수 있는 나는 외발로 위태롭게 다니는 사람들에게 많은 것을 양보하고 있는가? 정처없이 부는 바람이라고 골방에 갇힌 쾌쾌한 냄새를 좋아할까? 그래도 말없이 방 한 바퀴 돌면서 찌든 냄새는 가져가고 새롭게 향기로운 바람을 넣어 준다. 봄날의 향기를 닮아가는 내 모습을 상상해본다. 똥 밟은 신발에는 똥파리가 모일 것이고 꽃 등 이고 걸어왔으면 꽃나비들이 모여들겠지요.

2-8.
예쁜 말은 잇고 나쁜 말은 잊자

물에 빠져 허우적거리다 보면 눈에 보이는 것이 없다. 살기 위해서는 발버둥을 쳐야 하고 옆에 있는 지푸라기도 잡아야 한다. 물에 둥둥 떠 있는 지푸라기가 무슨 버틸 힘이 있겠는가만, 손을 휘저으며 걸리는 것은 무엇이든 나의 생명을 이어줄 질긴 동아줄이라 생각한다. 그래서 온 힘을 다해 움켜잡으려 한다. 무엇이든지 잡거나 딛고 일어서야 물속에서 빠져나와 숨을 쉴 수 있기 때문이다. 아무리 건장한 사람도 물에 빠진 사람이 붙잡고 잡아당기면 옴짝달싹 못 하게 된다. 이처럼 살기 위해 몸부림을 친다면 신(神)만이 할 수 있는 괴력(怪力)이 뿜어져 나온다. 여기에 젖먹던 힘까지 다 쏟아붓는다면 아마도 어마어마한 힘이 나올 것이다. 살아야겠다는 의지는 그만큼 힘이 세다.

갓 태어난 어린아이는 손에 닿는 것이면 무엇이든 감각적으

한평생 사용할 예쁜 말은 거센 파도에
떠나가지 않도록, 비구름 타고
떠내려가지 않도록 신속하게 단단하게 잇자.

로 꼭 움켜쥔다. 그리고 그 물건을 입으로 가져간다. 무언가 먹어야 살 수 있다는 것을 본능적으로 아는 것이다. 그래서 움켜쥐고 있는 물건을 빼앗으려 하면 빼앗기지 않으려 고사리손을 더 세게 오므린다. 그러다 빼앗기면 온 힘을 다해 악을 쓰며 운다. 가장 강력한 무기는 엄마를 향해 우는 것이다. 살아야겠다고 울부짖는 것이다. 이처럼 먹고 사는 문제를 해결하기 위해 어른이나 아이나 모두 온 힘을 쏟아붓는다. 먹잇감이 나타나면 반드시 잡아야 하고, 돈벌이가 되는 정보라면 상대보다 먼저 들어야 한다고 굳게 믿는다. 그리고 선악(善惡)의 경계는 항상 모호한 것이라고 외친다.

물에 빠져봐야 살려는 마음이 얼마나 강한지 알 수 있다. 배가 고파봐야 배고픈 설움을 알 수 있다. 뜨거운 불에 데어 보아야 불의 무서움도 알 수 있다. 전기에 감전당해봐야 그 찌릿찌릿한 두려움을 알게 된다. 날카로운 가시에 찔려봐야 피 흘리는 고통을 느낄 수 있다.

사람과의 관계도 그렇다. 절대적으로 믿었던 사람한테 눈뜨고 당하면 그 사람이 얼마나 무서운지 알게 된다. 내가 속이려 하면 상대가 먼저 나를 속인다. 누가 더 먼저 속이는가에 따라 승

독사의 말은 나의 흉이나 자식의 흠 감추듯
잽싸게 쓰레기통에 버리자

패가 갈린다. 그러나 상대를 속이려 하지 않으면 속을 일도 일어나지 않을 것이다. 요즘에는 잇속 먼저 챙기는 것이 생존본능이고 절대지존이 되는 지름길이라 믿는 듯하다.

마음속에 쌓아두고 한평생 사용할 예쁜 말은 거센 파도에 떠나가지 않도록, 비구름 타고 떠내려가지 않도록 신속하게 단단하게 잇자. 듣고 나면 분노를 치밀어 오르게 하는 독사의 말은 나의 흉이나 자식의 흠 감추듯 잽싸게 쓰레기통에 버리든지 지나가는 태풍에 날려 보내고 서둘러 지우고 잊자. 소화제 마시듯 거리낌 없이 분풀이 말들을 쏟아내면 그 사람은 기분 좋을 수 있겠지만, 억지로 웃음 지으며 듣고 있는 다른 사람들은 모래가루 씹다 치아 부서지는 소리에 토사광란(吐瀉狂亂)만 심해진다. 하늘에서 폭포수 떨어지듯 분노의 말을 쉼 없이 쏟아붓는다면 누군가는 저 밑바닥에 누워 그 분노의 화살을 끝없이 온몸으로 얻어맞아야 한다. 피멍이 들고 있는 속살을 보면서 꽃보다 더 예뻐 보인다고 비아냥거리거나 비꼬지는 말자. 정작 내가 쏜 화살은 지목했던 당사자가 아닌 그 옆에 있던 사람에게로 날아간다. 엉뚱한 사람도 날카로운 눈치에 찔리면 몸도 마음도 모두 아프다.

'덕분에 산다'라고 시를 써보자. 상대를 높게 나를 낮게 평가하는 여유를 가져보자. 상대를 용서하는 것은 나를 용서하는 것이고, 상대를 미워하는 것은 나를 미워하는 것임을 깨닫자. 내가 잘살아야 하는 이유가 있다면 분명 다른 사람도 잘살아야 할 이유가 있는 것이다. 그 이유가 뭘까? 함께 어울리며 잘 살 수 있는 그 해답을 조금씩 알아가는 것이 인생 아니겠는가? 우는 가슴도 이유가 있다. 허전하다고 운다. 입을 굳게 닫고 말을 하지 않을 때도 이유가 있다. 너를 미워한다고, 너를 죽도록 미워한다고 말하고 싶지 않기 때문인 것이다. 이웃 간에 얼굴 맞대고 사는 것도 웃는 낯으로 아름다운 인연으로 거듭나기를 기대하는 것이리라.

음식이 부패하면 썩었다 하지만 발효되면 익었다고 말한다. 곰삭은 김치는 맛있다. 남은 세월의 무게가 가벼워질수록 이웃 간의 정이 더 달달 해지고, 말에는 향기가 묻어나면 좋겠다.

2-9.
예쁜 말은 축복이다

말은 축복을 나누는 도구이지 악담을 나누는 도구가 아닙니다. 말은 행복을 저축하는 데 사용해야지 불행을 부르는 데 사용하면 안 됩니다. 예쁜 말 예쁜 미소로 다른 사람에게 축복을 선물할 수 있는 당신은 위대한 사람입니다. 예쁜 말 예쁜 미소는 선물이고 축복이고 행복입니다. 다른 사람을 위해 축복하는 마음을 나누면 행복이 쌓이게 됩니다. 축복이 넘치면 행복은 저절로 따라옵니다. 축복의 말은 더 많이 나누고 악담의 말은 더 줄여간다면, 우리는 참 좋은 이웃이 될 것입니다.

'축복'은 라틴어로 '베네딕투레(benedicture)'라고 합니다. '베네'는 '좋다'는 말이고 '딕투레'는 '말하기'라는 뜻입니다. 즉 좋은 일을 널리 알리고 서로 확인한다는 의미입니다. 축복이라는 단어는 듣기만 해도 기분이 좋고 마음이 평온해집니다. 축복의 말을 듣는 사람은 정서적으로도 안정감을 느끼며 자존감도 높아집니다. 말을 하지 못하는 꽃도 예쁘다고 말해주면 더 예쁘게 피어납니다.

반려동물도 예쁘다 예쁘다 하면 더 예쁜 짓을 합니다. 하물며 함께 일하고 함께 생활하는 다른 사람에게 축복의 말을 건네준다면 그 사람으로부터 더 많은 행복을 보상받지 않겠습니까? 사랑하는 말, 기쁨을 주는 말, 화평하게 하는 말, 자비로운 말, 아름다운 말, 따듯한 말, 힘을 실어주는 말, 격려의 말, 살아있는 긍정의 말은 자주 할수록 복덕(福德)이 커질 것입니다. 그래야 다가오는 나의 운도 더 좋아질 것입니다.

감사를 외칠 수 있는 사람은 행복한 사람입니다. 자신의 꿈을 말할 수 있는 사람은 축복받은 사람입니다. 다른 사람의 행복을 빌어주고 격려하고 웃게 해주는 사람은 행복을 나누어줄 수 있는 참 능력자입니다. 입을 열고 말을 할 수 있다는 것은 크나큰 권세를 가진 것과 같습니다. 그러니 언제 어디서나 감사하다고 외쳐야 할 것입니다. 망각의 망토를 뒤집어쓴 채 감사라는 말을 잊고 사는 사람들에게 가장 먼저 하고 싶은 말은 아침에 눈을 뜨자마자 '감사합니다'를 외쳐 보라는 것입니다. 그렇게 외칠 수 있는 것은 자신이 살아있다는 것이며, 행복해질 수 있다는 것이고 축복을 나눌 수 있는 능력이 있다는 표현입니다.

축복의 말에는 위로의 말, 격려의 말, 칭찬의 말과 용서의 말이 함께합니다. 저주의 말에는 욕설의 말, 나쁜 말을 해대

축복의 말은 더 많이 나누고
악담의 말은 더 줄여간다면,
우리는 참 좋은 이웃이 될 것입니다.

고 다니는 악담과 비난의 말이 따라붙습니다. 다른 사람에게 은혜가 있는 말을 해야만 복덕이 쌓입니다. 'After you(당신 먼저)'와 'Thank you(감사합니다)'는 다른 사람을 생각하고 배려하는 말입니다. 이런 말을 할 줄 아는 사람은 우리가 함께 살아가는 공동체를 아름답게 만드는 착한 이웃입니다.

말수가 적은 조용한 사람일지라도 자신이 좀 아는 주제가 나오면 입이 근질거려 참지 못하고 말을 합니다. 그런데 말을 하긴 했는데 찜찜할 때가 있습니다. 해야 할 말을 다 하지 못해서 '내가 왜 그랬지?'하며 후회하기도 합니다. 말을 한다는 것은 나의 말을 상대방에게 건네주는 것입니다. 내 몸에 있는 생각들을 밖으로 내보내는 것이기에 내보낸 만큼 새로운 공간이 생깁니다. 이때 새로 생긴 그 공간에 상대방의 말로 채우면 됩니다. 내가 한 말을 상대방이 맛있게 받아주면 주는 사람과 받는 사람 모두 기분이 좋아집니다. 필요한 말을 필요한 만큼만 하면 서로 기분이 좋습니다. 소통을 잘하는 사람은 상대방이 원하고, 상대방이 소화할 수 있을 정도의 말만 합니다. 말을 잘 들어준다는 것은 상대방의 마음을 비우게 하는 것입니다. 그래서 내가 하는 말을 상대방이 받아들일 수 있게 공간을 만들어주는 것입니다. 그러니 먼저 상대방의 말을 잘 들어주면 좋습니다. 장구 속은 비어 있어야 울림을 줄 수 있습니다. 위(胃)가 비어야 맛있는 음식을 먹을 수 있는 것과 같은 원리라 생각합니다.

1960년대 말 컴퓨터 공학, 인공지능 관련 교수인 요제프 바이첸바움(Weizenbaum, Joseph)은 의사들이 환자와 대화하는 것을 보고 '엘리자(Eliza)'라는 상담 치료 로봇 같은 간단한 대화 프로그램을 만들었습니다. 그 역할은 단지 환자들의 말에 맞장구를 쳐주거나 계속 말을 걸어주는 게 전부였습니다. 텍스트만으로 주고받는 대화가 고작이었지만, 환자들은 눈물까지 흘리며 교감을 나눴다고 합니다. 몸과 마음이 지친 환자들에게는 그저 교감을 해주는 것만으로도 감동했다고 합니다. 이런 사실을 토대로 하여 요제프 바이첸바움 교수는 '사람은 아주 단순한 맞장구라도 교감을 나눌 수 있다면 상당한 반응을 한다. 그리고 교감은 따뜻한 감성이 배어 있는 축복과 배려라는 인간의 고유한 감정이다.'라고 주장했습니다.

연말연시가 되면 축하하고 축하받는 일이 많아집니다. 축하하는 자리는 일부러라도 많이 찾으면 좋습니다. 그런 자리에서는 진정으로 축하해주는 사람이 되어야 합니다. 왜냐면 그렇게 정성을 들여야만 축복으로 되돌아오기 때문입니다. 축하란 좋은 일입니다. '축하'는 '축복'이라고도 할 수 있습니다. 그러므로 '축하하는 사람'이 곧 '축복받는 사람'이 됩니다. 마음이 아름답지 못하면 결코 다른 사람들을 위해 진정으로 축복해주지 못합니다. 사랑이 없어도 그렇고 관심이 없어도 그렇습니다. 그러면 되돌아오는 복덕도 크지 않습니다. '당신의 말이 행복을 만듭니다'. 축복의 말은 축복을, 저주의 말은 저주를 부릅니다. '축복을 만드는 말'은 'You are Bless Maker!'라고 외치는 것에서 시작합니다.

말은 듣는 사람의 귀가 아니라 가슴으로 들어갑니다. 그래서 어떤 말들은 가슴을 찌르고 마음에 상처를 입히기도 합니다. 당신은 말 한마디로 손해를 보는 사람인가요 인정받는 사람인가요? '말 좀 제발 이쁘게 하지 그래요!', '내가 뭘 어쨌다고 그래요?'이 정도 수준에서 멈추면 다행입니다. '지랄염병으로 쳐자빠질 놈', '오살할 놈', '육시랄 놈'이라 하면서 저주를 담고 있는 욕설을 내뱉습니다. '저런 벼락 맞을 놈', '호랑이가 물어갈 놈', '넌 절대 뛰어난 인물이 될 수 없어', '넌 가망 없는 애야', '넌 누구를 닮아 그렇게 멍청하고 둔해', '넌 구제불능이야', '그런 행동을 하다니 너 미쳤니?', '이 형편없는 자식', '나가 디져라(죽어라)' 등등. 화가 나면 뒷일은 생각할 겨를도 없이 퍼부어대고 봅니다. 욕이 담고 있는 저주의 뜻을 전혀 인식하지 못한 채 습관적으로 욕을 해댑니다. 화가 머리끝까지 치솟았는데 뭐 뵈는 게 있겠어? 그냥 확 내지르면 그 순간만큼은 세상을 다 가진 듯 가슴이 뻥 뚫리지만 돌아서면 숨이 꽉 막히고, 조금만 참을 걸 하면서 얼굴이 붉어지도록 후회하게 됩니다. 입을 틀어막는 시늉을 해봐야 소용이 없습니다.

예쁜 말 예쁜 미소는 축복의 원천입니다.

저주의 욕설은 상대가 가져가지 않으면 내뱉은 자신에게 되돌아오는 고약한 쓰레기일 뿐입니다. 명심해야 할 것은 사람이 하는 말은 힘을 지니고 있다는 사실입니다. 선의의 말이 든, 악의를 품은 말이 든 내뱉어진 말은 힘을 지니고 있습니다. '너는 네가 한 말에 말려들고 네가 한 말에 붙잡힌 것이다.'(잠언 6:2). 라는 성경 말씀도 있습니다. 말은 다른 사람을 살리거나 죽이는 힘을 지니고 있기에 누군가의 삶에 대해 예언하듯 말하면 실제로 그런 일이 발생합니다. 그래서 심리학자들조차 '자기충족 예언'이라고 말하기도 합니다. 그러므로 상대를 비난하거나 부정적으로 말할 때는 특히 조심해야 합니다.

존경합니다, 성공하십시오, 축하합니다, 건강하세요, 부자되십시오, 행복하세요, 고맙습니다, 감사합니다, 사랑합니다, 잘 될 겁니다, 미안합니다, 덕분입니다. 등등. 인생에 도움이 되는 아름다운 말은 의외로 소박한 것입니다. 이런 말들은 너무 흔하듯 보이지만 진심을 담는다면 가슴을 울리게 합니다. 정성을 담은 축복의 말은 공감과 감동을 불러옵니다.

말하는 사람은 덕담이라 생각하는데 듣는 사람은 상처를

받는 경우가 있습니다. 이는 상대가 넉넉한 마음으로 받아들일 준비가 덜 되었거나, 내가 진심이 아닌 건성으로 말했기 때문일 수도 있습니다. 정성을 들여 다른 사람의 말을 잘 들어주고 축복의 말로 행복을 저축합시다. '오늘은 반드시 해결될 것이다', 'God bless you', 이런 축복의 말들을 들으면 기분이 어떤가요?. 마지막 순간까지 최선을 다해 축복을 나누면 좋겠습니다. 예쁜 말 예쁜 미소는 축복의 원천입니다.

3.
말이란???

3-1. 말은 생각을 이끈다
3-2. 말은 소통(疏通)의 도구다
3-3. 말은 인격이다
3-4. 인품(人品)은 언품(言品)에서 나온다
3-5. 살아있는 말
3-6. 일점(一點) 일획(一劃) 일언(一言)의 힘
3-7. 나를 귀하게 만드는 말
3-8. 나도 할 수 있다

3. 말이란???

3-1.
말은 생각을 이끈다

말을 앞세우고 가는 것이 인생이다. 말은 축복의 문을 여는 중요한 도구이다. '축복의 말'을 반복하고, 가치 있게 한다면, 축복받을 확률은 더 높아진다. 우리가 하는 말이 생각을 바꾸고 습관을 바꾼다면 인생도 운명도 우리가 하는 말에 따라 바뀌게 될 것이다.

삶의 운을 좋은 방향으로 바꾸려면 좋은 말 습관을 들여야 한다. 군에 입대하게 되면 평소 해보지 않았던 다양한 형태의 훈련을 하게 된다. 어쩌면 매일 똑같은 동작을 수없이 반복하는 것이다. 몸에 밸 때까지 무의식을 지배할 수준까지 훈련을 하는 것이다. 어떤 상황에서도 연습한 대로 행동할 수 있게 만든다. 그러다 보면 생각하는 방향과 근육의 움직임이 일치하게 된다. 자율주행차가 목적지를 입력해놓으면 사람이 운전하지 않아도

말은 곧 마음의 문이다.
그러므로 언제 어디서나 내가 내뱉는 말과
그 말의 의미에 대해 생각해야 한다.

스스로 찾아가는 것과 같은 수준이 되는 것이다. 이런 경지에 도달되었을 때 어떤 위기나 도발 상황이 발생해도 옆에 있는 전우와 자신의 목숨을 지켜낼 수 있게 된다.

미국의 정신 생리학자인 에멧 밀러 박사는 마음을 긍정적으로 바꾸기 위한 훈련의 핵심 키워드는 '반복'이라고 했다. 같은 말과 행동을 반복적으로 계속할 때, 무의식을 지배할 수 있게 된다는 것이다.

말은 곧 마음의 문이다. 말로 내 마음을 드러내는 것이다. 그러므로 언제 어디서나 내가 내뱉는 말과 그 말의 의미에 대해 생각해야 한다. 다른 사람에게 상처를 주거나 오해를 불러일으키는 잘못된 말이라 생각되면 그런 말들을 조금씩 고치고 줄여나가야 한다. 쓸데없는 말은 안 하면 그만인 것이다. 이때 가장 중요한 것은 마음을 아름답게 가꾸는 것이다. 좋은 생각을 반복하면 예쁜 마음을 갖게 된다. 예쁜 마음에서 예쁜 말이 나온다. 예쁜 말을 통해 예쁜 생각을 키울 수도 있다. 그러므로 예쁜 말과 예쁜 생각은 상호보완적 관계인 것이다.

연말연시에는 모임이 많아진다. 어느 모임에 참석하여 저녁 식사를 하던 중 한 사회자가 했던 말이 생각난다. 그 사회자는 '오랜만에 너무나 맛있는 비싼 한우를 먹을 수 있게 해주셔서 감사합니다'라고 했었다. '너무나'라는 표현이 조금은 어색하다는 느낌이 들었다.

'아주 또는 대단히 맛있는 고기를 먹을 수 있게 해주셔서 감사합니다'라고 말했으면 어떠했을까? 맛있다는 표현을 강조하기 위해 사용하는 것은 같으나 '너무나'와 '아주' 또는 '대단히'라는 단어가 갖는 어감에는 차이가 있다. '매우' '대단히' '아주'는 긍정적인 어감이 강하고, '너무나'는 부정적인 느낌이 더 강하다. '너무나'는 일정한 정도나 한계를 훨씬 뛰어넘은 상태를 뜻하는 부사다. 종전에는 '일정한 정도나 한계에 지나치게' 라는 뜻으로 부정적인 상황을 표현할 때만 쓰였다. 그러다 2015년 국립국어원의 《표준국어대사전》에서 '한계에 지나치게'를 '한계를 훨씬 넘어선 상태로'라고 그 뜻을 수정하면서 긍정적인 말로도 쓰일 수 있게 됐다. 하지만 아직도 부정적인 느낌이 있는 것은 사실이다.

미국 하버드 대학교 내과 의사이자 심신 의학자인 디팩 초프라(Deepak Chopra) 박사는 폐암을 극복했던 한 환자를 정밀 관찰한 결과 그는 매일 '나는 완전히 낫는다'는 말을 계속하고 있었다는 사실을 알게 되었다. 그래서 그는 치유가 긍정적인 마음에서 비롯된 것임을 깨달았으며, '인간의 마음은 모든 실재(實在)를 변화시키고 창조하는 무한한 힘이 있다'고 강조했었다.

긍정적인 마음은 좌절과 절망을 이겨내게 하고, 어둠을 밝게 하고, 삶을 긍정적으로 변화시키고 희망을 품게 하는 강력한 힘을 발휘한다. '말'은 마음을 변화시키는 에너지다. 말은 마음을 표현하고, 자신의 소망을 구체화해서 규정하고, 무의식을 자극해서 현실화시키는 막강한 힘이 있다. 우리는 누구나 긍정적이고 행복한 마음으로 살고 싶어 한다. 그러므로 말부터 바꾸어 마음을 변화시켜보자. 그러면 말이 마음을 새롭게 변화시킨다는 사실을 알게 될 것이다. 마음은 말로 표현되지만, 말 역시 마음을 바꿀 수 있기 때문이다. 우리는 말이 씨가 되고 말하는 대로 이루어진다는 것을 이미 경험으로 알고 있다.

사람의 뇌는 매일 사용하는 언어로 세뇌(洗腦)된다고 한다. 뇌 속의 언어 중추신경이 신경계를 지배하고 있기에 평소 말 습관이 감정을 좌우한다는 것이다. 최근 뇌 과학자들은 평소의 말 습관이 뇌의 프로그램을 바꾸어 생각과 행동을 변화시킬 수 있음을 과학적으로 규명했었다. 말은 뇌에 저장될 때 화상(畫像) 정보로 바뀌는데, 이때 세부적인 사항을 말로 설명하면 이미지의 내용이 더욱 분명해진다는 것이다. 이는 말을 반복해서 하면 뇌 프로그램이 바뀐다는 뜻이다. 그러므로 자신을 격려하고 행복하다는 말을 반복하면 행복감과 자신감이 생기게 된다. 긍정적인 말을 반복해서 하다 보면 '무의식의 긍정화'가 이루어진다고 한다. 말로서 뇌를 세뇌할 수 있음은 살아있는 모든 사람에게는 놀라운 축복이 아닐 수 없다.

말은 꿈을 이루는 동력이다.

말은 꿈을 이루는 동력이다. '난 행복해.', '모든 것이 잘 될 거야', '내가 최고야', '난 할 수 있어'처럼 긍정적인 말을 할 때와 '난 불행해', '되는 일이 없어', '난 실패자야', '난 할 수 없어'처럼 부정적인 말을 할 때의 감정은 서로 다르다는 것을 우리는 이미 알고 있다. 말이 곧 에너지이고, 감정을 좌우하기 때문이다.

저는 팔순이 넘은 어머니를 간병(看病)하면서 깨달은 바가 많았다. 어머니는 심혈관이 막히면서 오랜 세월 투병 생활을 하셨다. 저는 어머니를 볼 때마다 '다른 혈관들도 막힘이 심해지면 어쩌지!', '이러다가 더 큰 병을 불러오는 건 아닐까!'하는 걱정을 앞세웠다. 이런 걱정들이 무의식적으로 더 큰 근심 덩어리가 되었음을 나중에야 알았다. 어머니께서 드시고 싶어 하는 음식을 보면 '기름기가 너무 많은데', '이건 혈관을 막히게 해'하는 식의 부정적인 생각과 불안감을 키우는 말을 나도 모르게 내뱉고 있었다는 것이다. 아무리 치유에 도움이 되는 정보라 할지라도 부정적인 말버릇은 부정적인 생각을 만들고, 부정적인 결과를 가져온다. 그러므로 육체적인 병을 치유(治癒)

하기 위해서는 먼저 마음부터 치유해야 한다는 사실도 깨달았다. 그때부터 저는 '이렇게 하면 더 빨리 낫겠지', '모든 것이 잘 될 거야', '이 정도인 게 얼마나 다행이고 감사할 일이야'라고 긍정적인 말을 쓰기 위해 의식적으로 노력했다. 지금도 부정적인 마음을 긍정화하기 위해 끊임없이 노력하고 있다. '말이 주는 그 놀라운 축복'이라는 연재 글을 썼던 것도 긍정적으로 생각하고 긍정적으로 말하려는 노력의 하나이다.

부정적이고 비관적이고 공격적인 말들을 긍정적이고 낙관적이고 예쁜 말로 바꾸어야 한다. '나는 왜 되는 일이 없지', '삶이 너무 힘들어', '왜 나만 불행할까?', '내겐 절대 불가능한 일이야.', '난 못해' 등의 부정적인 말을 많이 사용했다면, '나는 틀림없이 잘할 수 있다.', '나는 분명히 이 어려움을 이겨내고 승리할 것이다.', '내 손으로 꼭 행복의 문을 열 것이다', '다 잘 될 거야.', '내겐 불가능은 없어', '한번 해보는 거지'라는 식으로 바꿔보자. 우리의 뇌는 부정어를 제대로 인식하지 못한다고 한다. '나는 불안하지 않다'라고 말하면 '불안'만 무의식에 심을 수 있다는 것이다. 이런 경우 '나는 평온하다'로 바꾸자.

'우울증이 걱정이다'라는 말 대신 '내 몸과 마음은 온전히 건강하다.', '걱정 안 해도 돼'를 '다 잘 될 거야'로 바꿔보는 것이다. '안 해', '못 해', '싫어' 보다는 '하자', '할 수 있다', '좋다' 등등. 부정어가 들어 있는 말들을 긍정어로 바꾸어서 말하는 연습이 필요한 것이다.

의식적으로 긍정적이고 희망적인 말을 하는 습관을 들이는 것이, 결국 자신이 소망하는 행복으로 다가가는 지름길이 된다. 자기실현적 예언이나 자신의 소망과 행복을 담은 문구를 만들어 적극적으로 반복하는 것도, 행복한 감정을 만드는 더없이 좋은 방법이다. 자신이 원하는 소망과 행복을 자기암시문으로 만들어 꾸준히 반복적으로 말해보자. 마음에 긍정적인 감정이 차오르고, 목표를 이루는데도 큰 응원이 될 것이다. '행복한 삶에 감사합니다.', '소망을 이루어주셔서 고맙습니다.', '오늘 하루도 숨 쉴 수 있게 허락해 주셔서 감사합니다', '당신을 만날 수 있어서 행복합니다'라고 표현하면 자기암시를 통해 받는 긍정적인 감정이 생겨나고, 말과 생각의 현실화에 가속도가 붙을 것이다.

자신의 소망을 말로 표현하는 것을 정신의학은 '언어치유', 심리학은 '자기암시', 성공학은 '선언기법'이나 '확언기법'이라고 한다. 자기암시가 실제 원하는 바를 이루는 데 큰 영향을 준다는 것은 연구를 통해 밝혀지기도 했다. 미국 스크랜튼 대학교(University of Scranton) 연구팀은 '자신의 목표를 공개적으로 말을 했던 사람들이 목표만 세운 사람들보다 10배나 더 성공할 가능성이 높다'는 연구 결과를 발표했다. 필자는 자신의 목표를 큰 소리로 말한다면 옆에 있는 누군가가 들어준다는 것이고 자신의 목표를 들었던 다른 사람은 그 목표를 달성할 수 있도록 끊임없는 격려와 용기를 불어넣어 줄 것이다. 그러므로 성공 확률이 크게 높아짐은 당연하다고 믿는다. 어떤 일을 '재수 없다'라고 생각하면 그 일은 정말 재수 없는 일이 된다. '이만하면 괜찮다' 혹은 '이만하길 정말 다행이다.'라고 생각하면 정말로 다행한 일, 아무것도 아닌 일로 변한다. 인생의 희비극(喜悲劇)은 모두 자신의 마음이 결정하는 것이다.

무사히 하루를 보냈음에 감사하자. 이것이야말로 진정한 행복이다. 인생은 짧다. 그러니 행복해지기를 기다리지 말고 지금 즉시 행복할 수 있는 길을 찾아 나서자. 정주영 회장이 자주 했다는 말 '이봐! 해봤어?'를 말과 생각을 긍정적으로 바꾸는 '연습을 해봤어?'라고 바꾸어 보고 싶다. 말 습관, 말버릇이 바뀌면 인생도 바뀐다.

3-2.
말은 소통(疏通)의 도구다

왼쪽 등 뒤 어깨 쭉지 밑이 가려우면 내 손이 잘 닿지 않아서 다른 사람 손을 빌려야 하는 경우가 있다. '조금만 더 오른쪽으로 아니 위쪽으로 더 더 더' 이런 식으로 몇 번 반복하다 보면 속이 터진다. 내 육신의 가려운 부분을 콕 찍어서 긁어주지 못한다고 신경질을 부린다. 내 살이 아니고 내 몸이 아닌데 다른 사람이 내 몸의 속사정을 어찌 속속들이 알 것인가? 그렇게 잘 안다면 그 육신은 누구의 육신이란 말인가?

열심히 설명했는데 상대방이 알아듣지 못하거나 이해하지 못하겠다고 하면 짜증이 나는가? 이런 상황이 되었다면 목석(木石)에게 독백을 한 것인가 소통을 한 것인가? 적들이 몰려오니 도망가라 하는데 앞으로 나가 싸우려 덤비려 하고, 아무도 없다고

떠나가라 하는데 가까이 다가오고,
오라 하는데 멀리 도망간다면
분명 쌍방 간 의사소통에 문제가 생긴 것이다.

앞으로 나아가라 하는데 뒤돌아서서 도망가려 한다. 떠나가라 하는데 가까이 다가오고, 오라 하는데 멀리 도망간다면 분명 쌍방 간 의사소통에 문제가 생긴 것이다. 몸에서 보내오는 신호를 무시하거나 거꾸로 해석하다 나중에 큰 병을 얻게 되는 경우가 많다. 저수지 댐도 물이 새는 흔적이 조금씩 보이기 시작할 때에는 호미로 막을 수 있겠지만 나중에는 가래로도 막지 못하게 되는 경우도 생긴다. 이처럼 자신의 뜻을 전달하기 위해 신호를 보내는데도 이를 통째로 무시한다면 이는 극심한 불통이라 할 것이며, 종국에는 대가를 크게 치러야 하고 쓰라린 고통이 뒤따르게 된다.

개구리는 무슨 말인지 도통 알아들을 수 없는 소리로 옆에 있는 하루살이를 보고 하루 종일 '개굴개굴'하면서 시부렁거린다. 말인지 막걸린지 구분하지 못하고, 자신이 하고 싶은 이야기가 도대체 무엇이었는지도 모르면서 오랫동안 대화를 했으니 서로 소통이 잘 되었다고 개굴개굴 말한다. 말하기 연습하듯 자신이 하고 싶은 말을 모두 쏟아부었으니 속마음은 개운하다는 것이겠지요. 듣는 사람이 제대로 알아들었는지, 공감은 하고 있는지가 소통의 기본일 텐데 다른 사람이 하는 말은 들어주지 않고 내가 하고 싶은 말만 다 하면 된다는 오해를 하는 것이다.

그러다 보면 똑같은 말임에도 나는 이런 뜻으로 말하는데 듣는 사람은 저런 뜻으로 오해를 하게 된다. 소통 없는 대화 느낌 없는 대화는 공감 없는 소음일 뿐이다. 같은 말이라도 공간이 다르면 내 뜻과 달리 오해를 일으킬 수도 있다. 상대하는 사람이 달라져도 그렇다. 그러므로 상대에 대한 배려와 세심한 관심이 있어야 느낌이 통하는 대화가 가능하게 된다. 좋은 대화는 좋은 느낌을 불러온다.

'관계'는 '만남'을 통해 이루어지고 '소통'은 '말'을 통해 이루어지며 '말'은 '마음'에서 비롯한다는 사실을 명심하자. 옷 가게 바로 옆에서 기존 건물을 헐고 새로 짓는 공사가 한창이다. 굴착기 돌아가는 소리, 쇠파이프 구르는 소리, 쿵쿵 기둥 박는 소리 등등. 덤으로 그 옆에 있는 마트에서도 할인판매 한다는 소리가 확성기를 통해 흘러나오고 있다. '싱싱한 생선을 지금 사면 가격을 20% 깎아준다'는 소리다. 옷 가게 사장은 마트에서 흘러나오는 소리를 유난히도 싫어한다. 그러면서도 공사장 소음은 참을만하다고 말을 한다. 정말 그럴까? 어쩌면 옷 가게 사장은 그 공사장에서 짓고 있는 건물에 투자한 사람인지도 모를 일이다. 아니면 마트에서 싱싱하다고 외치던 생선을 샀는데 집에 와서 보니 영 딴판이었을지도 모른다.

낮잠 자려는 사람에게는 공사장의 소음이 큰 문제가 될 수 있겠지만 자신에게 돈이 되는 소리라면 그 큰 소리가 무슨 문제가 될 것인가. 자장가 소리로 들릴 것이며, 소리가 크면 클수록 돈이 더 벌린다고 덩달아서 함께 악을 쓰려 할지도 모른다. 나에게 조금이나마 손해를 끼치고 나를 괴롭히는 말들은 모기들의 합창 소리 마냥 귀를 막게 하고 얼굴을 찡그리게 하는 소음으로 들릴 수밖에 없을 것이다.

열린 마음으로 듣고, 자신감 있게 질문하다 보면 소통은 자연스럽게 이루어질 것이다.

배고파 우는 아이의 울음소리는 소음인가 소통인가? 우는 아이와 전혀 관계없는 사람에게는 조용한 사색을 방해하는 달갑지 않은 소음일 뿐이다. 그러나 그 아이의 엄마한테는 아주 소중한 소통의 신호다. 젖을 물려야 한다는 것을 직감적으로 알아차린다. 이처럼 낯익은 사람에게는 소통할 수 있는 아름다운 소리도 낯선 사람에게는 의심이 필요한 소음이 되는 것이다. 내 이익이 늘어나기를 바라는 사람과 다른 사람이 잘못되어 망하기를 바라는 사람 간의 생각의 차이만큼 소통과 소음은 그렇게 경계가 지어질 것이다.

'그 사람 정말 좋은 사람이야', '그래? 뭐가?'. '그게 뭐냐면 진짜 좋은 사람이야', '그래서 뭐가 좋은데?'. '그냥 정말 좋아, 깜짝 놀랐어, 정말 좋은 사람이라니까'. 이런 식의 대화는 길어질수록 힘이 빠지고 상처를 받는 경우가 더 많아질 것이다. 그러다가 엉뚱하게도 '왜 그렇게 생각이 없어, 뭐가 좋다는 거냐고?'라고 한마디 덧붙이면 싸움밖에 더 일어나지 않겠는가? 내 생각을 구체적으로 말하지 않으면 의미 없는 중얼거림에 그칠 뿐이고 그만큼 불통과 고통의 시간은 길어질 것이다. 소통(疏通)은 막히지 아니하고 잘 통함이고, 뜻이 통하여 오해가 없음이다. 공감(共感)은 대상을 알고 이해하거나, 대상이 느끼는 상황 또는 기분을 비슷하게 경험하는 심적 현상을 말한다. 사람들이 말을 하는 것은 소통과 공감을 위해서다. 긍정적인 언어로 말하고, 적절히 공감하고, 열린 마음으로 듣고, 자신감 있게 질문하다 보면 소통은 자연스럽게 이루어질 것이다.

소통의 도구는 말뿐만 아니라 태도, 표정, 몸짓 모든 것이 포함된다. 나와 생각이 완전히 다른 사람일 경우 표현방식도 달리해야 한다. 잘 아는 사람끼리 하는 말의 뜻과 그 사람이 하는 말의 뜻이 크게 다를 수 있다. 그러므로 그 사람이 하는 말의 참뜻을 똑바로 이해하고서 내 생각을 상대에게 정확하게 전달해야 오해 없는 소통이 이루어진다. 내가 말하고자 하는 뜻, 전달하고자 하는 의미가 상대에게 제대로 전해지지 않는다면 공감과 소통은 실패하게 된다. 하지만 마음을 열고 경청하고, 내 의도를 명확히 전달하고, 상대의 입장으로 생각하고, 말투와 표현을 부드럽게 한다면 어느 순간 소통의 달인이 되어 있을 것이다.

말을 해도 못 알아듣는다면 누구의 잘못일까? 어떤 말을 해야 마음이 통할까? 상처 주기 싫다고 '할 말은 많지만 하지 않겠다'라는 뜻으로 대화를 포기해버린다면 그 사람을 내 편으로 만드는 기회는 끝내 다가오지 않는다. '할말하않(할 말은 많지만 하지 않겠다)'은 불통의 시작이다. 만약 상사로부터 '겨우 이 정도밖에 안 돼요?'라는 말을 들으면, '그러는 당신은 얼마나 잘해서?'라고 공격할 것인가? 아니면 '나는 왜 이 모양이지'라며 자신을 책망할 것인가? 마음이 갈지(之) 자면 행동도 갈지자가 된다. 갈지자로 걸으면 다른 사람과 부딪히기 쉽다. 다가오는 상대와 눈빛을 교환하고 리듬을 맞추어 움직이면 다행스럽게도 조화를 이룰 수 있다. 갈지자로 걸을 것인가 똑바로 걸을 것인가는 '나' 의 말과 생각이 결정한다.

'ㄱ'을 보고 'ㄴ'이라 읽고, '나'를 '너'라고 읽는 사람들은 내 편이 'ㄱ'이라 말하면 'ㄱ'이라 알아듣지만, 경쟁자가 'ㄱ'이라 말하면 'ㄴ'이라 악의적으로 오해를 하면서 'ㄱ'이 아니고 'ㄴ'이라 우긴다. 같은 말을 하는데 소통이 안 된다. 똑같은 말인데도 '내 편'이 말하면 귀에 순하고, '네 편'이 말하면 귀에 거슬린다. 내 편에게는 박수를 치고 상대편에게는 욕설을 내뱉는다. '어제 했던 말'과 '오늘 한 말'이 똑같은 데도 뜻이 다르다고 주장한다. 어제는 이 말이 맞았다 하고 오늘은 이 말이 틀렸다 한다. 뜻이 조변석개(朝變夕改)이면 소통은 어렵게 된다.

소통의 기본은 말의 뜻이 같아야 한다. 일관성이 있어야 한다는 것이다. 편에 따라 뜻이 갈리면 '내 편 말 사전', '네 편 말 사전', '우리 편 말 사전'이 따로 필요하게 될 것이다. 중국에서는 같은 글자이나 지역에 따라 발음의 차이가 한국어와 일본어 만큼 크게 달라 통역이 필요하지만, 글자가 지닌 뜻은 하나다. 그래서 필담(筆談)을 하면 소통이 가능해진다. 같은 글자임에도 뜻이 다르다고 통역이 필요하다면 이미 말의 뜻이 쪼개진 것이고 마음도 생각도 쪼개진 것이다.

관자(管子)는 목민편(牧民篇)에서 '범언이불가복, 행이불가재자, 유국자지대금야(凡言而不可復, 行而不可再者, 有國者之大禁也 : 되풀이하지 못할 말이나 두 번 다시 못할 행동은 나라를 다스리는 사람들이 매우 삼가야 하는 것)', '언실만실 언당만당(言室滿室,言堂滿堂 : 안방에서 말하면 그 말이 안방의 모든 사람에게 미치고, 마당에서 말하면 마당에 있는 모든 사람에게 미친다)'라고 주장했었다. 말의 뜻이 이중적이지 않고 정확하게 전달되어야 한다는 것이다.

오해를 줄이고 소통을 더 잘하기 위해서 우리는 어떤 노력을 하고 있는가? 싫은 티를 팍팍 낸다면 다른 사람도 싫어한다. 내 맘이 너그러워야 상대의 마음도 너그러워진다.

3-3.
말은 인격이다

사람이 금수(禽獸)와 다른 것은 말속에 인격이 있는 까닭이라고 한다. 한자로 말씀 어(語)는 말씀 언(言)+나 오(吾)를 합한 글자로 '말로써 나 자신을 드러내는 것'이니, 말이 곧 자신의 인격을 나타내는 것이라 할 수 있다. 인격(人格)은 사람으로서의 품격이라 할 수 있으며, 사람이 사람으로서 가지는 품격이나 됨됨이를 '인품(人品)'이라 한다.

저울이나 시소는 어느 한쪽이 무거우면 밑으로 내려가고 다른 한쪽은 위로 올라가게 된다. 그러나 다른 사람을 평가하는 말은 이와는 다르다. 다른 사람을 높이면 나에 대한 평가도 그만큼 올라간다. 그러나 나를 높이 평가하면 그만큼 올라가지 않는다. 다른 사람을 깎아 내리면 나에 대한 평가도 거칠게 낮아진다.

그러니 상대방으로부터 대접받고 싶으면 대접하는 말을 하면 되는 것이고, 인정받고 싶으면 인정하는 말을 하면 된다. 그렇다고 해서 다른 사람을 높인다고 불쑥 튀어나온 배를 보고 '배님'이라 하고, 넘나드는 문턱에 길쭉하게 뻗고 있는 다리를 보고 '족님'이라 부른다면 참으로 우스꽝스러울 것이다. 말은 참으로 묘하다. '그는 잘 한다', '그가 잘 한다', '그도 잘 한다' 이 말들에서의 차이는 '는, 가, 도'의 토씨들이지만, 이 말들의 뜻에는 큰 차이가 있다. 그래서 '아 다르고, 어 다르다'라는 말이 있게 된 것이다. 시의적절한 말, 격에 맞는 말은 언제나 강조해도 지나침이 없다.

「예기(禮記)」〈곡례 상(曲禮 上)〉에 자비존인(自卑尊人)이라는 말이 있다. '인유례즉안 무례즉위, 고왈 예자불가불학야. 부례자 자비이존인, 수부판자 필유존야, 이황부귀호(人有禮則安無禮則危, 故曰 禮者不可不學也. 夫禮者 自卑而尊人, 雖負販者必有尊也, 而況富貴乎 : 사람이 예가 있으면 편안하고 예가 없으면 위태하니, 그런 까닭에 예라는 것을 배우지 않을 수 없다. 예라는 것은 자신을 낮추고 남을 높이는 것이며, 비록 노동자나 상인이라 할지라도 반드시 존경함이 있어야 하는데 하물며 부귀한 사람에게 있어서랴)'라고 하였다. 곧 자신을 낮추고 남을 높이는 것이 예의 근본임을 강조한 것이다.

세상이 아무리 바뀐다 해도 예절의 기본정신은 변하지 않을 것이다. 다른 사람에 대한 배려보다 나를 먼저 생각하고 오로지

다른 사람을 높이면 나에 대한 평가도
그만큼 올라간다.
그러나 나를 높이 평가하면 그만큼 올라가지 않는다.

나를 중심으로 다른 사람을 대하다 보면, 서로 마음이 상하게 되고 서로 거친 말을 주고받게 된다. 나중엔 주먹다짐까지 오고 가게 된다. 예의 기본정신은 마음과 행동을 통해 자신을 낮추고 다른 사람을 높이는 것이다. 벼는 익을수록 고개를 숙인다. '벼가 익는다'는 말은 사람의 인격이나 지식의 정도가 깊어진다는 것을 뜻한다고 할 것이다.

입속의 말은 생각에 불과 하지만 밖으로 나오면 자신이 다스릴 수가 없다. 그러나 듣는 사람에게는 향기가 되기도 하고 흉기가 되기도 한다. 품위 있는 말, 품격 있는 말은 내면에서 나온다. 평소 말을 아끼고 아름답게 쓴다면 내면도 아름다워질 것이다. 막말로 품격을 허문다면 평생 쌓아 올린 인격도 함께 무너질 수 있다. 존중하는 마음은 배려에서 비롯된다. 품격의 완성은 나를 존중하는 마음, 상대를 존중하는 마음에서 시작한다.

다른 사람을 깎아내리는 말을 높이는 말로 바꾸어 보자. 사소하지만 성과를 낸 사람에게 '겨우 그것밖에 못 했군요'보다는 '노력하더니 큰일을 해냈군요'와 같이 상대를 높이고 인정해주는 말을 하면 자기 자신의 마음도 순해지고 편해질 것이다.

하지만, 자신을 낮추는 말보다 다른 사람을 높이는 말을 더 많이 하면 좋겠다. 자신을 낮추는 말은 내 기분을 가라앉게 하나 다른 사람을 높이는 말은 내 기분을 더 좋게 할 수 있기 때문이다. 다른 사람을 비난하는 것이 아니라 높이고 칭찬함으로써 상대와 나를 동시에 높일 수 있다. 다른 사람을 인정해 주는 말은 상대를 기분 좋게 만들어줄 뿐만 아니라 자기 자신도 한껏 기분이 좋아진다. 상대가 기분 좋아 웃고 있는 모습을 보면 자신도 저절로 웃게 되는 것과 같은 이치일 것이다. 문제는 다른 사람을 인정하고 배려하는 일이 그리 쉽지 않다는 데 있다.

일본을 여행하다 보면 자주 듣게 되는 말은 '아리가도고자이마스(ありがとうございます, 고맙습니다)'와 '스미마셍(すみません, 미안합니다)'이다. 일본 사람들은 '아리가도고자이마스'보다 '스미마셍'이라는 단어를 더 많이 쓴다고 한다. '스미마셍' 은 단순히 미안하다는 말이 아니고, 다른 사람에게 먼저 자신을 낮추는 것이다. 또한 일본 사람들은 '나를 낮추고 남을 높여야 돈이 들어온다'는 생각이 몸에 배어 있다고 한다. 실제 '나를 낮추고 남을 높이면 돈이 들어온다'라고 하면 우리도 다른 사람에 대하여 높임말을 쉽게 할 수 있을 것이다. 그 말이 계기가 되어 자신의 운명이 크게 달라질 수도 있을 것이다. 남을 대접하고 높일 줄 아는 사람은 언제 어디에서나 귀한 대접을 받게 된다.

말과 인격은 뗄 수 없는 동반자 관계임을 알고 말 한마디도

자신을 낮추고 남을 높이는 것이
예의 근본이다.

조심성 있게 하자. 우리가 생활하고 있는 가정, 직장, 학교, 사회에서 하루에도 수많은 말들이 오고 간다. 그중 상대방을 기분 좋게 하는 말도 있을 수 있지만, 기분을 상하게 하거나 마음에 상처를 남기는 말도 있을 것이다. 기분 좋게 말한 사람은 더 많은 존경을 받을 것이고, 상처를 준 사람은 두고두고 더 나쁜 사람으로 기억될 것이다. 친구와 동료, 직장 상사와 부하직원, 가족으로부터 존경받고 사랑받으려면 말 한마디라도 사려 깊게 판단해서 신중하게 해야 한다. '삼사일언(三思一言)'하라는 말을 기억하자.

똑같은 내용도 되도록 긍정적인 표현으로, 부드러운 표현으로, 배려하는 표현으로 바꾸어 보자. '죽었다 깨어나도 절대 안 됩니다' → '이렇게 해결하는 방법도 있을 듯 합니다', '~~ 하지 않으면 안 됩니다' → '~~합시다', '그건 해결하지 않으면 안 됩니다' → '그 건에 대해 빨리 정리하도록 합시다', '그래 말해봐' → '말씀해주세요' 또는 '가르쳐 주세요', '왜 그러시죠? 무슨 일인데요?' → '네, ~~일 말씀입니까?'라고 하는 것이 훨씬 더 공손하고 상대를 편안하게 해주는 말이 된다.

상대가 준 자료나 정보가 별로여도 '덕분에 좋은 공부가 되었습니다.'라는 한마디로 상대를 내 편으로 만들 수 있다. 실력을 갖춘 사람에게 질문이나 의견을 제시할 땐 '잘 모르겠습니다만'으로 시작하고, 화제에 대해 잘 모르고 있다고 느껴질 때는 '잘 아시는 바와 같이'라고 하면서 상대방의 입장을 세워줄 필요가 있다.

사람은 누구나 말을 통해서 자신의 생각과 마음을 표현한다. 사람과 사람을 맺어주는 일차적인 끈도 역시 말이다. 사람은 말을 통해 자신의 품위를 드러내고 다른 이들과 좋은 관계를 유지할 수 있다. 나의 말은 '나'라는 육체가 만들어낸 생산물이다. 그러니 재고 조사를 통해 그것이 명품인지 싸구려인지 항상 점검해봐야 한다. 말(言)에는 수준이 있다. 비싸게 먹는 소고기에만 등급이 있는 것이 아니다. 어떤 말을 하느냐에 따라 나의 인품(人品)의 높낮이가 정해진다. 지혜로운 혀는 세상을 선하게 하고, 어리석은 혀는 제 몸을 베는 법이다. 남의 입에서 나오는 말보다 자기 입에서 나오는 말을 잘 들으라는 말도 있다. 9㎝밖에 안 되는 혀가 90 평생을 좌우한다는 말을 생각하자.

공자께서 말씀하셨다. '자왈. 유덕자필유언, 유언자불필유덕. 인자필유용, 용자불필유인(子曰. 有德者必有言, 有言者不必有德. 仁者必有勇, 勇者不必有仁 : 덕이 있는 사람은 반드시 들을 만한 말을 하지만, 말하는 사람이라고 해서 반드시 덕이 있는 것은 아니다. 어진 사람은 반드시 용기가 있지만, 용맹스럽다 하여 반드시 어진 사람은 아니다)'. 공자의 말씀처럼 덕이 있는 사람은 덕이 있는 말을 한다는 것이다. '말로 먹고사는 시대'라 한다. 남을 비방하거나 험담하기보다는 좋은 말과 칭찬을 많이 하다 보면 절로 덕이 쌓일 것이고, 자다가도 떡을 얻어먹을 수도 있을 것이다. 내가 잘해서 큰 상을 받았다면, '내가 너 보다 잘했다'라는 생각보다는 '상대가 나를 위해 양보를 해주었다'라고 생각하면 어떨까? '다음에는 당신도 그 상을 꼭 받을 것이라 믿습니다'. '그 상을 받으시도록 열심히 응원하겠습니다'라고 말할 용기가 있으면 좋겠다.

아파서 울고 있는 사람에게 어디가 아프냐고 묻지도 않고, 얼마나 아프냐고 묻지도 않고, '내가 아파봐서 아는데 그거 아픈 것이 아니야, 그것은 꾀병이야'하고 쿡 찌른다면, 정말로 아픈 사람은 마음 까지 더 아파서 미움의 칼날이 그만큼 더 날카로워진다. 자신이 아팠을 때의 그 아픔을 떠올리고 그것보다는 훨씬 더 많이 아프겠지 하면서 빨리 나으라는 위로의 말을 해준다면, 상대와 내가 설령 적대적인 관계일지라도 그 순간만큼은 화해가 있고 신뢰가 생길 것이다. 그래야 관계가 더 넓어지고 믿음도 더 깊어지고 하는 것이 아니겠는가. 말이 아닌 소리는 귀에만 들어갈 뿐 마음으로 스며들지 않는다. 소음 같은 소리는 귀를 찌를 뿐이다. 찔리면 아프기에 찡그리게 되고 두 손으로 귀를 틀어막게 된다. 그러므로 소리가 아닌 말을 해야 한다.

언어는 생각이나 의견을 전달하기 위한 음성, 문자, 몸짓 등을 아우른다. 사람의 인품을 볼 때는 행동을 유심히 살펴보기도 하지만 말에도 귀 기울인다. 말하는 태도나 사용하는 언어의 수준으로 그 사람의 품격을 판단하려 하기 때문이다.

3-4.
인품(人品)은 언품(言品)에서 나온다

말은 곧 마음이다. 마음이 쌓여서 모양이 되어 밖으로 나온다. 인격이 묻어나는 말, 사랑이 넘쳐나는 말도 마음에서 나온다. 산모가 갓 태어난 아이를 안아 주면서 해주고 싶은 말이 있을 것인데, 그렇게 사랑하는 마음을 담아 말을 한다면 다른 사람의 존경은 무조건 따라올 것이다. 모래밭에서 사금을 채취하듯 살아있는 말을 찾아낸다면 인품이 높아지는 것 또한 당연할 것이다. 성경에서 '죽고 사는 것이 혀의 권세에 달렸고(잠 18:21)', '칼로 찌름 같이 함부로 말하는 자가 있거니와 지혜로운 자의 혀는 양약과 같으니라(잠 12:18)'라고 했습니다. 한마디 한마디를 내 마음에 낙하산을 펴듯, 내 얼굴에 웃음꽃을 피우듯 정성 들여 드러내야 합니다. 말이란 머리로 배운 대로 하는 것보다 몸에 밴 대로 하는 것이 더 자연스럽기에, 습관적으로 내뱉는 말

한마디 한마디를 내 마음에 낙하산을 펴듯,
내 얼굴에 웃음꽃을 피우듯 정성 들여
드러내야 합니다.

이 자칫 자신의 가치를 갉아 먹는 말이 되고 형제자매를 떠나게 할 수도 있습니다.

간혹 권위나 직급만을 내세우는 사람들이 하는 말을 듣다 보면 '말을 왜 저렇게밖에 못할까?', '나잇살이나 먹은 사람이 생각 없이 말을 하네', '자릿값도 정말 못 하네'라는 생각이 들 때가 있습니다. 직급이 깡패라고 상대방을 무시하면서 '시키는 대로 하라고', '도대체 네가 잘하는 일이 뭐야'. '야, 이거 제대로 준비한 게 맞아?', '이것도 못 알아들어, 왜 이렇게 멍청해?'라고 윽박지르기도 합니다. 하급 직원이 차근차근 따지고 들거나 화를 벌컥 내면서 사표를 내겠다고 덤비면 '야, 뭘 그런 걸 가지고 그러냐, 그것 다 너를 생각해서 내가 충고하는 거야'라고 둘러댑니다. 어쩌면 '너는 무조건 내 아래야. 언제나 내가 너보다 더 많이 알지'라는 속마음이 은연중에 표출되는 것일 수도 있습니다.

혹시 나도 이렇게 말하고 있는 것은 아닐까?. 실력이 넘치고 됨됨이가 훌륭한 권위 있는 사람은 상대를 배려하면서 말하기 때문에 따르는 사람이 많지만, 머릿속은 빈 깡통이면서 '내가 난데'를 외치는 허세에 찌든 사람 옆에는 잠시라도 머무르는 사람이 없습니다. 사람은 자신의 말과 행동에 대하여 다른 사람들로부터 하시(何時)라도 충분한 평가와 대가를 받게 됩니다. 같은 말이지만 공손하게 부탁하는 말투와 억지로 강요하는 말투는 받아들이는 상대방에게는 편안함과 피곤함으로 갈리게 됩니다.

말을 함에 있어서, 전하는 말에 따뜻함이 있는가? 사람을 편하게 해주고 있는가? 제가 문안 인사차 시골에 있는 처가를 방문하면, 사위 사랑은 장모님 사랑이라고 장모님은 닭장에서 통통한 닭을 골라잡습니다. 그러면서 그 닭을 보고 '다음 세상에서는 사람으로 태어나시게'라고 말씀하십니다. 감사한 마음 미안한 마음이 담겨 있습니다. '살아있는 당신은 나에게 축복입니다. 내가 살아있음이 당신에게도 축복입니다'. 이웃 간에도 이렇게 축복을 나눌 수 있으면 좋겠습니다. 상대에 대한 이해와 배려가 있다면 말은 편하게 들립니다. 자신만을 위하여 속 시원하게 내뱉고 스스로 후회하는 말, 귀에 거슬리는 말은 기분 좋은 말은 아닐 것입니다. 상대가 듣고 싶은 말을 해주고 듣기 싫은 말을 안 하는 것은 생각보다 어려운 일입니다. 수십 년 동안 이미 몸에 배었기 때문입니다.

노부모는 다 큰 자식들이 찾아오지 않으면 배신감을 느끼고 섭섭해하지만, 어쩌다 찾아와서는 '그 사람들을 왜 만나요, 만나지 마세요. 그렇게 하지 마세요. 그 일 당장 그만두세요'라고 하는 말에 더 분노하고 서운해한다고 합니다. 당신이 살아온 인생이 통째로 무시당하고 부정당한다고 생각하기 때문입니다. 누구든지 잘하고 싶지 잘못하고 싶은 사람은 이 세상에 아무도 없을 것입니다. 내가 잘했으면 나에게도 좋은 일이 생길 것이고, 잘 못 했으면 그만한 댓가를 치를 것입니다. 자신이 한 말이나 행동은 한 푼도 틀리지 않게 자신에게 되돌아옵니다.

최근에 한 손님이 단골이라 생각하고 자주 다니던 식당에서 다른 손님은 아는 체해주면서 자신은 모른 척했다는 이유로 그 식당 주인을 살해한 사건이 발생했었습니다. 사람들은 그만큼 인정받고 싶음에 목말라 있습니다. 심리학자인 윌리엄 제임스는 '인간의 가장 깊은 욕구는 인정받고 싶은 욕구'라고 했습니다. 그런데 인정받고 싶어서 다른 사람을 깎아내리는 방법으로 자신을 높인다면 어떨까요? 다른 사람의 단점을 끄집어내어 비교하고, 짓뭉개고서 자신이 올라가는 식으로 말을 한다면, 그렇게 하면 할수록 자신에겐 손해만 돌아옵니다. 정정당당하게 자신의 실력으로 인정받음이 아니기 때문입니다. 상대방을 비방하는 말은 듣는 사람도 불편합니다. 좀 더 좋은 평가를 받고 싶어서, 자기도 모르게 이런 실수를 저지르게 됩니다. 그러면 당장은 인정받을 수 있겠지만, 시간이 지나면 자신의 가치가 그만큼 깎인 것을 알 수 있습니다. 다른 사람을 무시하고 깎아내리는 말은 듣는 사람은 물론 비교 대상이 된 사람도 모두 떠나게 합니다. 그래서 쓸데없는 말을 많이 하면 배가 고프고 마음도 외로워집니다.

말이란 너무 가벼우면 체통을 잃게 되고,
지나치게 무거우면 오만해 보이기 쉽다.

'오늘 저녁 당신이 쓰레기 분리수거 해주셔서 너무너무 고마워요.', '음식물 쓰레기 버려주어서 감사해요', '지금까지 내가 먹어 본 김치찌개 중 최고의 맛이었어요'. 동반자에게서 이런 말을 들으면 더 자주 도와줄 것입니다. '당신은 정말 훌륭한 작가야. 울림이 큰 이 글은 꼭 출판되어야 하겠네요'라는 말을 들으면 더 좋은 글을 쓰게 될 것입니다.

제가 다니는 골프 연습장에는 두 명의 코치가 있습니다. 그 중 한 명은 '그렇게 하면 안 된다고 몇 번이나 말했어요. 말도 더럽게 안 듣네, 그렇게 해서는 백날 해도 안 돼'라고 나무라기 일쑤였습니다. 또 다른 한 명은 '운동신경이 좋은가 봅니다. 벌써 자세가 잡히네요, 조금만 더 해보시면 좋은 결과 있겠습니다'라고 격려의 말을 합니다. 여러분이라면 어느 코치에게 배우고 싶겠습니까? 같은 말이지만 '더럽게 자존심 건드리며'하는 사람은 되지 말아야겠지요!

간만에 백화점 특판매장에서 쇼핑할 때였습니다. 여름용 티셔츠 몇 벌을 걸쳐보고 다시 걸어 두려 하니까, 종업원이 퉁명스럽게 '이리 주세요, 제가 할게요'라고 말했습니다. '말투가 왜 저래? 내가 뭐 잘못했나? 때를 묻힌 것도 아닌데'하는 생각이 들었습니다. 결제하고 나서 바지도 한 벌 사고 싶었습니다. 그래서 '이것도 계산해주세요'라고 하니, 그 종업원이 하는 말 '한 번에 결제하지 그래요, 바쁜데 또 올라갔다 와야 하잖아요'라고 성깔을 있는 대로 부렸습니다. 결제했던 것을 모두 취소하고 다른 매장으로 갈 뻔했습니다. 돈 주고 뺨 맞는 더러운 기분이었습니다. 쇼핑백으로 그 종업원의 면상을 후려치고 싶기도 했습니다. 이처럼 듣는 사람 기분 나쁘게 하는 말버릇은 상대방을 사람으로 대하는 것이 아닌 짐승으로 대하는 태도에서 비롯된 것입니다.

택시를 타면서 '빨리빨리 가주세요', 퀵서비스로 서류를 보낼 때 '빨리빨리 전해주세요', 무슨 일을 시킬 때 '빨리빨리 끝내주세요'라는 말을 습관적으로 하게 됩니다. 이런 소리는 핸드폰 배터리 방전되는 소리일 뿐입니다. 주파수가 잘 잡히지 않아 '찌지직 찌지직'거리는 소리이며, 천장에서 울어대는 쥐새끼들의 다툼 소리일 뿐입니다.

'조심히', '천천히', '쉬엄쉬엄 하세요'라는 말도 있을 진데 그 말은 왜 떠오르지 않을까? 사람을 사랑으로 대하는 연습이 부족한 것은 아닐까? 사람을 끌어모으는 살아있는 말을 하려면 어떻게 해야 하는지 끝없는 질문을 던지며 깊이 천착(穿鑿)하고 탐구해야 합니다. 놀부의 심보로 하는 말이 아닌 농부의 마음으로 하는 말이 필요한 때입니다.

「증보산림경제」(增補山林經濟, 1766년(영조42) 유중림(柳重臨)이 홍만선(洪萬選)의 《산림경제》를 증보하여 간행한 농사요결서(農事要訣書)) 제9책 택언(擇言)에서 '대체로 말이란 너무 가벼우면 체통을 잃게 되고, 지나치게 무거우면 오만해 보이기 쉽다. 그 사람이 착하고 어질다고 해도, 말을 할 때 화난 기색으로 큰 소리를 내면 듣는 사람이 즐겁겠는가? 더욱이 말하는 사람이 온화한 뜻으로만 말하지 않는다면 어떻겠는가? 따라서 말이란 부드럽고 따뜻하게 해야 듣는 사람을 기쁘게 할 수 있다'라고 했습니다.

공자님도 익자삼우손자삼우(益者三友損者三友)로 가까이할 사람과 멀리할 사람을 구분했듯이 인복의 시작도 좋은 사람에게서 시작해야 제대로 된 인복이라 할 수 있습니다. 심성이 곧은 사람과 믿음직한 사람, 견문이 많은 사람이 곁에 있다면 이는 큰 복을 받은 것입니다. 물은 그릇을 따라 그 모양대로 되고 사람은 사귀는 사람에 따라 삶의 질이 결정되는 것처럼 예쁜 마음이 있는 사람 곁에는 예쁜 미소가 모일 것입니다.

한 입에서 찬송과 저주, 칭찬과 험담이 나올 수 있으니 인품을 높이는 말이 잘 나오도록 마음을 부단히 다스려야 할 것입니다. 말 잘하는 기술이 아닌 다른 사람의 마음을 살 수 있는 따뜻한 말을 할 줄 아는 기술이 필요합니다.

3-5.
살아있는 말

사람은 살기 위해 숨을 쉰다. 숨을 쉴 수 없다는 것은 곧 죽음을 의미한다. 사람은 살아있음을 증명하기 위해 입을 벌리고 말을 한다. 말을 할 수 없다는 것은 곧 생각의 고립과 단절을 의미한다. 그래서 이웃 사람들과 단절되지 않기 위해 수많은 노력을 한다. 숨을 쉰다는 것은 공기를 안으로 들여 마시고 밖으로 내보내는 것에 막힘이 없다는 것이다. 말이 이어지고 있다는 것은 내 생각이 이웃 사람들과 왕래가 있다는 것이다.

내가 하는 말을 누군가가 들어주고 있다면 감사할 일이다. 살아있는 바지락은 탕을 끓이면 살아있음을 증명하기라도 하듯 입을 활짝 벌린다. 죽은 바지락은 끝내 입을 열지 않는다. 일상생활 속에서 '숨 막혀 죽겠다', '기가 막혀 죽겠다'는 말을 자주 듣는다. 찾아오는 사람이 없어 '외로워 죽겠다'는 사람도 늘고 있다. 숨이 막히고 기가 막히고 외로우면 어찌 되는가? 홀로된 외로움은 사무치는 그리움이 되고 점차 감당하기 어려운 고독감에 사로잡혀 우울증으로 이어지는 경우가 많다.

찔러대는 말을 방귀 뀌듯 쏟아내면 악취가 진동하여 이웃이 떠나가게 된다. 그러면 홀로 남게 된다. 왜 나는 외롭지, 왜 나는 고독하지, 왜 내 곁에는 사람이 없지? 하고 투덜거리면서 떠나가거나 찾아오지 않는 주변 사람을 탓 하지만 그 원인은 분명코 자신에게 있다. 멀쩡한 육신에 어그러진 마음을 담고 있으면 바짝 마른 고목을 닮아간다. 그늘이 되어주지 못하고 바람막이도 되어주지 못하는 마른 나뭇가지에는 새가 깃들지 않는다. 다른 사람의 마음을 쿡 찌르면 멀리 피하고 껴안으면 가까이 머문다는 아주 평범한 진리를 깨달으면 좋겠다.

말을 하면서도 마음을 터놓을 수 없어 바람결에 스치듯 속빈 껍데기 같은 대화만 나눈다면, 말은 하지만 마음이 통하지 않고 입술만 검게 탄다. 이웃 사람을 떠나게 하는 말과 다가오게 하는 말은 분명 다르다. 말을 하는 방법이나 태도도 마찬가지다. 말이 말 같아야 말로써 대접을 받는다. 말하는 태도를 보면 그 사람의 품격을 알 수 있다. 세상을 열고 공간을 열고 마음을 열어주는 품격있는 말을 해보자. 주고받는 말도 숨 쉴 수 있는 여유와 공간이 필요하다.

믿음의 말 축복의 말을 들으면 자신도 모르게 온화한 미소와 따뜻한 에너지가 나온다. 그 선한 에너지가 자신은 물론이고 상대도 행복하게 만든다. 이웃을 축복하면 할수록, 포용하면 할

찔러대는 말을 방귀 뀌듯 쏟아내면
악취가 진동하여 이웃이 떠나가게 된다.

수록, 그 축복은 자신에게로 돌아온다. 다른 사람을 품어주고 사랑해줄수록 나 스스로가 치유되는 기적이 일어난다. 이 축복의 중심에는 예쁜 말 예쁜 미소가 자리하고 있다. 한마디 한마디가 숨을 턱턱 막히게 하고 기가 꽉꽉 막히게 한다면 누가 그 사람과 말을 하고자 하겠는가. 한마디의 말을 나누더라도 피가 되고 살이 되고 힘이 되는 그런 살아있는 말을 한다면 상대방은 그 사람 곁을 떠나지 않을 것이다.

아침 햇살은 눈부시게 화려하나 마음이 바쁘다. 그래서 사람들이 모이지 않고 흩어진다. 저녁노을은 시뻘건 용광로가 식어가듯 하늘을 붉게 물들이나 마음이 포근하다. 그래서 사람들이 모여든다. 화려함에 넘치는 원심력은 외로움으로, 은근함에 밀려드는 구심력은 어울림으로 작용하는가 보다. 사람들이 아침 햇살에 갈리고 저녁노을에 모인다는 것은 아주 자연스러운 현상이다.

하수구가 막히면 뚫어야 한다. 막힌 대로 계속 내버려 둘 수는 없다. 막혀 있으면 역겨운 냄새는 물론 다른 오수(汚水)들이 흘러갈 수 없어 내 곁으로 다가오게 된다. 계속 그 오물을 피하면서 다닐 수 있다고 생각하는가? 냄새나는 그곳에서 살기 싫어 다른 곳으로 이사를 하든가 아니면 막힌 하수구를 뚫어야 살 수 있다. 변비가 심하면 먹는 것이 불편하다. 그러니 변비 해소에 좋다는 음식을 어쩔 수 없이 찾게 된다. 왜? 막히면 불편하니까.

작은 옹기조차도 숨을 쉰다. 뜨거운 가마 속에서 아주 작은 모래알들이 녹아내려 안팎으로 통하는 숨구멍을 만든다. 기가 통하니 담아놓은 음식들이 숨을 쉰다. 그래서 옹기 속의 음식은 더 맛있게 익는다. 안팎으로 잘 통하는 옹기는 잘 팔릴 수밖에 없다. 말도 잘 통해야 사람들이 모여든다.

코가 막히면 어찌하는가? 콧구멍 두 개가 동시에 막히는 경우는 드문 듯하다. 콧구멍이 두 개여서 망정이지 하나였으면 어쩔 뻔했는가? 인생도 마찬가지가 아닌가? 잘하는 것만 있는 것이 아니라 못 하는 것도 있다. 잘하는 것과 못 하는 것이 함께 어울려 있다는 것이다. 자석에도 N극과 S극이 따로 있다. 남자와 여자가 함께 살아야 세상이 유지된다. 잘난 사람과 못난 사람도 섞여 있어야 조화를 이룬다. 잘난 사람만 있다면 이기려만 하고 지는 사람이 없어 소통이 끊긴다. 못난 사람만 있어도 앞서 이끌려는 사람이 없어 교류가 끊기기는 마찬가지다.

사람이 찾아오지 않아 외롭다 하기 전에 내가 너무 잘난 체 하면서 내쫓고 있는 것은 아닌지 되돌아보자. 고독을 즐기는 사람이 아닌 이상 혼자 있으면 즐거움은 줄어들고 외로움만 남는다. 맛있는 음식 재미있는 이야기도 혼자서 맛보고 들으면 제대로 된 맛을 느낄 수가 없다. 다른 사람과 마음을 나눌 수 없고 공감이 없으면 맛없는 음식만 먹게 되고 재미없는 이야기만 듣게 된다. 맛없는 음식에 어찌 건강한 육체가 보존되겠는가?

함께 숨 쉬는 사람이 곁에 있어야 공감(共感)과 공명(共鳴)이 있다. 공감과 공명은 삶을 맛있게 해주는 중요한 요소이다. 다른 사람이 내 곁에 머물게 하려면 살아 숨 쉴 수 있는 여유와 공간을 만들어 주어야 한다. 편한 마음으로 앉아 쉬어 갈 수 있도록 둥근 의자 같은 말과 마음이 필요하다. 긍정의 말, 칭찬의 말, 격려의 말, 희망의 말은 살아있는 말이다. 우리는 가까운 사이일수록 더 쉽게 말한다. 그래서 상대가 듣고 싶어 하는 말보다 내가 하고 싶은 말을 더 많이 한다. 그러다 보면 상대에게 상처를 주게 되고 상대와의 관계를 어긋나게 한다. '다 너를 위한 말'이라 하면서 나의 묵은 감정을 쏟아내듯 가슴을 푹 찌르고 숨이 턱 막히게 아픈 말을 너무 쉽게 한다. 같은 내용이라도 서로를 위해 할 수 있는 '조금 더 나은 말'이 있다. 살아있는 말 예쁜 말이다. 화난 사람이 말을 하면 들어주는 것이 우선이다.

그 사람이 거침없이 쏟아낼 때 내가 통 크게 받아주면 기가 순하게 흐른다. 때로는 들어만 주는 것이 위로의 말보다 더 큰 효과를 불러온다. 서로를 위해 조금 더 나은 한마디는 조금 있다 해도 늦지 않는다. 먼저 상대를 믿고 들어줄 수 있는 마음이 필요하다. 공간의 여유 마음의 여유 말의 여유가 있어야 삶도 여유가 있을 것이다.

처음부터 긍정적이고 행복하게 태어난 사람은 드물다. '고맙습니다, 감사합니다. 사랑합니다, 축복합니다'라는 말을 꾸준한 연습을 통해 행복이 마음속에 자리 잡게 한 것이다. 칭찬은 예쁜 말로, 웃음은 예쁜 미소로, 남은 인생은 예쁜 인생이 되도록 가꾸자. 내가 하는 말은 나를 닮아간다. '고맙습니다, 감사합니다, 사랑합니다, 행복합니다'를 수시로 외치자. 그러면 오병이어(五餠二魚)의 기적은 꼭 일어날 것이다. 떡 5개와 물고기 2마리로 5천 명을 먹였다는 기적적인 사건으로 성경의 「마태복음」(14:14~21), 「마가복음」(6:35~44), 「누가복음」(9:12~17), 「요한복음」(6:5~14) 등에 잘 나타나 있다.

세상을 열고 공간을 열고 마음을 열어주는
품격있는 말을 해보자.

'피곤하다'라고 말하면 피곤하지 않음에도 진짜 피곤해지고, '기분이 좋다'라고 말하면 기분이 좋지 않음에도 진짜 기분이 좋아진다. 말에는 행동을 이끄는 힘이 있기 때문이다. 그래서 흔히 살아있는 말은 기를 살려주기에 돈을 쓰지 않고 줄 수 있는 보약, 귀로 먹는 보약이라 한다. 살아있는 말로 다른 사람을 세워주고 잘 되게 하는 사람은 자신도 똑같은 복을 받는다. 살아있는 말은 마음속에 심어놓은 축복의 씨앗이다. 정성껏 관리하고 예쁘게 가꾸면 축복받는 인생이 될 것이다. 칭찬과 축복과 격려의 말을 잘하는 사람이 매력 있는 사람이다. 경쟁력 있는 사람이다. 복을 부르는 말, 살아서 숨 쉬는 말은 다른 사람을 살리는 생명수가 된다는 사실을 잊지 말자.

아내에게 감동을 주고 싶은가요? 그렇다면 '당신은 갈수록 더 멋있어지네', '역시 나는 처복이 많아', '당신, 왜 이리 예뻐졌어?', '눈에 넣어도 아프지 않아', '내가 당신 때문에 눈만 높아졌지 뭐야' 라는 말을 해보자. 남편을 감동시키고 싶은가요? 그렇다면 '내가 시집 하나는 잘 왔지', '당신이라면 할 수 있어요', '당신 없으면 난 하루도 못 살 거야'. '세상에 당신 같은 사람이 어디에 또 있을까?', '당신이니까 나를 데리고 살지'라는 말을 해보자. 얼굴이 화끈거린다고요?

피톤치드(phytoncide)는 식물을 의미하는 피톤(Phyton)과 살균력을 의미하는 치드(Cide)가 합성된 말로, 숲속의 식물들이 만들어 내는 살균성을 가진 모든 물질을 통틀어 지칭하는 말이다.

피톤치드의 주성분은 테르펜이라는 물질이며, 바로 이 물질이 숲속의 향긋한 냄새를 만들어 낸다고 한다. 건강에 좋다고 하니 피톤치드를 마시기 위해 산림욕을 즐기는 사람도 많다. 산림이 우거진 곳은 열린 공간이지 밀폐된 공간이 아니다. 마음이 홀로 어둠에 갇혀 있게 내버려 두지 말자. 밝은 세상으로 걸어 나올 수 있도록 마음을 끌어당기는 말을 해보자.

너무 힘들거나 위로받고 싶을 때 꼭 듣고 싶은 한마디는? '너 괜찮니?', '네 뒤에는 내가 있잖아', '당신이 더 소중해요', '넌 할 수 있잖아' 등등. 피톤치드가 듬뿍 뿜어져 나오는 말, 솔 향기 가득 머금고 내 코를 시원하게 뚫어주는 말, 그런 말이 필요한 시절이다.

3-6.
일점(一點) 일획(一劃) 일언(一言)의 힘

한 표 차로 당락이 바뀌어 희비의 쌍곡선이 사납게 춤을 추는 대통령 선거와 지방자치단체장 및 교육감 선거 등이 회오리바람을 일으키며 모두 끝이 났다. 낙선한 사람은 '나의 한 표'를 '너의 한 표'로 돌아서게 했던 말 한마디를 찾고 있을 것이다. 그 한 표는 천금의 가치가 있을 것이며 당선자에게 투표한 숫자만큼이나 무겁고 엄중할 것이다. 거짓에 물든 화려한 백 마디의 말은 뱀이 벗어 놓은 허물처럼 버려지지만 진솔한 한마디는 길가에서 웃고 있는 금계국보다 더 아름답다.

덕석을 말고 오는 너울은 바람이 말아 올리는 것일까 아니면 뒷물이 밀어내는 것일까? 앞으로만 구르는 파도는 생각할 겨를이 없어 줄곧 앞만 보고 달린다. 뒤돌아본들 버티지 못하고 따라오는 물살에 떠밀려가게 될 뿐이다. 바위에 부딪혀 파랗게 멍이 들어도 파도는 계속해서 몰아친다. 예전에도 그렇게 했다고 철썩철썩 뒤통수를 친다. 그렇다 보니 저 멀리서 꿈틀거리는 물살의 변심을 알아차리지 못한다.

낙엽 한 잎 떠내려가는 것은 보았을지언정 나의 한 표가 떠나고 있다는 생각은 눈곱만큼도 안 했을 것이다.

한 표 차로 울고 웃고, 한 끗 차이로 이기고 진다. 지지세가 비등비등한 선거에서는 한 표의 가치가 엄중하다. 죽기 살기로 덤비는 비즈니스에서는 한 끗 차이로 이익과 손해가 갈린다. 순위를 결정하는 치열한 시험에서는 일 점 차이로 일등과 꼴찌로 나뉜다. 수많은 사람을 만나지만 말 한마디에 친구와 적으로 갈라서게 된다. 골프에서 드라이버를 휘두를 때 출발지점에서의 1도 차이는 오비(OB : Out of Bounds)와 페어웨이(Fair way) 안착을 가른다. 물은 섭씨 100도에서 끓는다. 손에 닿으면 뜨겁다는 느낌은 같지만, 99도에서는 절대로 기화되지 않는다. 1표 1점 1언 1도에는 기적을 일으키는 큰 힘이 있다.

「도로 남」(작사.작곡 : 조운파, 노래 : 김명애)이라는 유행가 가사 전체를 옮겨본다.

《'남'이라는 글자에 점하나를 지우고, '님'이 되어 만난 사람도, '님'이라는 글자에 점 하나만 찍으면 도로 '남'이 되는 장난 같은 인생사, 가슴 아픈 사연에 울고 웃는 사람도, 복에 겨워 웃는 사람도, 점 하나에 울고 웃는다, 점 하나에 울고 웃는다. 아~~~~인생. '돈'이라는 글자에 받침 하나 바꾸면 '돌'이 되어

내가 원하는 답을 얻고자 할 때는
질문을 달리해야 한다.
'아'로 물으면 '아'라는 답이 오고
'어'로 물으면 '어'라는 대답이 따라온다.

버린 인생사, '정'을 주던 사람도 그 마음이 변해서 '멍'을 주고 가는 장난 같은 인생사, 가슴 아픈 사연에 울고 웃는 사람도, 복에 겨워 웃는 사람도, 정 때문에 울고 웃는다, 멍 때문에 울고 웃는다. 아~~~~인생》

일점 일획 일언의 차이가 '남'과 '님', '돈'과 '돌'로, '정'과 '멍', '울다'와 '웃다'로 바꾸어 놓고 있다. 점 하나의 차이가 '복'과 '독'으로 가를 수도 있다. 그러므로 글을 쓰거나 말을 할 때 그만큼 점 하나 획 하나 단어 하나도 신중하게 고르고 아껴 써야 한다. 같은 밥 한 그릇도 눌러 담은 것과 날려 담은 것에는 배고픔의 차이가 크다.

계약서에 도장을 찍었는데 숫자 0이 하나가 많거나 적다면 어떻게 할 것인가? 이익 보는 자 웃고 있겠지만 손해 보는 자 발을 동동거릴 것이다. 고쳐달라는 사람과 고치면 안 된다고 주장하는 사람으로 갈린다. 그래서 손해 보는 자는 손해를 보지 않기 위해서 이익을 보는 자는 이익을 빼앗기지 않기 위해서 모든 노력을 다할 것이다. 이처럼 점 하나의 차이가 수많은 사람을 웃고 울게 만든다.

글자 하나 고쳤을 뿐인데 팔자가 바뀐다. 천당과 지옥이 바뀌고 긍정과 부정이 바뀐다. 요즘에는 이름을 바꾸는 경우도 흔하다. 발음이 어색해서 바꾸는 경우가 대부분이지만 팔자가 좋아진다고 개명하는 사람도 수월찮다. 운수대통하는 이름을 자주 부르면 운수대통하는 것은 맞을 것이다. 왜냐면 말은 이루려는 힘이 있기 때문이다. 그러므로 자주 부르는 이름 따라 팔자도 따라가는 것은 당연하지 않겠는가?

한 획의 기적, 한 글자만 바꾸면, 긍정과 부정이 바뀌고 천당과 지옥으로 바뀌는 단어를 찾아보자. 님-남, 돈-독, 벽-문, 빚-빛, 정-멍, 울다-웃다, 자살-살자, 역경-경력, 인연-연인, 약초-독초, 고질병-고칠병, 걸림돌-디딤돌, 내 힘들다-다들 힘내, Impossible-I'm possible, Dream is nowhere(꿈은 어느 곳에도 없다)-Dream is now here(꿈은 지금 여기에 있다) 등등.

'빛' 보려고 '빚'내서 투자했다가 빚만 지게 생겼다고 허공을 향해 '빗'질하며 투덜거리는 사람이 많다. 매사에 '성실'하지 않으면 어느 순간 '실성'하게 되고, 치열하게 '사고(思考)'하지 않으면 쥐도 새도 모르게 '고사(枯死)'당하게 된다. 다른 사람에게 무거운 '짐'이 아닌 믿음직한 '힘'이 되어주는 사람으로 변신해보자.

내가 원하는 답을 얻고자 할 때는 질문을 달리해야 한다. '아'로 물으면 '아'라는 답이 오고 '어'로 물으면 '어'라는 대답이 따라온다. '~ 싫어?'라고 물으면 싫다는 대답을 듣고, '~ 좋아?'라고 물으면 좋다는 대답을 듣게 된다. 안전함을 강조하고 싶을 때 '안전하다고 느낍니까?' → '더 안전하다고 느낍니까?'라고 물으면 원하는 대답을 더 많이 들을 수 있을 것이다.

어떤 사건이 발생했을 때, '화제가 되었다'와 '난리가 났다'라고 말하는 사람으로 나뉘기도 한다. '화제'와 '난리'는 어찌 보면 긍.부정의 차이가 있다. 아름다운 계곡을 지나가다 마주치는 절경도 위에서 내려다보면 낭떠러지이고 밑에서 올려다보면 절벽이 된다. 성사사성 난사사난(成思事成 難思事難 : 이룰 수 있다고 생각하면 그 일을 이룰 것이요 이루기 힘들다고 생각하면 그 일을 이루기 어렵다)(주 : 필자가 새롭게 만들어 낸 신조어임). 한 글자 한 마디가 어디를 보고 있는가에 따라, 마음이 어떻게 바라보고 있는가에 따라 뜻도 이루어짐도 그렇게 달라질 것이다.

데이비드 오길비(David Ogilvy, 미국인)는 뉴욕 번화가 거리에서 구걸하는 사람이 들고 있는 푯말의 문구를 다음과 같이 바꾸었다. '나는 눈먼 사람입니다. 나 좀 도와주세요'(I am a blind. Help me!) → '너무 아름다운 날이에요. 그러나 나는 볼 수가 없어요'(It's a beautiful day but I can't see it). 눈이 멀었다고 하면 불행이 생각난다. 그러나 자신은 아직 눈이 멀지 않았음을 생각하면 감사함이 떠오른다. 그래서 무심코 지나가는 사람들에게 행복한 마음으로 더 많은 적선을 하게 했을 것이다.

시는 한 글자를 바꾸어 세상을 바라보는 눈을 바꾼다. 뜻을

받아야 할 것만 기억하고 갚아야 할 것은
기억하지 못한다면 너무나 이기적인 사람이다.

바꾸고 느낌도 다르게 바꾼다. '산부도강강반입 수난투석석두류'(山不渡江江半入 水難透石石頭流: 산은 강을 건너지 못해 강가에 있고, 물은 돌을 뚫기 어려워 돌머리로 흐른다) → '산욕도강강반입 수장투석석두류'(山欲渡江江半入 水將透石石頭流 : 산은 강을 건너고 싶어 강가에 있고, 물은 장차 돌을 뚫기 위해 돌머리로 흐른다). 不 → 欲, 難 → 將, 한 글자만 바꾸었을 뿐인데 뜻이 정반대로 되었다. 좌절과 부정에서 희망과 긍정으로 바뀐 것이다.

바둑은 한 수만 배워도 급수가 달라진다. 한 수가 뒤틀리면 돌들이 죽고 사는 것도 그렇고 선.후수도 바뀐다. 전체 판을 보는 통찰력이 달라진다. 연설문은 토씨 하나 바꾸어 문맥의 흐름을 원활하게 하고 울림과 감동에 큰 차이를 가져온다. 손톱 밑에 숨어 있는 조그마한 비접 하나만 빼어내도 온몸이 개운해지는 것처럼.

사소한 말씨 하나가 인생의 성패를 가른다. 마음을 상하게 하기도 하고 웃게도 한다. 사랑을 불러오기도 하고 분노를 불러오기도 한다. 칭찬하는 말은 사랑을 키우지만 조롱하는 말은 미움을 키우고 복수심만 부를 따름이다. 맘이 꼬이면 말도 꼬인다. 말 한마디도 가려서 해야 한다. 토끼풀 세 잎짜리는 행복이고 네 잎짜리는 행운이라는 꽃말이 있다. 깻잎 한 장 차이라도 뜻의 차이는 그렇게 크다. 상대가 나에게 상처 주는 말은 평생 잊지 못하면서도 내가 상대에게 상처를 주는 말은 금방 잊어버린다. 받아야 할 것만 기억하고 갚아야 할 것은 기억하지 못한다면 너무나 이기적인 사람이라 할 것이다.

다짜고짜 남의 사무실에 쳐들어와서는 '전기세 아낀다고 에어컨도 안 켜는가요?'라고 시비조로 말을 거는 사람을 만난 적이 있었다. '걸어오다 보니 땀이 나네요. 날이 좀 더운가 봅니다'라고 말을 해도 다 알아듣는데, 굳이 기분 나쁜 말투로 그렇게 얄밉게 하려 드는지 모르겠다. 이런 사람일수록 말을 함부로 한다. 상대가 듣고 싶어 하는 말보다 내가 하고 싶은 말만 앞세운다. 그런 식으로 밥맛 떨어지게 하는 사람의 말을 듣고 있다 보면 금방 피곤해진다. 긍정의 말보다 부정의 말을 많이 하는 사람 옆에는 부정의 기운이 맴돌고 있어서 그런지 좋은 말이 잘 나오질 않는다.

'말 잘하고 징역 가랴?', '말로 온 공을 갚는다', '한 글자에 천금의 가치가 있다', '입은 재앙을 불러들이는 문이다', '고운 말에는 돈이 들지 않는다'라는 속담의 뜻을 생각해보자.

'아름다운 당신을 누가 훔쳐 갈까 봐 가시밭을 일구었어요, 가시가 장미꽃을 품은 것처럼'. 사랑하는 사람을 향해 한 번쯤은 이런 말도 해보면 좋겠다. 말 한마디로 천 냥 빚을 갚는 사람, 말 한마디로 천 냥을 버는 사람, 말 한마디로 천 냥 빚을 지는 사람도 있다. 나는 어디에 속하는 사람일까?

3-7.
나를 귀하게 만드는 말

어둠이 깔리면 밤하늘의 별들은 예쁜 사연을 가득 담고서 반짝반짝 빛을 낸다. 무수한 별들이 제각각의 모습으로 빛을 낸다. 어둠이 짙을수록 그 빛남은 현란하다. 그러나 어둠이 사라지면 밝음에 떠밀려가듯 휘황찬란했던 별빛도 함께 사라진다. 어둠은 별을 빛나게 하는 보조제일 뿐인가 보다. 밝음을 이기는 어둠은 없다.

'귀한 말 귀한 생각'이 나를 귀하게 만든다. '천한 말 천한 생각'은 나를 천하게 만든다. 다른 사람들에게 귀한 대접을 받거나 천한 대접을 받는 것도 자신이 어떤 말을 하느냐에 달려 있다. 상대를 귀하게 생각하고 높여 말하면 나도 귀한 사람이 된다. 상대를 낮추면 당연히 상대도 나를 낮추어볼 것이다. 그러므로 나를 귀하게 만들고 싶다면 상대를 귀하게 잘 대접하자. 내가 하는 말과 행동이 귀하면 다른 사람도 그렇게 따라 한다.

내가 별이 되어 빛나는 순간은 언제일까? 내가 환하게 웃고 있을 때, 가장 아름답고 가장 밝은 빛을 낸다. 밤하늘의 별은 어둠이라는

뒷배경이 필요하지만, 사람별은 아름다운 생각과 아름다운 말이 쌓여서 더 밝은 빛을 낸다. 때 묻지 않은 마음으로 빛나면 시야를 가리는 방해꾼이 없으므로 다른 사람의 눈에 더 밝게 더 크게 보여질 수 있다. 더욱이 내 곁에 나를 빛나게 도와주는 별이 있으면 '나'라는 별은 더욱더 강렬한 빛을 발산하게 될 것이다. 마음이 아름다운 이웃과 함께 살면 더불어 사는 사람의 마음도 아름다워지는 것은 당연한 일이다. 선(善)은 선을 부르기 때문이다. 생면부지의 남녀가 만나서 부부의 연을 맺으면 그 부부는 많은 부분에서 닮아가는 것과 같은 이치일 것이다.

내가 멋있는 사람이 되면 멋있는 사람이 잘 보이고 또한 그런 사람이 모이게 된다. 내가 먼저 귀한 사람이 된다면 내가 만나는 사람들도 모두 귀한 사람인 것이다. 유유상종(類類相從)이다. 입에서 향기가 나와야 향기로운 사람이 모인다. 아름다운 꽃에는 벌과 나비만 모여드는 게 아니다. 사람들의 아름다운 생각과 마음도 함께 모인다. 맛있는 음식을 먹기 위해서는 싱싱한 재료를 골라서 맛있게 조리를 해야 하지만, 가장 중요한 사실은 자신이 맛있게 먹겠다는 마음가짐이다. 그런 마음가짐이 있다면 어지간한 음식은 아주 맛있게 먹을 수 있을 것이다. 마음이 아름다우면 그 사람의 생각도 아름다운 것이라는 반증이다.

'귀한 말 귀한 생각'이 나를 귀하게 만든다.
'천한 말 천한 생각'은 나를 천하게 만든다.

농부들이 농사를 지을 때 남의 논이나 밭에 씨를 뿌리지 않는다. 남의 논밭에서 자란 작물을 내 것이라고 주장하지도 않는다. 혹여 품앗이로 심고 가꾸는 경우가 있기는 하지만 종국에는 그것조차도

내 것이 아니다. 남의 논밭의 작물이 아무리 풍성하다 해도 수확하고 나면 남의 것일 뿐이다. 내 논밭에 씨를 뿌리고 직접 가꾼 작물만이 내 것이 된다. 내 마음 밭을 내 입으로, 내 생각으로 가꾸고 일구고 다듬었을 때 '나다움'을 수확하는 기쁨이 있을 것이다. 애써 가꾼 작물이 소중하듯 내가 고르고 찾아낸 말들도 자신을 닮아 곱고 아름답다.

나를 아름답게 표현하는 말을 비싼 돈 들여서 사려 하지 말자. 남이 뿌려놓은 말을 허락 없이 빌려 쓰려 하지 말자. 사방팔방 널려 있다고 내 것이라 착각하지 말자. 하지만 내 마음속에 묻혀 있는 보석 같은 단어를 캐내어 다른 사람에게 보여주려는 노력을 해보자. 입안에 숨어 있는 반짝이는 말, 마음 밭에 묻혀 있는 아름다운 단어를 호미로 캐내고 손끝으로 일구어서 찾아내야 한다.

다른 사람들이 쓰다 버린 흔한 말을 아무 때나 아무렇게나

쓰게 되면 나다움은 사라진다. 그런 말들은 단물이 다 빠져버린 풍선껌처럼 맛이 없고 딱딱하고 색깔이 희미하게 변하고 본래의 모습도 사라지기 때문이다. 자신이 스스로 찾아내고 만들어 낸 말은 거친 풍파(風波)를 견뎌낼 수 있다. 그렇기에 다이아몬드보다 더 소중한 보석이 될 것이다. 거칠고 모난 돌이 비바람에 닳고 파도에 뒹굴면서 어여쁜 몽돌이 되어가듯 내가 다듬고 조각한 말은 귀하고 귀한 것이다. 그렇게 찾아낸 말로 나를 나답게 표현하자.

이 세상에서 제일 멋있는 사람이 '나' 아니고 누구란 말인가. 한마디를 하더라도 나를 당당하게 표현하고, 한 문장을 쓰더라도 나를 진실하게 알리는 그런 말과 글은 어디엔가 숨어 있다. 캐내자. 그렇게 숨어 있는 나를 찾아내자. 이렇게 하는 것이 곧 세상을 향해 나를 브랜딩하는 것이리라. 자신을 브랜딩하는 단어를 처음 사용할 때는 다소 어색할지라도 자신이 계속해서 다듬고 사용하다 보면 다른 사람들에게 각인되어 끝내는 인정하게 된다. 물길은 돌이 자신의 길을 막았다고 불평하지 않고 오히려 그 돌을 번드르르하게 씻겨주고 '돌돌돌'하며 흐른다. 그런 물은 맑고 깨끗하다. 그 물로 나의 입을 빛나게 하자.

정체성을 잃어버린 수많은 사람 속에서 나마저 나다움의 색깔을 잃어버린다면 누가 나를 알아줄 것인가. 무엇으로 나와 너를 차별화시킬 것인가. 내가 잘하는 것을 잊어버리고 다른 사람이 잘하는 것만 따라 하려 하면 따라쟁이밖에 되지 않는다. 나를 나답게 대접하고 나를 나답게 표현하고 나를 나답게 말할 수 있는 용기가 필요하다. 그리고 나를 대표하는 말을 만들어야 한다. 「예쁜 말 예쁜 미소 예쁜 인생」은 지친 마음에 울림과 감동을 주고, 어두운 발길에 밝은 빛을 비추고, 엄마의 포근한 마음이 있고 마법의 웃음 치료제가 들어있다. 이 말을 듣는 순간 '송란교 작가'의 웃는 얼굴이 떠오를 것이다. 이런 오만한 생각 하나쯤 품고 사는 것을 사치라 할 것인가? 오히려 행복을 키우는 씨받이가 될 것이고 행복한 삶의 마중물이 될 것이라 생각한다.

미녀와 추녀 이야기를 덧붙이자면, '아름다운 미녀 부인과 사는 남편은 부인의 행동과 태도가 맘에 들지 않았다. 하지만 완벽한 미인으로 만들기 위해서는 딱 한 가지만 고치면 될 것이라 믿고, 사사건건 부인에게 지적질을 해댔다. 그럴 때마다 그 미녀는 화가 치밀고 스트레스를 받았다. 결국에는 미녀의 얼굴은 시든 꽃처럼 바람 빠진 풍선처럼 볼품없게 되었다. 추녀부인과 사는 남편은 부인이 하는 행동과 태도가 기대했던 것과는 판이하게 좋았다. 그래서 무엇을 하든지 잘한다고 잘했다고 칭찬을 해주었다. 그러자 그녀는 칭찬에 고무되고 계속 칭찬을 받기 위해 행동과 태도가 갈수록 흠잡을 데가 없게 되었다. 남편의 칭찬이 끊이지 않자 추녀의 얼굴은 예쁘게 활짝 피어났다. 미녀의 얼굴은 스트레스를 받아 시든 꽃이 되었고, 추녀의 얼굴은 칭찬을 받아서 활짝 핀 아름다운 꽃이 되었다'는 이야기다. 이렇게 두 부인의 인생을 바꾼 것은 비난하는 말과 칭찬하는 말이 갈랐다.

모난 돌도 잘 다듬으면 주춧돌로 쓸 수 있다. 그냥 길가에 내

내가 멋있는 사람이 되면 멋있는 사람이 잘 보이고 또한 그런 사람이 모이게 된다.

버려 두거나 잘게 부숴버리면 쓸모없는 자갈일 수밖에 없을 것이다. 가치를 알아보고 잘 다듬어야 그 쓰임이 귀하게 될 것이다. 나를 귀하게 대하지 않으면 나 역시 길가에 버려진 자갈에 지나지 않을 것이다. 나를 빛나는 보석으로 생각해야 값비싼 보석이 될 수 있는 것이다. 쓰레기 통속으로 버려지는 꽃과 꽃병에 세워지는 꽃의 차이가 무엇인지를 곰곰이 생각해보자.

나를 귀하게 하는 말이 어디 말처럼 쉬운가? 하지만 어렵다 하면 어렵고, 할 수 있다 하면 할 수 있는 것도 말이다. 말은 쉽게 고칠 수 있다. 비용이 들지 않는다. 평상시 사용하고 있는 싸구려 말투를 조금만 바꾸면 비싸게 쓸 수 있다. 고쳐 쓸 수 없는 말은 하나도 없다.

칭찬받았을 때 상대에게 어떻게 대답하고 있는가? '야 너 대단하다'하면 '아무것도 아니예요', '예 열심히 노력했었는데 인정을 받아서 참 다행이고 감사합니다'. 어느 쪽 말을 더 자주 하는가? 무시를 당했을 때 상대에게 어찌 대꾸하는가? '야 겨우 이정도야'하면 '너는 얼마나 잘하는지 두고 보자', '그래 내 실력은 여기까지야 하지만 최선을 다했다.' 어떤 말을 하고 싶은가? 귀하게 하는 말이 귀한 쓰임을 받는다. 감정도 귀하게 대해야 한다. 같은 욕이라도 '이 망할 놈아'보다는 '이 흥할 놈아'로 바꾸어 보자.

논어 위령공편(衛靈公篇)에, '자장문행 자왈 언충신 행독경 수만맥지방 행의(子張問行 子日 言忠信 行篤敬 雖蠻貊之邦 行矣), 언불충신 행부독경 수주리 행호재(言不忠信 行不篤敬 雖州里 行乎哉 : 자장이 자신의 뜻이 어떻게 하면 행해질 수 있는지 묻자, 공자께서 말하길 말이 진실되고 믿음직하며 행동이 돈독하고 공손하면 비록 오랑캐 나라에서도 통할 것이나, 말이 진실하지 않고 믿음직하지 않으며 행동이 돈독하지 않고 공손하지 않으면 고향에서도 통하지 않을 것이다'라는 구절이 있다. 또한 '자왈 가여언이불여지언 실인 불가여언이여지언 실언 지자 불실인 역불실언(子日 可與言而不與之言 失人 不可與言而與之言 失言 知者 不失人 亦不失言 : 공자께서 말하길 함께 말할 수 있음에도 말을 나누지 않으면 사람을 잃는다. 함께 말할 수 없음에도 말을 나누면 실언을 하게 된다. 지혜로운 사람은 사람을 잃지 않으며, 실언도 하지 않는다.'라고 주장했었다.

나를 귀하게 만드는 방법은 나를 귀하게 대하는 것이다. 신흠(申欽)이 그의 「상촌집(象村集)」에서 말한 '제일류와 더불어 벗을 하고자 하는 자는 마땅히 자신이 먼저 제일인이 되어야 할 것이다.'라는 구절을 생각해 본다.

3-8.
나도 할 수 있다

이번 추석 명절에는 고향을 일찌감치 다녀온 덕분에 집에서 쉬는 시간이 길었다. 집 주변을 간단하게 산책하는 것을 제외하고 외출을 자제했다. 먹고 쉬고 자고 하면서 종일 집에만 있다 보니 끼니를 해결하는 것이 큰 숙제 거리였다. 평소에는 먹거리를 스스로 준비했었는데 이번에는 그냥 제비 새끼처럼 어미가 물어다 주는 먹이 기다리듯 남이 차려주는 밥상만을 기다리고 있었다. 점심때가 다 되어도 아무 말이 없었으나 나는 아무런 재촉도 하지 않았다. 밥을 차려달라는 말도 밥을 먹자는 말도 하지 않고 기다렸다. 한참을 기다리니 아내가 배가 고픈지 '밥 먹을래요?' 하고 묻는다. 마지 못해 '주면 먹을게' 라고 대답을 했다. 이렇게 대답하고 나서 금방 후회했다.

주인이 아닌 머슴으로 살아가는 게
더 익숙해진 탓일까?
타인이 하잔 대로 하고 타인에 기댄 체 타인의 삶을
살아가는데 너무나도 익숙해지고 있다.

나는 왜 먹고 싶은 것이 많이 있음에도 그것을 먹어 보자 말하지 않고 '주면 먹을게'라고 말했을까? 차려주지 않으면 끝까지 먹지 않고 버티겠다는 마음이었을까? 밥상 차려주는 사람이 기분이 좋아야 먹고 싶다는 반찬도 맛있게 할 터인데 내가 지금 무슨 짓을 했단 말인가? 미안한 마음이 들어 무턱대고 밥그릇 밑까지 긁어가면서 맛있게 먹었다. 미안함도 함께 마셨다.

해달라고 말하는 적극적이고 능동적인 것보다 '해주면'이라는 수동적이고 피동적인 자세를 취하는 나의 삶의 태도가 내 자신을 자꾸 더 초라하게 만들고 있는지 모르겠다. 주인이 아닌 머슴으로 살아가는 게 더 익숙해진 탓일까? 세상을 바라보면서 내가 직접 바라보는 것이 아니라 내 눈에 스치듯 보여지면 볼게? 라고 말하는 것과 다를 바 없었다. 가만히 방안에만 드러누워 있으면 가을하늘의 하얀 구름이 쉬었다 가도 코스모스의 살랑거림도 전혀 느낄 수가 없다. 하얀 눈이 내리는 날 그렇게도 보고 싶던 가을 하늘을 보여주지 않았다고 누구에게 화를 낼 것인가?

'네가 하자면 하지 하는 사람과 너는 한다면 하는 사람'의 차이는 무엇일까? 세월이 한참 지나면 그 두 사람은 어떤 모습으로 변해있을까? 누가 더 성공적인 삶을 살고 있을까? 갈수록 타인의 시선을 의식하고 타인의 눈치를 보면서 타인이 하잔 대로 하고 타인에 기댄 체 타인의 삶을 살아가는데 너무나도 익숙해지고 있다. 타인이 좋아한다고 하면 나도 무조건 좋아해야 한다고 강요받는 시대인가? 내 생각과 주장, 내 의지는 오간 데 없다. '한 번 해보자', '나도 한 번 해볼까'라는 주인의식은 자꾸 희미해진다. 나이가 어려 아무것도 모를 때야 선생님이나 어른들이 가르쳐주면 따라 하며 배우는 것이겠지만 다 자란 어른이 '네가 ~~ 한다면 나도 ~~ 할게'라고 말한다면 아직도 덜 자란 어린이란 말인가? 옳지 않은 것을 한다고 해도 따라 할 것인지 묻고 싶다. 타인이 나를 속이려 하는데도 '네가 하면 나도 할게'라고 말하려는가? 이는 사슴을 말이라 주장해도 눈감고 동의하겠다는 것이며, 네가 나를 속인다면 내가 당당하게 속아 주겠다고 말하는 것과 크게 다를 바 없다.

주인 노릇은 하고 싶은데 주인이 아닌 머슴의 생각으로 살려고 한다. 그러다 보면 어느 세월에 당당한 주인의 모습을 찾아볼 수 있겠는가? 주인다운 생각이 없다면 언제나 머슴의 생각에 머물게 된다. 사소한 말 습관이지만 '주면 먹을게 보다 이것 해줄까 또는 이거 먹어 보자'라는 말을 할 수 있으면 좋겠다. 그래야 내 삶을 이끌어가는 주인이 될 수 있다. '네가 한다면 나도 ~~ 한다'라는 말보다 '내가 한다면 너도 ~~ 해라'라는 말이 더 중요하다. 하고 싶은 말이 있으면 당당하게 하고 싶다고 말하자.

그게 어렵다면 '나도 한번 해볼까'라고 말해보자.

필자는 '따뜻한 말에 마음이 머물다'라는 주제의 글을 모아 「나도 한번 해볼까?」라는 책을 출간했었다. 살아 숨 쉬는 따뜻한 말은 내가 머슴이 아닌 주인, 종업원이 아닌 사장, 조연이 아닌 주연배우가 되도록 인도할 것이다. 내가 하는 말이 내 인생을 앞서서 이끄는 것이니 인생의 성공 여부는 곧 나의 말에 달려있다. 주인의 말을 하자. 월급을 올려 받고 싶으면 더 열심히 일하고 당당하게 올려달라고 말하자. 올려주면 받을께 라고 말하면 누가 그 월급을 올려주겠는가?

4.
마음 한켠의 그리움

4-1. 행복은 나눌수록 넉넉해지고

4-2. 맛있는 말, 한 입 잡숴 봐U

4-3. 상대를 빛나는 별로 만들어라

4-4. 그 자리에 반드시 있어야 할 사람

4-5. 배추 끌텅, 옹이 가슴을 품다

4-6. 설렘 반 기대 반 걱정 반반

4-7. 성공 확률이 반반이면 무조건 뛰어라

4-8. 잘 아는 듯한 사람에게 두 번 속는다

4-9. 마음 한 켠의 그리움

4. 마음 한켠의 그리움

4-1. 행복은 나눌수록 넉넉해지고

선물을 나누어 줄 수 있는 사람은 행복한 사람입니다. 선물은 받는 기쁨보다 주는 기쁨이 더 오랫동안 유지됩니다. 그러니 선물을 주는 사람은 행복함을 간직하는 시간도 더 오래갈 것입니다. '선물'하면 비싼 물건을 먼저 떠올리겠지만 말도 귀한 선물이 될 수 있습니다. 꼭 듣고 싶었던 말을 듣는다면 그 무엇보다 기분이 좋습니다. 이보다 더 좋은 선물이 어디 있겠습니까. 위로가 필요한 사람에게는 위로의 말이, 격려가 필요한 사람에게는 격려의 말, 지친 마음에는 따뜻한 말 한마디가 선물로서의 가치는 매우 클 것입니다.

명절이나 생일 또는 특별한 기념일에는 특별한 선물을 기다립니다. 특별한 날이기에 더 특별한 선물을 받고 싶어 합니다.

예쁜 말 고운 말도 잘게 쪼개고 나누다 보면
마음이 치유되는 기적을 맛볼 수 있습니다.

1년에 한두 번 느끼는 특별한 행복도 아주 소중합니다. 그러나 그날이 지나고 나면 그 특별한 행복을 어디에서 맛볼 수 있겠습니까? 특별한 날이 아닌 일상생활 속에서 날마다 받을 수 있는 선물이 있다면 어떡하겠습니까? 날마다 주고받음이 있다면 행복한 날이 늘어나겠지요. 이렇게 일상에서 행복을 느끼고 싶다면 날마다 주고받는 그 무언가가 있어야 합니다. 그것은 바로 칭찬과 덕담이라는 선물입니다. 선물을 준비하려면 많은 금액을 지출해야 한다고 생각합니다. 그래서 선물을 주는 것이 부담으로 다가옵니다. 하지만 칭찬과 덕담은 비용이 들지 않습니다. 더구나 그 칭찬과 덕담을 통해 나 자신이 칭찬받고 긍정의 에너지를 얻게 됩니다. 예쁜 말 몇 마디로 위로와 격려 응원을 함으로써 다른 사람의 기분을 좋게 해 줄 수 있습니다. 날마다 예쁜 말 예쁜 미소로 다른 사람을 행복하게 해주는 사람, 우리는 그런 사람을 존경하고 사랑합니다.

오병이어(五餠二魚)의 기적을 이룰 수 있는 것 중의 하나는 예쁜 말입니다. 좋게 말하면 좋아지고 나쁘게 말하면 나쁘게 되는 것도 말의 힘입니다. 필요한 만큼 만들어내기도 하고 부풀릴 수도 있습니다. 하찮은 물건을 귀하게 만들 수도 있습니다. 없는 말 지어내서 다른 사람을 곤란하게 하거나 영웅으로 만들 수도 있습니다. 뇌피셜에 갇힌 마음은 어린아이 눈곱보다도 작지만, 오지랖이 넓으면 참견의 끝이 오병이어의 기적을 능가합니다. 참견을 참지 못하는 사람은 언제나 말실수가 따라옵니다. 나눌 수 없는 말, 나누어서는 안 되는 말을 억지로 나누려 하다 보면 무리가 따르고 결국에는 없는 말을 상상으로 지어내기도 합니다.

따뜻한 말은 나눌수록 기적을 일으킵니다. 사소한 나눔일지라도 나눌수록 행복해집니다. 일자리를 조금씩 쪼개면 많은 사람이 행복해지듯 행복한 마음이 다른 사람의 마음속으로 자꾸 퍼져나갑니다. 예쁜 말 고운 말도 잘게 쪼개고 나누다 보면 마음이 치유되는 기적을 맛볼 수 있습니다. '행복나눔바자회'에 케케묵은 물건들을 내놓으면 여러 사람이 행복할 수 있습니다. 가진 사람은 불필요한 물건을 내놓는 것이고 부족한 사람은 필요한 것을 채우는 것입니다. 욕심을 비우는 것에서부터 행복 나눔은 시작된다고 할 수 있습니다.

'숨을 쉰다'는 것은 필요한 산소를 마시는 것이기도 하지만 내 몸속에 쌓여있는 노폐물을 내보내기도 합니다. 삶이란 필요한 것을 채우고 쓰고남은 것을 내보내는 순환과정입니다. 새로운 생각 새로운 흐름을 받아들이려면 머릿속에 쌓여있는 고정관념이나 묵은 이론들을 수시로 내보내야 합니다. 행복이 숨을 쉴 수 있도록 공간을 만들어주고 자꾸 나누어야 합니다.

잔뜩 화가 난 사람에게는 짧은 순간일지라도 같은 편이 되어 주면 좋습니다. 잘잘못을 따지는 것은 분노가 가라앉은 다음의 문제입니다. 상대의 욕구를 먼저 채워주면 순해집니다. 상대의 발걸음 속도에 맞추어 함께 걸어가면 믿음이 차고 넘칠 것입니다. 상대의 말을 자신이 듣고 싶은 대로 들으면 오해가 생길 수 있습니다. 그러므로 '나'를 중심에 놓지 않고 '너'를 중심에 두고 말을 해야 합니다.

그렇게 한다면 날마다 오병이어의 기적을 뛰어넘는 귀한 선물을 받을 것입니다. 말은 어떻게 하느냐에 따라 천사의 미소가 되기도 하고 악마의 울부짖음으로 둔갑하기도 합니다. 그러니 말은 요술 방망이가 틀림없습니다. 예쁜 말 예쁜 미소는 행복을 나누는 첫걸음입니다.

4-2.
맛있는 말, 한 입 잡숴 봐U!

살맛 나는 세상 멋있는 세상을 무어라 정의할 수 있을까? 행실이 다른 사람보다 멋있는 사람이 예쁜 말을 맛있게 하면 그 사람 주위에는 많은 사람이 모여든다. 함께해서 행복한 폼나는 세상을 만들기 위해서는 나의 말, 나의 미소가 먼저 예쁘게 변해야 한다. 다른 사람이 나와 이야기하고 싶어 끊임없이 찾아온다면 살맛 나는 인생이 아닐까? 밝은 미소로 세상을 환하게 이웃을 편하게 만들어 보자. 예쁜 말 예쁜 미소는 누구에게나 환영받는다.

말이란 사상이나 감정을 드러내는 살아있는 매개체이다. 다른 사람이 하는 말을 긍정적으로 들을 수 있는 사람은 마음이 열려 있다. 자기의 생각을 낙관적으로 말할 수 있는 사람은 다른 사람의 마음에 희망을 심어줄 수 있는 사람이다. 긍정적으로 말하는 사람을 만나면 왠지 마음이 편안해지고 안정감이 든다. 낙관적으로 말하는 사람을 만나면 근심 걱정이 사라지고 기분이 즐겁다. 예쁜 말 고운 말은 다른 사람이 편안한 마음으로 다가오게 하는 반짝이는 미끼다.

말은 요리와도 같다. 한 가지 재료만으로 맛있는 요리는 완성되지 않는다. 좋은 재료에 아름다운 마음이 함께 버무려질 때 맛있는 요리가 탄생한다. 맛있는 요리를 멋진 풍경이 있는 곳에서 즐길 수 있다면, 그것도 저렴한 가격이라면 많은 사람이 줄을 설 것이다. 감동을 주는 예쁜 말을 아주 쉬운 말로 감칠맛 나게 하는 사람이 있다면 그 사람과 대화를 나눠 보기 위해 줄을 설 것이다. 주변에서 손쉽게 구할 수 있는 신선한 재료에 손맛을 더하여 다른 사람의 입을 사로잡는 사람을 바로 요리의 명장이라 부른다. 쉬운 단어나 알아듣기 편한 말로 사람의 마음을 울렸다 웃겼다 하는 사람을 말을 참 잘하는 멋있는 사람이라 칭송(稱頌)한다.

멋있는 말은 당신을 위한 사랑의 말이다. 맛있는 말은 살아있는 믿음의 말이다. 사랑의 말은 이해와 관용과 화합과 배려와 포용을 담고 있다. 믿음의 말은 용기와 격려와 위로와 존경과 감사를 품고 있다. 두려워하는 사람에게는 사랑의 말이, 불안해하는 사람에게는 믿음의 말이 필요할 것이다. 무더운 여름날에는 시원한 아이스크림 같은 달콤한 말이 필요하다.

웃기는 말을 한답시고 다른 사람을 깎아내리면 내가 올라가는가? 악의는 없었다고 하지만 뿌려진 악의 씨는 절대 죽지 않

긍정적으로 말하는 사람을 만나면
왠지 마음이 편안해지고 안정감이 든다.

는다. 반드시 다시 태어난다. 웃자고 하는 말에 죽자고 달려들면 큰 싸움이 된다. 생각 없이 내뱉은 말이 상대에게는 돌이킬 수 없는 큰 상처가 될 수 있다. 나만 빼고 다른 사람들이 모두 웃고 떠들 때 웃음거리의 당사자는 분노의 눈물을 삼킨다.

내가 잘하고 있는 것, 우월적인 것, 다른 사람들이 부러워하는 것을 농담의 주제로 삼는다면 그것은 들어줄 만하다고 생각한다. 그러나 내가 못하는 것 숨기고 싶은 것을 들춰내어 다른 사람들 앞에서 웃음거리로 삼는다면 참을 수 없는 모욕감을 느낀다. 분노가 치밀어 오르게 되면 너 죽고 나 살자는 감정이 꿈틀거린다. 다른 사람을 내 생각대로 내 맘대로 판단하면 오해가 생길 수 있다. 상대를 가장 잘 안다고 생각할 때 그때가 오만한 생각이 극에 달한다. 그래서 이 정도는 양해가 되겠지 하며 그 사람의 약점을 웃음의 소재로 삼는다. 그러다 보면 서로 원수가 되고 적이 된다. 칭찬할 수 있는 것, 잘하는 것을 농담이나 웃음의 소재로 삼는다면 모두가 즐거울 것이고 다툼은 발생하지 않을 것이다.

내 곁에 있는 사람은 언제나 소중하다. 그 사람이 잘되면 그 덕분에 마음이 뿌듯해진다. 내 자존감이 높아지는 일이기에

지금 했던 말이
곧 마케팅이자 돈이다.

내 주위 사람들이 잘되게 도와주어야 한다. 사람들은 신세를 지거나 빚을 지면 언젠가는 꼭 갚아야 한다고 생각한다. 그러므로 다른 사람의 성공을 돕고 빚지게 하면 마음 편한 부자로 살 수 있다. 다른 사람을 높이는 말, 누구나 할 수 있는 쉬운 일은 아니다. 예쁜 말로 사랑과 관심을 표현해보자. 지금 했던 말이 곧 마케팅이자 돈이다. 엄마가 지금 막 구워낸 맛있는 말, 말이 맛있으면 몸도 마음도 살이 찐다.

4-3.
상대를 빛나는 별로 만들어라

나의 '예쁜 말 예쁜 미소'로 상대를 빛나는 별로 만들면 그 별빛이 나의 앞길을 비춘다. 상대를 빛나는 주연배우로 만들면 그를 바라보는 수많은 사람의 상서로운 기운이 나의 배고픈 조연배우 시간을 줄여줄 것이다. 한평생 남편하고 잘살고 있으면서 이것이 '극한직업'이라 불평하는 부인은 진짜 빛나는 별을 보지 못한 것이다. 부인과 지금까지 잘살고 있으면서 '극한 자비'를 베풀고 있다고 불만을 토로(吐露)하는 남편도 매양 다를 바 없다. '남편 바라기', '부인 바라기' 중 어느 한쪽이 갑자기 떠나버린다면 마음속의 별은 두 개가 함께 지는 것이다. 짝을 이루고 산다는 것은 서로의 부족한 점을 채워주고, 어두운 길 넘어지지 않도록 서로를 비춰주며 사는 것 아닌가?

일등상품을 수확하고 싶거든 이웃에게도 일등상품에 버금가는 씨앗을 나누어 주어야 한다. 그렇지 않으면 내가 재배하고 있는 땅에 쭉정이 같은 허접한 것들이 끼어들어 나의 상품 가치를 떨어뜨리게 된다. 그러면 품평회에서 결코 일등상품으로 평가받지 못하게 된다. 사람 관계도 마찬가지가 아닌가? 내 친구를 일등으로 만들면 나도 그 옆에서 점차 일등이 되어가는 것이다. 함께 높아가는 것이다. 내가 상대를 낮추면 상대도 나를 낮춘다. 서로 낮아지는 것이다. 높아지는 삶을 살고 싶다고 말하는 사람은 많은데 서로 높여주는 것에는 인색하다. 그래서 다른 사람들에게 인정을 받는 사람은 드물다. 앞서가는 사람 잡아당겨 나와 같은 수준으로 만들면 내가 앞서가게 되는 것일까? 누군가를 밑으로 끌어내려야 내가 더 잘나 보이게 되는가? 끌어 당겨지고 내팽개쳐진 상대는 그저 가만히 있겠는가? 인정사정없이 뒤도 돌아보지 않고 나를 잡아당기고 나를 후려 팰 것이다. 상대를 낮게 하면 내가 잠시 높아질 수는 있지만 금방 낮아진 나의 모습을 어디에서나 쉽게 확인할 수 있다.

잘난 척 홀로 뛰면 쉽게 지친다. 함께 걸어가야 안전하게 더 멀리 간다. 여러 사람이 함께 있을 때 상대를 높여주면 그 주변에 있는 사람들이 자신에 대한 평가를 좋게 한다. 내가 앞서서 다른 사람의 발걸음 앞에 빛을 놓아준다면 나도 빛나는 스타가 되는 것이다. 사람은 혼자서는 살 수 없다. 어울리면서 서로의 어두운 곳을 밝게 비추며 살아간다. 별들도 홀로 빛나면 힘이 없고 외롭다. 그러니 그들도 밤이 되면 합심해서 떼를 지어 빛

일등상품을 수확하고 싶거든 이웃에게도
일등상품에 버금가는 씨앗을 나누어 주어야 한다.

을 뿜어낸다. 어둠을 밀어내는 빛은 모일수록 더 강렬하게 빛난다. 친구를 비추는 따뜻한 빛을 가리지 말자. 그 그림자가 돌아서면 나를 가리게 된다.

어둠을 밝히는 별은 왜 어둠이 필요할까? 외로움이 살짝 풀리다 다시 꼬이면 별꽃으로 피어나는가? 홀로 익어가는 그리운 마음, 다른 사람이 훔쳐볼까 밤에만 피는 야화(夜花), 그 별은 나 혼자만 찜하고 바라볼 수 있도록 다른 사람들이 잠든 밤에만 빛난다. 그러다 만인(萬人)이 그리우면 반짝반짝 꼬리를 흔들며 저 높은 하늘로 올라간다. 그리고 어둠을 밝히는 스타가 된다. 까만 밤으로 물든 하늘에서 밝은 빛으로 대중의 마음에 등불을 밝혀 주는 사람을 우리는 스타라 부른다. 우리도 마음 한구석에 별을 품고 살고 있기에 언제 어디서나 밝게 빛나는 별이 될 수 있다. 대중이 우러러보는 스타가 될 수 있다. 별은 한사람만의 소유가 아니다. 대중(大衆)의 공유물인 것이다.

사람이 태어나는 순간 그 마음속에 별을 품고 있기에 새로운 별이 뜨는 것과 다를 바 없다. 다른 사람들을 위해 헌신과 봉사를 마다하지 않으면 더 큰 별이 된다. 말이나 글로서 세상 사람들의 마음을 일깨우고 어루만져주는 사람도 큰 별이라 한다. 그런 사람이 돌아가시면 큰 별이 떨어졌다고 한다. 그분들이 남긴 혼불은 별이 되어 별똥으로 떨어질 때 꼬리를 길게 드리운다. 그러나 내 소원을 그 꼬리 등에 태울 시간조차 허락하지 않는다. 눈 깜박할 사이에 사라진다. 그러니 아쉬움이 더 길게 이어진다.

수많은 인공위성도 별 행세를 하며 우주를 돌아다니고 있다. 초저녁 서쪽 하늘에 유난히도 밝게 빛나는 별을 보고 어! 저 별은 무슨 별이지? 교과서에도 나오지 않은 별인데 하면서 별인가 위성인가 갸우뚱하며 바라본 적이 있다. 밤이면 내 발등을 비추고 있는 저 가로등도 별이라 할 수 있는가? 그렇게 홀로 빛나는 별은 누구의 마음을 기다리고 있는 것일까?

4-4.
그 자리에 반드시 있어야 할 사람

사무실에서 지하철역까지는 500미터쯤 떨어져 있다. 해가 저물어 여느 때와 같이 사무실을 정리하고 나와서 지하철역을 향해 걸어갔다. 지하철역에서 카드가 들어 있는 지갑을 꺼내려 호주머니 속으로 손을 넣었다. 그런데 이게 웬일인가. 지갑이 손에 잡히지 않았다. 점심시간에 다른 지인을 만나 밥값을 결제하려고 지갑을 꺼낸 후 호주머니에 잘 넣었다는 기억은 여전히 생생하다. 20 구간의 지하철역을 지나오면서 졸기는 했지만, 분명한 것은 역에서 나올 때 카드를 찍고 나왔기에 그때까지는 분명 호주머니 속에 들어 있었다는 사실이다.

이게 무슨 날벼락이란 말인가. 머릿속이 온통 하얗게 변했다. 지갑 안에는 교통카드는 물론 신용카드와 보안카드, 주민등록증

그리고 휴가비로 챙겨둔 현금도 제법 두툼하게 들어 있었다. 또 잘 사용하지 않는 다른 카드도 몇 장 더 들어있었다. 지하철을 탈 수 없기에 지하철역에서 사무실로 되돌아 왔다. 찌는 듯한 무더위 탓에 노트북이 들어있는 백 팩은 완전군장 배낭보다 더 무겁게 느껴졌다. 어디에 떨어뜨렸을까? 마음씨 고운 사람이 주웠다면 현금은 차치하고 카드는 돌려받을 수 있지 않을까 하는 소박한 희망을 믿어보았다. 오후에 일어난 상황을 이동한 시간대별로 가늠해 보면서도 지갑은 사무실에 꼭 있어야만 한다는 생각뿐이었다. 이런저런 불길한 생각을 하면 그 꼬리가 길어진 만큼 주름만 늘고 나만 손해라는 생각이 들어서 허겁지겁 뛰다시피 사무실로 되돌아왔다. 이때까지도 나의 머리카락은 고슴도치를 닮아 있었다.

맨 처음 작업했던 출입구 쪽 의자 주위를 삐리릭 둘러보았다. 아무것도 보이지 않았다. 불안한 마음으로 탕비실과 화장실 문을 벌컥 열어보았다. 여기에도 보이지 않았다. 아이고 이거 큰일 났네! 이를 어쩌나. 정말 다른 곳에 떨어뜨렸나 보네 하면서, 마지막으로 작업을 했던 창가 쪽으로 가 보았다. 여기에도 없으면 카드사에 분실신고를 해야지 하는 마음뿐이었다. 쏜살같이 눈동자를 굴려보았지만, 책상 위에는 하얀 복사용지 외에는 아무것도 보이지 않았다. 자포자기(自暴自棄) 심정으로 의자에 앉아 지갑이 빠질만한 자세로 컴퓨터를 만지작거려 보았다. 의자를 이리저리 돌려보다 의자 밑을 슬쩍 훑어보았다. 아니 이게 웬 복이란 말인가. 글쎄 의자 바퀴에 밀려 책상 서랍장 밑으로 절반쯤 들어가 있는 지갑이 보였다. 도마뱀이 꼬리를 살짝 보여주고 있는 그런 모습이었다.

반드시 그곳에 있어야 할 물건은
반드시 그곳에 있어야 한다.

엉뚱한 곳에 흘리지 않아서 정말 다행이구나 하면서 안도의 한숨을 쉬었다. '천 개의 바람이 앗아간 텅 빈 마음을 만개의 바람이 일어 수만 개의 충만한 마음을 되돌려 받는다'라는 문장으로 소식지의 원고를 마무리하였는데, 복이 넘치는 즐거운 마음을 되돌려 받은 느낌이었다. 있어야 할 자리에 그 복이 머물러 있으니 참으로 고마웠다. 반드시 그곳에 있어야 할 물건은 반드시 그곳에 있어야 한다. 그렇지 않으면 일이 엉망이 된다. 어떤 민원 사건을 해결해야 하는데 그 일을 처리해줄 사람이 마침 그 자리에 없다. 그러면 사방팔방으로 인맥을 뒤적인다. 조금이라도 끈이 닿는 사람을 현미경을 들이대며 찾아낸다. 그래도 힘이 모자라거나 마땅한 사람이 없으면, 왜 이때 내가 필요한 사람이 그 자리에 없는 거야 하면서 한숨 소리만 높아간다.

가격이 바닥을 쳐서 그 물건을 사야 하는데 왜 지금 현금이 바닥이란 말인가. 급하게 수술을 해야 하는데 수술 전문가는 왜 이때 휴가를 가고 수술실에 없단 말인가. 잘못한 학생들에게 따끔하게 훈계하고 나무라야 하는데 왜 이때 지도하는 선생님은 그 어디에도 보이질 않는가. 잘못한 정치인을 꾸짖고 정도(正道)를 걷게 만들어야 하는데 왜 이때 아주 바른 소리를 해주는 믿음직한 어른이 보이지 않는가. 지금 꼭 필요한데 지금은 그런 사람이 보이지 않는다. 꼭 필요할 때 나타나면 만고의 의인이 될 터인데...

지갑을 잃어버렸다는 마음에 불안하고 걱정이 앞섰던 것처럼, 지금 이순간, 꼭 필요한 말을 해주고 꼭 필요한 가르침을 주는 사람이 없다면 우리 스스로 필요한 사람이 될 수밖에 없다. 꼭 와야 할 사람이 오지 않았다고 실망할 것 없다. 두툼한 지갑을 잃은 사람은 지갑을 찾으려 그 자리에 반드시 나타날 것이다. 만나야 할 사람은 다 만나게 되어있는 것이리라.

4-5.
배추 끌텅, 옹이 가슴을 품다

뜨거운 여름은 가라. 신선한 바람이여 오라. 그 바람에 실려 김장철도 따라올 것이다. 주인장은 여름내 품고 살찌우고 길러낸 통통한 배추포기를 보면서 언제쯤 뽑아낼까, 시세는 좋을까 이리저리 재보기는 하지만, 올여름 긴 장마에도 사나운 태풍에도 잘 견뎌내 준 푸르딩딩하고 황소 엉덩이보다 더 넓적한 배추포기를 보면서 흐뭇한 미소를 짓는다. 도회지로 실어 보내는 날이 언제일지 몰라도 딸아이 시집보낼 날 받아놓은 것처럼 긴장을 늦출 수는 없다.

잘 여문 배추 한 포기 뽑아 올리면 밑동아리에 매달려 있는, 아니 끌텅이 배추포기를 이고 있었다는 것이 더 적절한 표현일 것이다, 한 달 동안 수염 한 번 깎지 않고 몇 날 동안 숟가락질

삶에도 옹이가 있다. 흔들리지 않으면서 피는 꽃이 없듯, 실패 없이 성공하는 인생도 없다.

한 번 못해 홀쭉해진 모양의 배추 끌텅도 뽑혀 나온다. 백일도 채 지나지 않은 아이의 주먹으로 지게 위의 발채 보다 더 큰 갓을 받들고 있는 형국이 아닌가? 자기 몸통의 백배는 넘을듯한 배춧잎을 업고서 한여름 땡볕을 이겨내며 늦은 가을을 야금야금 갉아먹으며 살찌운 것이다. 그 배추 끌텅을 낫으로 자르고 깎아서 한 입 베어 물면 그 맛이 무엇이더라? 인삼 한 뿌리와 바꿀 수 없는 진한 향이 입안을 가득 메운다.

어린 시절 추운 겨울, 호롱불 밑에서 기나긴 밤을 보내자니 허기진 배를 무엇으로 달랠 수 있었을까? 삶아놓은 고구마도 없을 때는 배추 끌텅이라도 맛보아야 잠을 잘 수 있었다. 그 흐릿한 옛날의 추억들이 하얀 머리카락 하나둘 뽑아내며 그 자리를 차지한다. 찬 서리 맞아 얼 둥 말 둥 하여 시원하고 맛있다는 기억이 새삼 꿈틀거리며 혀끝을 찌르고 있다. 깎아 놓으면 무와 비슷하다. 색깔도 그렇고 맛도 그렇다. 다만 배추 끌텅은 더 단단하다. 그 조그만 뿌리로 하늘과 땅의 기를 온통 끌어모으기 위해 더 깊게 뿌리 내리고 더 강하게 견뎌내려 했기 때문일 것이다.

'끌텅'은 나무의 그루터기나 배추 뿌리 따위의 깊이 박혀 있는 부분을 이르고, '옹이'는 나무의 몸에 박힌 가지의 그루터기를 뜻한다. '굳은살'을 비유적으로 표현할 때 '손바닥에 옹이가 박히다'라고 하며, 가슴에 맺힌 감정 따위는 '옹이가 지다'라고 표현하기도 한다. '밑동'은 긴 물건의 맨 아랫동아리, '그루터기'는 초목을 베고 남은 밑동(뿌리그루)을 말한다. 나무를 베면 밑에 두꺼운 뿌리 부분만 남는데, 이것을 그루터기라고 한다.
'관솔'은 송진이 엉긴 소나무의 가지나 옹이를 뜻한다. '근성(根性)'은 태어날 때부터 가지고 있는 근본적인 성질, 뿌리가 깊게 박힌 성질을 말한다. 사람에게는 근성이 있다면 나무에는 옹이가 있고 돈 되는 땅에는 알박기가 있다.

끌텅은 옹이를 품을 수 있을까? 끌텅과 옹이 그리고 관솔은 모두 무언가 응집되어 있음을 알 수 있다. 응집되는 동안 더 단단해지고 더 굳세어진다. 갱엿처럼 다려진 송진들이 가지를 뻗치다 만 그곳 옹이 속으로 들어간다. 나뭇가지의 몸체 일부가 잘려나간 아픈 기억을 잊지 않고 응축시켜 놓은 흔적이라고, 옹이도 꽃이라고 말하고 있는 것일까? 옹이나 관솔은 나무의 결이 곧게 나아가지 못하게 하고 그 주위를 돌아가게 할 정도이니 목수의 톱날이 겁을 낼만도 하다.

거듭하고 반복된 부딪힘에 굳은살이 배기듯 인생의 옹이도 그렇게 생겨난 것이다. 과수원 주인은 상처 있는 과실이 더 맛있다 하고, 꽃을 가꾸는 농원 주인은 비바람 이겨내며 자란 꽃의 향이 더 짙다 하고, 실패를 경험한 사람들은 성공은 그냥 얻어지는 것이 아니라고 말한다. 모든 사람에게는 어려움을 이겨내고 성공할 수 있는 근성이 박혀 있는 것이다.

삶에도 옹이가 있다. 흔들리지 않으면서 피는 꽃이 없듯, 실패 없이 성공하는 인생도 없다. 실패에도 정성이 필요하다. 뿌리 깊은 티눈이 쉽게 빠지지 않듯 깊게 박힌 옹이를 뽑아내려면 많은 시간이 걸린다. 끈기 있게 도전하여 끝내 이겨낸다면 그 실패했던 옹이들은 걸림돌이 아니라 디딤돌로 남는다.

나를 더 단단하게 단련시켜주는 그 옹이의 시간을 넘는 동안 잠시 쉼을 할지언정 포기하면 모든 것이 물거품이 된다. 실패한 사람은 성공할 때까지 세상에 보이지 않는다. 누구에게도 관심을 끌지 못하기 때문이다. 덜 자란 배춧잎이 볼품없으면 그냥 갈아엎는다. 노끈으로 묶고 신문 등으로 싸는 품삯이 더 많이 들게 생겼으니 주인의 사랑을 받을 수 없게 되는 것이다. 사랑이 떠나면 관심도 떠난다. 아니 관심을 두지 않으니 사랑이 떠나는 것은 아닐까?

아무리 두꺼운 옷을 입고 있어도 누군가의 손을 잡고 있지 않으면 그 체온을 느낄 수 없고 추위를 탈 수밖에 없다. 따뜻한 내 손을 부지런히 먼저 내밀자. 나는 꽃처럼 아름다운 사람인가 꽃보다 아름다운 사람인가?

4-6.
설렘 반 기대 반 걱정 반반

추석 명절은 한가위, 가위, 가배(嘉俳), 가배일(嘉俳日), 중추(中秋), 중추절(仲秋節), 중추가절(仲秋佳節)이라 부르기도 한다. '더도 말고 덜도 말고 늘 가윗날만 같아라', '옷은 시집올 때처럼 음식은 한가위처럼'이라는 속담도 있다. '5월 농부 8월 신선'이라는 말도 있다. 이는 5월은 농부들이 농사를 잘 짓기 위하여 땀을 흘리지만 8월은 한해 농사가 어느 정도 마무리가 될 때여서 일을 해도 신선처럼 지낼 수 있다는 말이니 그만큼 추석은 좋은 날이다. 가을걷이가 본격적으로 시작되기 전이니 조금은 한가한 시간을 보낼 수 있는 시기이기도 하다.

이번 추석에는 둥근 보름달을 편한 마음으로 바라볼 수 있을까? 사나운 태풍이 올라오면서 둥근 보름달을 바람에 싣고 떠나가

버리면 어떡하나? 두꺼운 먹구름이 다가와 하얀 달빛을 가로막으면 어떡하나? 달 바라보며 소원도 빌어야 하는데... 호사다마(好事多魔)라는 말처럼, 때가 되면 나타나는 악마 같은 방해꾼들이 있다. 좋은 날에는 어김없이 등장한다. '보은 아가씨 추석 비에 운다'는 말도 그래서 나온 듯하다. 벼베기 하려고 날 잡으니 장대비 내리고, 소풍 가는 날 비가 오는 격이다. 요즘에는 추석 전후로 없던 태풍도 자주 발생한다. 일 년 농사를 망치려 달려드는 괴물처럼 느껴진다. 비싼 고기 큰맘 먹고 장만했는데 배탈이 난다. 이 노릇을 어찌할꼬. 오랜만에 맛있는 음식, 찰진 음식을 배불리 먹다 보니 위가 놀라는가 보다. 푸짐하게 차려진 음식을 앞에 두고 침만 꿀꺽꿀꺽 삼키게 된다면 참 낭패다.

함께 살아나야 함께 살아갈 수 있다. 만남이 있어 좋고, 설렘이 있어 가슴이 뛰고, 웃음꽃이 피어나니 비로소 살아있다는 것을 실감하게 된다. 기대가 있는 삶이기에 열정이 솟는다. 희망이 있는 삶이기에 도전을 마다하지 않는다. 실타래가 술술 풀리는 삶을 염원하기에 모임을 즐긴다. 거친 바람을 이겨내고 정상에 우뚝 서는 즐거움은 삿갓 모자를 쓴 산신령을 호령할 수 있어 기분이 좋다. 위를 바라보면 막힘이 없고 아래를 내려다보면 모두 내 밑에 있는 듯하여 기분이 더 좋다.

정은 만남과 비례해서 커지는 것일까? 믿음은 만나야 커지는 것일까? 태어난 고향은 엄마의 자궁 속같이 편안하다. 세상에 나와서 가장 먼저 만난 곳이 고향 아니던가. 그래서 다른 곳에 살면서도 끊임없이 태어났던 그 자리로 돌아가려고 애쓰는지

기대가 있는 삶이기에 열정이 솟는다.
희망이 있는 삶이기에 도전을 마다하지 않는다.

도 모르겠다. 수구초심(首丘初心)은 변할 수 없는 마음인가 보다. 사나운 병마가 거침없이 세를 확장하다 보니 고향을 함부로 오가지도 못한다.

고추 잎사귀 뒤에 숨어서 영양분을 맛있게 빨아먹고 있는 진딧물 같은 코로나 병마는 분명 바퀴벌레보다 더 징그러운 악마다. 주먹을 휘두르거나 칼부림도 하지 않는데 참 무섭다. 눈에 뵈는 것도 없어 더더욱 무섭다. 저 앞에 보이는데도 갈 수 고향을 바라만 보고 있는 사람들의 마음이야 오죽하겠는가. 가슴이 미어진다. 칸막이를 사이에 두고 눈만 끔벅거리는 모습이 마치 어항 속의 금붕어가 하얀 거품을 또르르 뿜어내고 있는 모양새다. 만남을 줄이라 하니 돈도 줄고 마음도 줄고 즐거움도 줄어든다. 덤으로 인생의 낙(樂)도 줄어든다. 핸드폰 액정 속의 요정만 바쁘다. 눈동자를 사정없이 낚아챈다. 귀머거리가 되도록 귀를 틀어막는다. 때로는 손가락도 옴싹달싹 못하게 묶는다.

추석이 다가오면 직장인들은 보너스는 얼마나 나오나 언제 지급이 되나 선물은 무엇인가에 가슴이 설레고 기대감이 있어 즐거운 상상을 하며 보낼 것이다. 주어야 하는 사람은 부담이 되겠지만 받는 사람은 무엇이든 받을 것을 생각하면 가슴이 부풀어 오른다. 받는 사람은 항상 부족하고 모자란다고 마음에 들지 않는다고 불평하기 일쑤지만 그래도 받는 마음만은 즐겁다. 주는 사람이 고생고생하면서 준비해준 선물을 무작정 내 맘에 안 든다고 불만이나 불평을 토해내야 할 필요는 없다. 받는 순간 '감사합니다 고맙습니다'라고 외치면 된다. 그러면 내 마음도 즐거워진다. 주고받음이 있으면 즐거움 또한 더 커진다. 빈손으로 가더라도 빈속은 정으로 가득 채워오는 추석 명절이 되었으면 좋겠다.

4-7.
성공 확률이 반반이면 무조건 뛰어라

도전을 할까 말까 망설이는 이유는 성공 확률이 엇비슷하기 때문이다. 확률 차이가 크면 고민할 일은 없을 것이다. 어떤 경우에라도, 확률이 애매한 순간에는 긍정의 마인드로 무장하고 '할 수 있다'라고 마음먹으면 좋은 성과가 있었다는 것을 우리는 경험을 통해 잘 알고 있다.

산을 오르다 보면 산고(山高)를 따지기에 앞서, 7부 능선까지 올라왔음에도 정상을 바라보면 아득하게 멀어 보일 때가 있다. 그때는 정상까지 오를 수 있을까 하고 의심하게 되고, 그 의심은 발걸음이 먼저 알아보고 방향을 튼다. 그냥 내려가는 쪽을 향하려 한다. '정상이 몇 발짝 안 남았네'하면 발걸음이 무척 가벼워지고 끝까지 올라가려는 마음이 앞선다.

마지막 지하철을 탈 수 있을지 없을지 반반이라면 의심하지 말고 무조건 믿고 뛰어라.

마지막 지하철을 탈 수 있을지 없을지 반반이라면 의심하지 말고 무조건 믿고 뛰어라. 뒤돌아보는 순간 그 지하철은 지나간다. 골프장 그린에서 퍼팅을 할 때는 공이 홀컵을 지나가게 쳐야 한다. 그렇지 않으면 공이 홀컵에 들어갈 일이 없다. 조상님이 간밤 꿈에 나타나시어 영험한 번호를 알려주면 그 번호를 찍을 수 있는 복권을 사야 한다. 그렇지 않으면 도로 꽝일 뿐이다. 맛있는 음식이 눈앞에 있으면 먹어야 그 맛을 알 수 있다. 그렇지 않으면 입맛만 다시고 배만 고프게 된다. 맘에 드는 상대가 내 눈앞에서 지나가고 있으면 쫓아가서 말을 걸어야 한다. 그렇지 않으면 어느 세월에 맘에 드는 상대를 만날 수 있겠는가. 몸이 움직이지 않으면 생각도 움직이지 않는다. 몸이 누우면 마음도 드러눕는다.

며칠 전, 영종도 부근에 있는 신도라는 섬을 다녀왔었다. 일정이 등산모임과 겹쳤기에 신도라는 섬은 마지막 배를 타고 들어가야겠다고 마음먹었다. 삼목항에서 출발하는 마지막 배 시간을 확인한 후, 아침 일찍 '북한산 숨은 벽'을 향했다. 두 시간 정도의 여유를 가지고 시작한 산행이었는데 산행 시간이 자꾸 길어졌다.

비 온 뒤라 계곡 따라 흐르는 물이 시원시원하게 굽이쳤다. 후텁지근한 무더운 날씨 덕분에 친구들 모두 땀으로 흠뻑 젖어 있었다. 그래서 누구 눈치 볼 것 없이 모두 계곡으로 풍덩 풍덩 뛰어들었다. 그러다 보니 시간은 더 지체되었다. 친구들에게 다음 일정을 위해 서두르자고 하였지만, 지금 출발해도 간당간당하니 그만 포기하라고 말했다.

오늘이 아니면 신도라는 섬을 살펴볼 기회가 많지 않을 듯하여, 다시 한번 재촉을 했다. 포기하라는 친구들도 나의 재촉에 미안했던지 조금 서둘렀다. 평소에는 10분이면 도착할 거리인데 주말이라 그런지 차 안에 있는 내비게이션이 30분 이상 소요된다고 안내하고 있었다. 연신내역이 500미터 앞에 있었는데, 자동차 바퀴 구르는 속도보다 내 발로 뛰는 것이 더 빠르겠다는 생각이 들었다. 하는 수 없이 차에서 내려 숨넘어가게 뛰었다. 빛의 속도로 뛰었다. 차로 이동했을 때보다 5분을 벌었다. 문제는 디지털미디어시티역에서 인천공항행 열차를 이용해 운서역까지 가야 하는데, 검암행 열차가 먼저 다가왔다. 뛰어서 5분 벌었는데 다음 열차를 기다리면 10분을 잃는다. 남은 시간이 간당간당했다. 과연 나의 선택은 옳았을까? 시간은 내편일까? 등등 복잡한 심사에 땀만 더 쏟아졌다. 탈까 말까 고민이 되었다. 이왕 여기까지 왔는데 일단 검암역까지 가 보고 그곳에서 다시 결정하기로 마음먹었다.

'배를 탈 수 없을지라도 무조건 삼목항까지는 가 보자' 하고 마음을 고쳐먹으니 세상이 편했다. 서두름도 안절부절 초조함도 사그라들었다. 세상사 마음먹기에 따라 이렇게 달라지는 것을. 인천공항행 열차를 타고서 차창 너머로 펼쳐지는 석양 노을과 섬과 섬 사이를 오가는 갈매기를 벗 삼아 출렁이며 쌕쌕거리는 바닷물에 빠지다 보니 운서역에 도착했다. 마지막 배가 떠나기 10분 전이다. 묵직한 등산화와 땀에 젖은 바지가 무겁게만 느껴졌다.

택시 정류장에는 택시가 없었다. 어라, 여기까지 왔는데 하면서 주변을 두리번거렸다. 마침 저 멀리서 주춤거리고 있는 택시를 발견하고 손을 들어 흔들면서 그리운 임 만나러 가듯 그 택시를 향해 또다시 뜀박질했다. '선생님 삼목항까지 데려다주세요', '막 배는 탈 수 있을까요'라고 숨넘어가듯 물으니, '충분할 것 같습니다'라고 하신다. 삼목항에 도착했으나 택시기사는 매표소에서 200미터 남짓 떨어진 곳에 멈추고는 '더 들어가면 욕을 먹는다'하면서 내려서 뛰어가라 했다. 어처구니가 없었다.

별수 있나 아쉬운 놈이 뛰어야지. 오늘 달리기 시합이 있었으면 내가 무조건 우승했을 것 같다. 막 출발하려는 배에 가까스로 올라탔다. 여전히 부챗살 펼치고 불타고 있는 붉은 노을, 갈매기의 노란 부리, 우럭이 버럭버럭 손짓하고 싱글이 벙글벙글 웃음 짓는 신도항의 여름밤 추억이 점점 다가오고 있었다.

'선택의 기로(岐路)에 서 있다면, 미적거리지 말고 뛰면서 생각하라. 그러면 언제나 원하는 목적지에 원하는 시간에 도착할 수 있을 것이다'. 아직도 뻐근한 무릎과 물집투성이의 발바닥을 보면서도 '반반이면 무조건 뛰어라'를 외쳐 본다.

4-8.
잘 아는 듯한 사람에게 두 번 속는다

내가 조금 아는 친구한테 전화가 왔다. '친구야 OO 친구 잘 알지?'. '응 그래, 잘 아는 친군데 무슨 일이야?'. 이렇게 시작한 전화가 나를 제외한 다른 두 친구 사이에 큰 사단이 났었다. 전화를 걸어온 친구는 나를 그만큼 신뢰를 했는데, 내가 잘 안다고 말한 친구는 나를 그저 안면이나 있고 속여먹기 딱 좋은 먹잇감이라 생각하고 있었던 모양이다. 결국 나를 믿고 전화를 한 친구는 내가 잘 안다고 했던 친구와 어떤 일을 도모하다 큰 낭패를 보았다고 했다. 나한테는 직접 불만을 토로하지 않았는데 다른 친구들 입을 통해 그 불만의 소리가 내 귀에 들어왔다. 마음이 참 씁쓸했다. 내가 나를 고르고 너를 골랐는데 누구에게 실망하고 누구에게 화를 낼 수 있단 말인가?

사람들이 실수하는 것은
그가 가장 잘하는 것에서 기인한다

얼마 전 서울 근교 가평에 있는 연인산을 다녀온 적이 있었다. 정상에서 하산하다 길을 잘못 들어 상당히 먼 거리를 되돌아와야 했던 기억이 생생하다. 예전에도 늘 다니던 길인데, 잣나무도 그때 그 나무인데, 오늘따라 아는 얼굴이 크게 화를 내는 듯, 왠지 낯설다는 느낌이 들었다. 설마 엉뚱한 길은 아니겠지 하면서 엇비슷한 길을 터벅터벅 내려왔다. 목적지는 보일 듯 말 듯, 이 길이 맞는 듯하고 저 길이 아닌 듯한데도 어렴풋한 기억에 의존해서 맞는 길이라 생각되는 길을 선택했었다. 결과는 아닌 듯한 길이 원래 목적했던 그 길이었다. 지나가는 사람에게 물으니 선택의 기로였던 그곳으로 다시 올라가서 올바른 방향으로 내려가라 했다. 다시 오르려니 귀찮은 마음이 앞서고 힘 빠진 다리마저 그 말에 동의하지 않았다. 그래서 그냥 큰길로 내려와서 택시를 기다리는데 상당 시간 동안 택시는 한 대도 지나가지 않았다. 머피의 법칙이 이곳까지 따라왔나 보다.

어린 시절 민방공훈련을 하면 지나가는 차들이 모두 정지한 상태로 도로변에 서 있었는데 갑자기 그 시절이 왜 떠오르는 것일까? 아무리 기다려도 오지 않는 택시를 무시하고 목적지를 향해 무작정 걸었다. 산길이 아닌 아스팔트 길을 꽤나 걸었더니 무릎이 시렸다. 산악대장의 한순간의 잘못된 선택으로 8명이나 되는 친구들도 덩달아 고생했었다. 리더의 선택과 판단은 그만큼 막중하다는 것과 어중간한 기억을 밑천 삼아 길을 선택해서는 안 된다는 큰 교훈을 깨달은 날이었다.

인지자실야, 이기소장자(人之自失也, 以其所長者, 사람들이 실수하는 것은 그가 가장 잘하는 것에서 기인한다), 선유자사어심지, 선사자사어중야(善游者死於深池, 善射者死於中野, 수영을 잘하는 사람은 깊은 물에 빠져 죽고, 활을 잘 쏘는 사람은 들판에서 죽는다)라는 말이 생각났다. '원숭이도 나무에서 떨어질 때가 있고 짐승은 앞만 보고 달리다 덫에 걸린다.'라고 누가 스치듯 한마디 하고 지나갔다. 무언가를 배우고자 하는 완전 초보자는 가르침을 주시는 선생님이 무척 대단해 보인다. 그러다 조금 아는 듯할 때 그 선생님에 대한 존경은 줄어 든다. 타지 않고 세워둔 자전거 앞바퀴의 타이어에 바람이 빠지듯 그렇게 사라진다. 마치 본인이 다 아는 것처럼 뽐내려 한다. 특히 잘 모르는 사람들 앞에서는 자신이 모두 다 아는 것처럼 떠벌린다. 얼마간의 시간이 지나 그 분야에서 전문가 수준에 도달하면 선생님에 대한 존경이 다시 살아난다. 한겨울 잘 견뎌낸 인동초 꽃잎이 봄 햇살에 피어오르듯 존경하게 되는 것이다.

아는 듯한 길, 가다 말다 이리 왔다 저리 갔다 하게 만든다. 어렴풋이 아는 길을 얼렁뚱땅 무모하게 가다 보면 길을 잃는다. 좌고우면(左顧右眄)하게 되고 어정쩡 주춤거리게 된다. 그러니 잘 모르는 길은 아예 가지 않는 것이 상책이다. 아니면 다른 사람에게 물어보고 출발하면 된다. 세상 이치를 잘 아는 사람과 아는 척하는 사람과 잘 모르는 사람도 인생을 살아가는 방법은 이와 비슷할 것이다. 내가 잘 아는 친구나 잘 모르는 친구가 아닌, 잘 아는 듯한 친구가 나를 속인다. 알만한 사람이 왜 그랬을까? 내가 확실히 안다고 생각하여 나의 곳간 열쇠까지 모두 내준 것은 아닌가?

잘 알아야 안다고 말할 수 있을 것이다. 지지위지지,부지위부지, 위지지야(知之謂知之,不知謂不知,謂知之也)

4-9.
마음 한 켠의 그리움

보고 싶어 애타는 마음, 이런 마음 한 조각 지니고 사는 것도 다른 사람들에게 그리 흉잡힐 일은 아닐 것이다. 응달진 곳에 두껍게 쌓인 겨울 눈이 봄 햇살에 녹아내리듯 그리운 마음으로 죽도록 미워했던 마음을 녹여낼 수 있다면 더더욱 좋은 일이 아닌가. 인향(人香)을 애타게 기다리는 사람에게 너무 싱거운 놈이라 핀잔을 주면서 소금에 절인 왕소금 한 바가지를 뿌리지는 않겠지요? 봄 가뭄에 마음이 메마르고 지쳐갈 때 대지를 흠뻑 적셔주는 엄마의 포근한 눈빛이 그립다. 갓 피어난 노란 개나리꽃들은 까치들이 수없이 쪼아대지만 떨어질 수 없다고 굳세게 버텨낸다. 그러면서 까치발을 곱게 세우며 저 멀리서 다가오는 반가운 봄에 미소를 짓고 있다.

다른 사람의 입술이 수없이 닿았던 이 빠진 낡은 사발에 덕지

덕지 붙어 있는 그리움 조각들, 그 그리움에 나도 입술을 갖다 대고 있다. 인연의 씨가 한 톨도 남아 있지 않은 빈털터리에게도 봄은 그렇게 서둘러 다가오고 있다.

누군가는 호박에 줄을 그으면 수박이 되는가? 라고 묻던데, 호박과 수박의 차이는 글자 하나 차이밖에 없다. 호박은 돈맛이 강하고 수박은 단맛이 더 강한 듯하다. 동그란 모습은 서로 엇비슷하다. 맛있는 것도 차이가 별로 없다. 올 봄에는 호박과 수박을 한 구덩이에 심어볼 요량이다. 다투지 않고 사이좋게 잘 자라는지 궁금해진다. 호박이 열리면 처음에는 옅은 푸른색이지만 차츰 커지고 익어갈수록 노란색으로 변해간다. 잘 익었음을 상징하는 노란색 호박, 늙어서 대접받는 게 노란 호박이다. 그리움도 처음에는 푸른색이지만 자라다 보면 노란색으로 그리고 최종적으로 아주 빨갛게 익어갈 것이다. 수박 속의 꽉 찬 단맛이 그렇게 빨갛게 익어가는 것처럼 그리움도 단단하게 단심(丹心)을 박음질할 것이다.

반려견 반려묘에 온통 마음이 쏠려가니 옆에서 걷고 있는 사람들이 눈에 들어오지 않는다. 혹여 내 강아지가 가는 길을 그 사람이 막아서지나 않을까 눈을 동그랗게 뜨고 쳐다볼 뿐이다. 다리 근육이 힘들어해서 좀 천천히 걷고 싶은데 주변이 온통 서두름 뿐이니 이제는 나잇 값을 제대로 못 한다는 푸대접만이 기다리고 있을 뿐이다. 오뉴월 맑은 하늘에 우박 떨어지듯 멸시와 무시가 대책 없이 쏟아진다. 남쪽 나라에서 불어오는 봄 향기에

다른 사람의 입술이 수없이 닿았던
이 빠진 낡은 사발에 덕지덕지 붙어 있는
그리움 조각들, 그 그리움에 나도
입술을 갖다 대고 있다.

사람 냄새도 함께 실려 오면 좋겠다. 파도는 누가 붙잡지도 않은데 왜 가다 말고 다시 돌아오는 걸까? 네가 뒤따라오는 길이 지워지지 않기를 바라기 때문이라고 외치는 듯하다.

나른한 봄 햇살을 안고서 밭고랑 사이에 길게 누워있는 그리움을 갈아엎는다. 나무들도 겨우내 움츠렸던 앙상한 가지 끝에 젖 몽우리 봉긋 솟는 희망의 싹을 틔우고 있다. 야들야들한 아기 손바닥 만지듯 보드라운 잎새들을 만지작거린다. 새싹이 눈을 뜨기 시작한다. 며칠 동안 눈을 감고 있으면 아마도 세상은 온통 푸른 물결로 뒤덮일 것이다. 거무스름하지도 않고 희끄무레한 털들이 온통 푸른 새싹으로 털갈이를 할 것이다. 안구정화(眼球淨化)의 시간, 마음이 포근해지는 시절이다.

내가 가장 먹고 싶은 것을 고를 때는 메뉴선택의 기회가 오롯이 나에게 있다. 누가 시켜주는 것이 아니다. 지금 내가 먹고 싶은 것은 내가 가장 잘 알고 있기 때문이다. 천국의 문 지옥의 문, 그 문의 열쇠를 누가 가지고 있는가? 그 열쇠를 가지고 다니다 잃어버렸는가 보다. 어디에 두었는지 기억조차 사라져버렸으니 말이다. 다른 사람에게 내 마음을 조정하는 리모컨을 맡겨둔 채 왜 내 맘대로 안될까 불평할 필요가 없다. 그 리모컨을 찾아오면 될 일이다.

비 내리는 밤에 가로등 붙들고서 왜 우느냐고 호통칠 필요가 없다. 뺨을 타고 내리는 빗물을 눈물인 양 입맛 다셔보면 될 일이다. 그리움에 눈물을 주지 말자. 그리움은 스스로 바람이 되고 노래가 되고 별이 될 수도 있을 것이다. 비스듬히 눕는 봄 햇살을 보고 왜 누었느냐고 따지려는가?

'리셋 버튼' 함부로 누를 것이 아니다. 쌓아둔 그리움도 함께 사라진다. 재부팅 하는데 시간이 제법 걸린다. 사진을 찍으면서 꽃보다 아름답게 보이기 위해 그 꽃을 꺾지 말자. 그러면 병풍 속의 화려한 주인공의 모습도 꺾인다. 그 꽃이 다시 나에게로 돌아오려면 1년을 기다려야 한다.

5.
견공대왕(犬公大王)납시오

5-1. 헛소리가 풍년드니 빈말이 깨춤을 춘다
5-2. 촛불이 졸고 있다
5-3. 선글라스 뒤로 숨지 마라
5-4. 너한테만 알려주는 특급 정보인데?
5-5. '눈 감은 장님'을 어이 할꼬
5-6. 등급으로 인품을 살 수 있는가?
5-7. 선택적 기억
5-8. 왕소금이 짠맛을 잃으면?
5-9. 시효완성과 예의염치
5-10. 견공대왕(犬公大王) 납시오!

5. 견공대왕 (犬公大王) 납시오

5-1.
헛소리가 풍년드니 빈말이 깨춤을 춘다

'내 말 먼저 들어봐!, 아냐 니가 내 말 먼저 들어야지!, 내 말을 어디다 판 겨!, 내 말은 말이 아닌 겨!, 왜 내 말을 잘라 먹고 그려!, 싸라기 죽만 먹었나 왜 반말이야!, 왜 내 말을 귓등으로 듣는 겨!, 말귀가 그리 어두워서야 어디다 쓸 거냐!, 그기 아니고 이기라니까!, 이기 아니고 그기라니까!, 말도 안 되는 소리 말이나 되게 해야지!, 뭔 헛소리여?' 이런 소리는 해가 넘어갈 즘 시장 골목에 있는 주막에서 시도 때도 없이 흘러나와 이제는 제법 귀에 익숙하다.

말의 가치가 밑도 끝도 없이 떨어진다. 막차도 끊기고 돈도 떨어진다. 말싸움이 끝나도 이긴 사람은 아무도 없다. 말의 품격이 어디로 갔는지 찾을 길 없고 말하는 사람의 인격도 희미하다.

개들이 싸우는 소릴 개소리라 하는데
이보다도 못한 소리가 더 많이 들린다.
할 일은 안 하고 못된 짓만 골라 하고,
할 말인지 해서는 안 되는 말인지 구분도 못하고

자기의 생각은 태풍에 실려 보냈는지 가뭄에 말라버렸는지 도통 겨자씨 껍데기 하나도 보이지 않는다. 남을 흉보는 소리만 시도 때도 없이 들려온다. 장맛비 타고 오는지 댐이 와르르 무너지듯 우당탕탕 쏟아진다.

아무짝에도 쓸모없는 말을 헛소리라 하는가? 말이 말 같아야 말이라 하지 말 같잖은 소릴 질러대면서 말이라 하면 듣는 말이 화를 낼 것이다.

빈 둥지에 빈말이 주인 행세를 하고 있으면 빈 소리만 들린다. 빈속은 빈손만 바라보며 허기진 배를 움켜쥐고 뒹굴게 된다. 들어서 배부른 말은 어디에도 보이지 않고 빈속에 꼬르륵 소리만 요란 떨 듯 허튼소리만 활개를 친다. 개들이 싸우는 소릴 개소리라 하는데 이보다도 못한 소리가 더 많이 들린다. '개소리하고 자빠졌네', '개소리하지 마!' 개가 짖으면 개소리인 것이 분명한데 사람이 하는 말을 미친 개소리라 한다면? 여기서 사용된 '개'는 멍멍이를 뜻하는 것이 아니라 '헛된', '쓸데없는', '질이 떨어지는' 것을 뜻하는 접두사로 이해하고 싶다. 개소리 말고도 개꿈, 개떡, 개수작 등도 자주 듣는 말이다.

철학자 해리 프랭크퍼트(Harry Frankfurt)는 「개소리에 대하여」라는 책에서 '거짓말은 진실을 왜곡해서 부당한 이득을 취하려는 행위이며 거짓말을 지어내기 위해서 거짓말쟁이는 무엇이 진실인지 관심을 가지며 자신의 허위를 진리의 위장 가면 아래 설계한다. 그러나 개소리는 이런 진실에 대한 최소한의 관심조차 없다. 그야말로 아무 말이나 지껄이는 것이다'라고 했었다.

할 일은 안 하고 못된 짓만 골라 하고, 할 말인지 해서는 안 되는 말인지 구분도 못하고 마구 떠들어대면 허튼소리가 되는가? 쓰레기 같은 말들이 날마다 쏟아지니 한 트럭이 넘는다. 이 쓰레기를 어떻게 치워야 하는가? 쓰레기 매립장도 넘쳐나서 허튼 말은 받아들일 수 없다고 하는데 어떡하나? 쓰레기봉투도 값이 오르던데 쓸데없이 돈 들어가게 생겼다. 입에서 나오면 모두 말이 된다고 생각하는 사람들은 가슴이나 머리를 통하지 않고 혀끝에서 뒹구는 가벼운 말을 즐겨한다. 입으로만 설쳐대고 정리되지 않은 단어들이 마구 튀어나온다. 덜 씹은 음식을 삼키면 목구멍이 불편하다. 덜 다듬어진 단어를 들으면 귀가 아프다. 환자가 하는 말이라면 버릴 게 없겠지만 허튼 말을 내지르면 스스로 가치를 떨어뜨리고 아무짝에도 쓸모가 없다.

어느 모임에서 거나하게 취해 감당하지 못할 허풍을 치고 나서 며칠 지나 별일 아니라는 듯 약속을 깨면 신뢰와 존경심은 아침 햇살에 사라지는 이슬방울에 지나지 않는다. 강물 따라 흘러가는 모래알 신세가 될 뿐이다. 주변에서 다듬어지지 않은 헛소리가 넘쳐나니 스스로 그 속에서 빠져나올 수가 없다. 그러다 보니 자신도 모르게 헛소리를 하게 된다. 이탈리아 소프트웨어 엔지니어인 알베르토 브란돌리니(Alberto Brandolini)는 '헛소리를 반박하는 데 필요한 에너지의 양은 그런 헛소리를 생산하는 데 필요한 에너지보다 몇십 배나 많고, 바보는 우리가 반박할 수 있는 것보다 더 많은 헛소리를 쏟아낼 수 있다' 라고 주장했었다.

너무 많은 헛소리, 너무 모자란 침묵! 흔들림 없이 꼿꼿이 서 있고 싶어도 헛소리가 거친 바람을 일으키니 빈 마음조차 비틀거린다. 존중받지 못하는 말에 내가 왜 웃어주어야 하는지 묻고 있다?

5-2.
촛불이 졸고 있다

흐느적흐느적 춤을 춘다. 바람 한 점 없는데 좌우로 느릿느릿 드러눕는다. 졸리는 눈을 감았다 떴다를 반복한다. 그러다 천장을 향해 똑바로 선다. 촛대 그림자도 주인 따라 길어졌다 짧아졌다 하다가 사라지기를 반복한다. 촛불은 꽃심지를 붉게 태우다 너무 뜨거워서 우는 것일까 아니면 어둠을 온몸으로 막아서다 새벽이 다가옴에 웃고 있는 것일까?

촛불은 자신의 몸을 태워 어두운 곳에 빛을 나누어준다. 어둠을 태우고, 고약한 냄새를 태우고, 삐친 마음도 함께 태운다. 골방에 갇힌 영혼에 한 줄기 빛을 밀어 넣는다. 그런 촛불은 위대하다. 그러나 촛대 하나는 너무나 미약하다. 여러 개가 모여야만 큰 힘을 낼 수 있다. 나란히 서야 군센 방패가 되어 거친 바람을 막을 수 있다. 바람 앞에 약한 것이 어디 촛불뿐이런가. 센 바람에는 들풀도 드러눕고 오징어잡이 선장(船長)도 돌아눕는다. 고가사다리는 다리를 접는다.

촛불이 켜지면, 촛농은 녹아내려 늙은 소나무 거북 등이 되고, 심지는 훨훨 타올라 어둠에 몸을 숨긴 골목길을 환하게 밝혀준다. 비누는 제 몸을 녹여 거품을 만들며 다른 사람의 때를 씻어준다. 비린 냄새를 향기로 채운다. 콧바람을 풋풋하게 한다. 지우개는 자신을 문지르며 다른 사람의 상흔(傷痕)을 덮어준다. 잘못된 흔적을 말끔하게 지워준다. '나'를 버리고 '너'를 빛나게 하는 아름다운 희생이다. 아름다운 사랑이다. 자신의 살을 조금씩 조금씩 내어주며 큰 사랑을 채워가는 것이 어디 촛불과 비누와 지우개만 있겠는가. 자식을 낳아 다 큰 어른이 되도록 수만 번을 가르치고 나면 기쁨에 겨워 어린아이로 다시 돌아가는 엄마의 인생도 있다.

따뜻한 빛을 온몸으로 받으면서 타인의 빛을 가리는 자 누구인가? 빛을 등진 허수아비는 할 일이 없다고 추위에 떨고 있다. 일주문에 두 눈 부릅뜨고 서 있는 사천왕은 어둠을 틈타 넘어오는 마귀를 어떻게 막아낼 것인가 고민이 깊어 간다. 바싹 마른 솔잎 사이에서 촛불마저 졸고 있다. 누구를 위해 졸고 있는가? 보도블록의 갈라진 틈새를 빛으로 메우려 해도 메워지지 않는다. 어둠이 차지하고 있는 그 틈새를 어이할꼬. 꽃등심 한 덩어리라도 먹어볼 요량인데 모두 틀니에 끼고 잇몸에 끼어서 놀고 있다. 맛을 느낄 수 없는 벌어진 잇몸 사이를 어찌할 것인가.

따뜻한 빛을 온몸으로 받으면서
타인의 빛을 가리는 자 누구인가?

촛농으로 그 벌어진 틈을 메꾸어볼까? 촛불이 타다만 그 눈물 덩어리로 문지르면 메꾸어질 것인가?

동서남북 철길이 십자수 놓이듯 깔리고, 고속도로가 사방팔방으로 뚫리고, KTX도 쉼 없이 쌩쌩 달려오건만 사람 사이에서 기다리는 따뜻한 말은 쉬이 찾아오질 않는다. 바람 앞에 흔들리는 촛불, 민심의 강물이 퉁탕거리며 역류(逆流)하려 한다. 꼬인 내 마음이 실타래 끊어진 듯 위태롭게 흔들거리며 흘러가고 있다. 석양을 깃대고 오르는 밥 짓는 하얀 연기는 가오리연인지 홍어 연인지 분간은 할 수 없지만, 그 옆으로 문어 연도 함께 타오르고 있다. 차가운 밤이 내리기 전에 더 높이 올라가야 밝은 별님을 만날 수 있다고 야무지게 오른다.

눈빛은 따뜻하다. 그래서 좋다. 눈치는 쌀쌀하다. 그래서 싫다. 사람의 정은 따뜻하다. 그래서 사람들이 모두 좋아한다. 그런 마음이 모이면 주위가 따뜻해진다. 그러니까 우리는 따뜻한 이웃과 함께 모여 살아야 한다. 내 몸을 따뜻하게 하려면 빛을 쫓아 움직여야 하듯 세상을 향해서 나의 따뜻한 마음 한 줌이나마 태워보면 어떨까. 누군가의 작은 희생은 많은 사람에게 큰 희망의 선물이 된다.

조식(曹植 : 192~232, 위(魏)나라, 조비(曹丕)의 아우)의 칠보시(七步詩)를 떠올려 본다.

『자두연두기(煮豆燃豆萁) : 콩깍지를 태워 콩을 삶으니,
두재부중읍(豆在釜中泣) : 가마솥 속의 콩이 울고 있구나.
본시동근생(本是同根生) : 본래 한뿌리에서 낳건만
상전하태급(相煎何太急) : 어찌 이리 급하게 삶아대는가?』

하늘에 태양이 두 개가 있을 수 없고, 권력은 부자지간은 물론 형제지간에도 나눌 수 없다고 하는데 어찌 이웃과 함께 나눌 수 있겠는가? 요즘 죽기 살기로 상대방의 표를 한 표라도 더 빼앗아 오려고 애를 쓰는 선거철이다. 권력을 부여잡기 위해서 이이제이(以夷制夷 : 한 세력을 이용하여 다른 세력을 제어한다), 이적제적(以敵除敵)이 난무한다. 씁쓸하다.

어두운 밤이면 불빛이 있는 곳으로, 차가운 날에는 따뜻한 햇볕이 있는 곳으로 사람이 모인다. 나뭇가지도 햇살을 향해 뻗는다. 모든 것은 따뜻함으로 수렴하는 것이다. 표가 모이는 것도 그러하리라.

5-3.
선글라스 뒤로 숨지 마라

여름철은 선글라스의 계절이다. 햇볕이 강해서 토시를 끼지 않으면 하얀 팔뚝이 금방 까맣게 물이 든다. 해맑은 눈동자도 불타는 햇빛이 무서워 선글라스를 찾는다. 우스운 것은 짙은 검은색 선글라스를 쓰고 지하철 안에서 조는 척하는 사람이 많다는 것이다. 어둠 속에 숨어서 내 눈동자가 어디를 보고 있는지 너는 절대 모를 거야 하는 생각에 사로잡힌 것일까? 햇볕이 강해 선글라스 속에 맑은 눈동자를 넣어둔다고 누가 나무라겠는가만, 그 어둠 속에서 굴러가는 눈동자가 쓸데없는 곳을 바라보지 않았으면 좋겠다.

비가 오면 창문을 닫는다. 커튼까지 드리워지면 방안은 햇볕이 차단되어 더욱 어둡다. 화가 치솟으면 마음의 문을 닫는다.

물이 넘쳐 흐른다고 밑바닥을
볼품 사납게 헤집지 말자.
내려오는 물이 끊기고 나면 파헤쳐진
속살이 만천하에 드러나게 된다.

철근을 품고 굳어가는 콘크리트처럼, 마음의 경화가 시끄럽게 진행되고 얼굴색도 점점 어두워진다. 문을 굳게 닫고 검은색 선글라스에 의지하다 보면 편하게 지내던 이웃도 찾아오지 않아 소통이 끊기고 홀로 고독에 묻히게 된다.

빠져나갈 구멍을 파놓고 쥐 몰이를 해야 하는 것을, 열쇠를 밀어 넣어야 하는 밑구멍을 화끈하게 막아버리면 잠긴 자물쇠를 어떻게 열겠다는 것인가? 이렇게 되면 심한 변비 통만 남을 것이다.

선글라스는 언제부터 사용했을까? 1930년대 말 존 맥클레디(John Macgready), 미 육군 항공단 중위는 논스톱으로 대서양을 횡단하다 고공비행 중 강렬한 햇볕 때문에 심한 두통과 구토증으로 고생했었다고 한다. 그래서 그는 조종실에서 난반사를 막고 계기판에 나타난 각종 수치를 정확하게 판독하고 또한 시야를 확보하여 공중에서 교차하는 각종 항공기 등 장애물을 쉽게 포착할 수 있는 안경이 필요했다고 한다. 이런 이유로 바슈롬사가 레이 밴(Ray Ban)이라는 녹색 렌즈를 개발했었다. 이 렌

즈는 단순히 빛을 차단하는 기능뿐만 아니라 자외선과 적외선을 조절하는 기능이 있었다. 'Ray Ban Glass'는 광선을 차단하는 유리라는 뜻이다. 선글라스는 이렇듯 조종사들이 자신들의 눈을 보호하기 위한 용도였다.

한편 동양에서는 중국 송나라 판관들이 죄인들을 심문하고 고문하는 과정에서 그들의 눈을 마주 보게 되면 마음이 약해지거나 마음을 들키기 때문에 안경에 색을 넣어 눈동자가 보이지 않게 하였다는 설도 있다. 요즘 경호업무를 하는 사람들이 시선 가는 곳을 숨기기 위해 선글라스를 착용하고 있는 것 또한 사실이다.

운전하는 사람들이라면 공감하겠지만, 한낮 뜨거운 햇볕 아래 운전을 하다 보면 눈부심으로 전방을 제대로 주시하지 못할 때가 종종 있다. 이럴 때 선글라스를 쓰게 되면 약간 어두워짐과 함께 전방의 사물들이 조금 더 명확하게 보이고 눈 주위가 시원해지는 느낌이 든다. 어쩌면 어둠 속에서는 동공이 더 커지는지도 모르겠다.

짙은 선글라스를 쓰고 있으면 내가 눈을 뜨고 있는지 감고 있는지 아무도 모를 거야. 내가 머리를 장독대 안에 처박고 있으면 내가 어디에 있는지, 내가 무슨 짓을 하고 있는지 아무도 모를 거야. 이렇게 생각하는 사람들은 아무도 없고 아무도 보지 않으면, 꼭 해야 할 일은 하지 않고 해서는 안 되는 일만 골라서 하는 못된 버릇이 도진다. 이불 뒤집어쓰고 이단옆차기 하는 것과 무에 다를까. 선글라스 속에 감춘 거짓 눈으로 진실의 햇빛을 이기려 한다. 밝음은 언제나 어둠을 이기게 되어 있다.

어둠 속에 몸을 숨긴들 아침이 오면 다 들통난다. 밤새 했던 못된 짓거리들이 모두 드러난다. 물이 넘쳐 흐른다고 밑바닥을 볼품 사납게 헤집지 말자. 내려오는 물이 끊기고 나면 파헤쳐진 속살이 만천하에 드러나게 된다. 밤새 천둥소리에 기대어 살쾡이가 헤집고 지나간 닭장에 닭은 사라지고 오리발만 수두룩 쌓이는 꼴이다.

깃털 같은 권력을 손에 쥐고서 그것을 뒷배 삼아 마구 휘둘러댄다. 그 깃털이 바람에 날아가 버리면 무슨 망신을 당하려 하는가? 나만 맛봐야 하고 너는 맛보면 안 된다는 것일까? 권력이라는 선글라스를 쓰고서 온갖 욕설을 막아주는 두꺼운 갑옷을 입었다고 착각하는 사람들, 선글라스 뒤에 숨어서 다른 사람을 속이고 무시하는 재미로 살아가는 그들에게 관계의 꽃은 신뢰이고 그 뿌리는 존중임을 말해주고 싶다.

5-4.
너한테만 알려주는 특급 정보인데?

A는 하늘이 두 쪽 나도 믿을 수 있다고 생각하는 B한테 자신을 철석같이 믿고 있는 C에 대해 흉을 보면서, 너한테만 하는 말인데 '걔 참 이상해', '좀 모자라지', '믿을만하지는 않지'라고 귀엣말로 조용히 말했다. 지나가던 쥐와 날아가던 참새가 그 말을 듣고 있다 후다닥 도망갔지만 나불대지는 않았다. 그런데 B라는 녀석이 A가 그렇게 말했다고 스피커를 들고 다니며 동네방네 방송을 해댄다. 그 말을 듣는 C는 어떤 마음이 들까? 그 말을 했던 A는 뭐가 될까?. 떠들고 다니는 B는 또 어떻게 될까?

A는 이제 B를 더 이상 믿을 수 없게 되고, C는 A를 좋게 평가할 수 없게 될 것이다. 그리고 그 말을 했다고 떠들고 다니는 B를 더 나쁜 녀석이라 생각할 것이다. 지금까지 소중한 친구라고 믿었던 마음들이 일순간 사라지게 될 것이다. 결국에는

A. B. C는 서로 불구대천(不俱戴天)의 원수가 되거나 저주나 험담의 대상이 될 것이 뻔하고, 모두 불신의 늪에 빠지게 될 것이다. 당사자 앞에서 떳떳하게 할 수 없는 말을 등 뒤에서 하다 들통이 나면 좋지 않은 결과를 가져옴에도 불구하고 사람들은 당사자가 없으면 왜 그 사람에 대하여 흉을 보려 하는 것일까? 그것도 너한테만 하는 말인데 하면서 은밀하게 속삭이듯 말을 하는 이유가 뭘까?

관자(管子)의 말을 되새겨 본다. '凡言而不可復者, 行而不可再者, 有國者之大禁也'(되풀이하지 못할 말이나 두 번 다시 못할 행동은 나라를 다스리는 사람들이 매우 삼가야 한다) 흉을 보거나 험담을 하는 순간 너와 나는 강한 유대감을 가지고 피를 나눈 형제보다 더 질기고 더 끈끈한 인연으로 맺어진 사이라고 착각하는 것은 아닐까? 그 순간만큼은 모든 면에서 그 사람보다 우월하다고 느끼는 것일까? 흉을 보는 대상자가 특별히 나에게 손해를 끼치거나 나를 못살게 구는 것도 아닌데 말이다.

나만 알고 네가 모르는 사람을 대상으로 흉을 보면 공감이나 동감을 끌어내지 못하게 된다. 그러므로 쌍방 중에서 일방이 모르는 사람은 흉을 보는 대상이 되지 못한다. 흉을 보는 대상은 언제나 너와 내가 아는 사람인 경우가 대부분이다. 경우가 이러하다 보니 내가 안다고 하는 사람의 속 깊은 마음을 얼마나 어디까지 믿어야 할까? 함께 흉을 보고 있는 순간에는 너와 내가 하는 말이 틀렸다고 증명해줄 사람이 그 어디에도 보이지 않는다. 그러다가 각자로 돌아서면 상대를 보고 '네가 그랬잖아'라고 큰 소리로 외친다.

내가 알고 있던 정보, 내가 진실이라 믿었던 사실이 갑자기 거짓이 되고, 나만 알고 있는 특급 정보를 모두가 다 알고 있고, 더군다나 다른 사람들은 내가 알고 있는 것보다 훨씬 더 많은 것을 알고 있음을 깨달았을 때, 화끈거리며 빨개지는 얼굴, 무너져 내리는 텅 빈 가슴, 망치로 한 대 얻어맞은 듯한 멍때리는 머리통은 어떻게 할 것인가?

흉을 보거나 험담을 하는 순간 너와 나는
강한 유대감을 가지고 피를 나눈 형제보다
더 질기고 더 끈끈한 인연으로 맺어진 사이라고
착각하는 것은 아닐까?

돈 되는 정보이니 '너만 알고 있어라'하면서 귀에 대고 말한다. 그러면서 '너니까 말해주는 거다'라고 강조한다. 다른 사람에게는 '일절 말하면 안 돼'하면서 신신당부한다. 그런 줄만 알고 굳게 믿고 있었는데, 수많은 사람 중에서 내가 가장 늦게 들었다면, 이럴 땐 '고맙다'고 말해야 하는 건지, '너 날 무시하는 거냐'라고 화를 내야 하는 건지? 허 참 쓰레기 같은 정보로 나를 둘러 먹으려 하다니 못된 녀석 같으니라고 하면서 한 방 날릴 것인가? 세상 참 믿을 놈 하나 없구나 하며 혀를 찰 것인가?

산을 오르다 보면 약수터가 있는 암자를 지나게 되는 경우가 있다. 간혹 흐르는 물을 세 줄기로 나누어 놓은 곳이 있다. '건강 약수, 재물 약수, 사랑 약수'라는 표시가 있다. 그곳을 지나는 사람들은 하나만을 선택하지 않는다. 세 가지를 모두 선택하려 한다. 하나만 선택해야 효과가 있다고 강조하면 모를까 그렇지 않으면 무조건 다다익선(多多益善)이라 생각하고 거기에 놓여있는 것 모두를 선택하려 한다. 그중에서 하나만이라도 효과가 있으면 손해 볼 일 없고 남는 장사 아닌가? 하는 마음을 앞세운다. 같은 물을 줄기만 나누어 놓은 것임에도 욕심은 그러한가 보다. 그러한 욕심이 나를 속이려 하는 가짜 정보를 돈 되는 정보라고 믿게 만드는 것이리라.

거짓 정보를 듣고서 '장군'하며 외통수라 큰소리쳤는데 '멍군'하며 그 외통수가 역으로 나를 외통수에 가두는 꼴이다. 너희들이 아는 이야기를 나만 모르게 한다면 많이 불공평하잖아!

5-5. '눈 감은 장님'을 어이 할꼬

초등학교도 다니지 않으셨던 까막눈을 가진 어머니는 유명 대학에서 박사학위를 취득한 그 누구보다도 세상 돌아가는 일을 잘 읽으셨다. 눈을 감고 있으면서도 사람들의 마음속을 들여다 보고 계신 듯 속속들이 알아보셨다. 학문이나 지식이 아닌 지혜로 세상을 읽는 것이었다. 글을 잘 쓰고 외국어를 잘한다고 으스대는 사람들, 잘나가는 사람들끼리만 편 먹는 것에 익숙한 사람들, 내 편이 아니라 생각되면 밑도 끝도 없이 무시하는 사람들과는 결이 다르고 격이 달랐다. 한 사람 한 사람을 진심으로 대하고 그분들이 하는 말을 정성껏 듣기에 세상을 바라보는 눈이 그만큼 넓어진 것이리라.

한바탕 투기 광풍(狂風)이 몰아치면 우리는 모두 돈에 눈을 뜬 장님이 되어간다. 돈 바라기가 되어 함께 휩쓸리고 함께 뛰어다닌다. 어느 곳에 알박기해야 돈이 될까? 황소 눈을 크게 뜨고 깜박거리는 사람, 높은 하늘에서 먹잇감을 찾는 매의 배고픈 눈으로 온 땅을 스캔하는 사람들로 북적거린다. 마치 도회지 부근에 5일 장이 서는 듯하다.

세상이 온통 한가지 색깔로 덧칠해지면
다른 색이 있음을 전혀 알지 못한다.
스스로 색맹이 되어 가는 것이다.

세상이 온통 한가지 색깔로 덧칠해지면 다른 색이 있음을 전혀 알지 못한다. 스스로 색맹이 되어 가는 것이다. 어쩌면 쏠림현상도 마찬가지가 아닐까. 이를 어이할꼬. 심부재언 시이불견 청이불문 식이불미(心不在焉 視而不見 聽而不聞 食而不味, 마음이 없으면, 보여도 보지 못하고, 들려도 듣지 못하고, 먹어도 맛을 느끼지 못한다)라. 내 편 바라기가 되어버리면, 대롱을 통해서만 하늘을 바라본다면, 이 세상이 얼마나 넓은지 얼마나 아름다운지 결코 알 수 없을 것이다.

옆에 있는 아름다운 사물을 전혀 보지 못한 채 탐욕의 마음으로 가림막을 치니 바깥의 밝은 세상을 어찌 볼 수 있으리오. 일향(一香), 일색(一色), 일풍(一風)에 매몰된다면 너와 나의 구별은 어떻게 할까. 한 곳에만 매몰된 삶에 역동성이 있을까? 그

지루함을 어떻게 극복할 수 있을까? 획일화를 외치고 다양성과 다름을 인정하지 못하는 팬덤현상이 극에 달하고 있다. 누군가는 이를 일러 세상이 온통 미쳐가고 있다고 말한다. 우리는 스스로 '눈 감은 장님'이 되어가고 있는지도 모른다.

조각구름은 동네별로 소나기를 퍼붓는다. 어느 구름 속에 빗물이 들어있는지 어찌 알겠는가만, 전에는 전국적으로 권역별로 비가 내리더니 요즘에는 동별로 지역별로 비가 내리고 있다. 그러다 보니 골고루 나누어 내리던 비가 한곳에 집중되어 큰 난리를 일으키기도 한다. 어느 지역이 투기 광풍에 휩싸여도 이와 비슷한 듯하다. 한집 넘어 한길 건너 가격 차이가 상식 수준을 뛰어넘는다. 그러니 부자동에 살면 부자되고 대박동에 살면 대박 맞는다는 소문이 날 만도 한 것이다.

보지 못하면 알지 못하고 모르면 깨닫지 못한다. 어둠 속에 있으면 보지 못하는 것과 다를 바 없다. 빛 가운데 있으면 볼 수 있으려나? 빛이 벽이나 장막으로 차단되면 어두워서 사물을 볼 수 없다. 그렇기에 겉은 볼 수 있으나 속은 볼 수 없다. 반짝반짝 빛나는 돈만 보이고 어둠에 묻힌 사람은 보이지 않는다. 돈 되는 일에는 물불 가리지 않고 달려든다. 뱀을 싫어하면서 장어는 잡으려 든다. 꽃 그림자가 구름 모시듯 하고, 설마 하는 믿음이 맹신이 되곤 한다.

5-6.
등급으로 인품을 살 수 있는가?

최근 친구들과 함께 서울 근교에 있는 소요산을 오른 적이 있었다. 설악산이나 내장산까지 갈 수 없는 형편이기에 이 산의 아름다운 단풍으로 늦가을의 마음을 달래보기로 했었다. 갑자기 내린 서리에 단풍잎이 남아 있을까 하는 조바심이 일기도 했었다. 친구들과 군사작전을 실행하듯 세밀한 시간표를 작성하고 지하철을 몇 번씩 갈아타고 중간중간 연락을 취하며 약속했던 집결지에 무사히 도착했었다.

산 입구까지 길게 나래비 서 있는 울긋불긋 단풍나무 덕분에 설레는 마음을 불태우기에 충분했었다. 그다지 높지 않아 보이는 산이지만 산이 꿰차고 앉아있는 밑바닥의 폭이 넓지 않아서 그런지 산행 초입(初入)에서부터 오르막 경사가 매우 심했다. 껄떡껄떡 숨이 벅차니 옆을 돌아볼 여유도 없었다. 유격훈련(遊

이 사람은 얼마짜리, 저 사람은 얼마짜리,
그 사람은 얼마짜리 하면서 나보다 밑인가 위인가를
수시로 비교 분석한다.

擊訓練) 하듯 산을 오르다 보니 단풍은 온데간데 없고, 후들거리는 무릎을 달래며 그저 한 계단 한 계단 오르기에 바빴다. 되돌아가기에는 너무 멀리 와버렸는데, 계단과 계단 사이가 야속하리만큼 멀고도 높았다.

산 입구에는 등산코스와 산행의 거리를 표시한 안내도가 세워져 있는데, "초보자 코스 : ~~, 중급자 코스 : ~~, 상급자 코스 : ~~"로 구분하여 표시하고 있었다. 다른 산을 가보더라도 이렇게 구분하여 표시한 안내도가 대부분이다. 난이도(難易度)의 차이가 있을 수 있겠으나 산행코스를 조금 세분하여 살펴보면 난이도 보다는 산행 거리에 따른 분류임을 알 수 있다. 그런데 왜 초급자, 중급자, 상급자 코스라고 표현하고 있을까?

짧은 코스, 조금 긴 코스, 많이 긴 코스 또는 제1코스, 제2코스, 제3코스 등으로 표현한다면, 초급자 코스를 다녀왔다고 의기소침하며 기죽을 필요가 없을 것이다. 상급자 코스를 다녀왔다고 해서 그 사람이 인격적으로 상위이거나 산을 오르는데 뛰어난 기술을 가졌다고 말할 수 있는 것도 아닐 것이다. 조금 더 먼 거리를 오르고 걷다 보면 시간을 좀 더 많이 투자했다는 것과 체력을 좀 더 많이 소모했다는 것의 차이밖에 나지 않는다. 체력의 차이가 인격이나 인품의 차이를 말하지는 않을 것이다. 그런데 왜 능력의 차이를 암시하듯 등급을 매겨놓았는가? 굳어버린 생각의 틀을 깰 수 있을까? 다른 사람에 대한 배려를 다시 한번 생각하게 되었다.

경쟁의 틈바구니에 끼어 허우적거리며 살다 보면 무의식적으로 다른 사람을 평가하면서 등급을 매기게 된다. 이 사람은 얼마짜리, 저 사람은 얼마짜리, 그 사람은 얼마짜리 하면서 나보다 밑인가 위인가를 수시로 비교 분석한다. 그러면서 밑이라 생각하면 깡그리 무시하고 위라 여겨지면 무턱대고 부러워한다.

비교하고 평가하는 마음은 희비의 쌍곡선을 자유자재로 그린다. 그렸다가 지우기를 반복한다. 그러면서 그 숫자놀음에 스스로 지쳐간다. 더욱이 상대가 나를 어떤 등급으로 매겨놓았는지를 확인하는 순간 마음이 불편해진다. 상대가 자신을 평가하고 있다는 사실 자체에 불안감을 느낀다. 그러면서 자신도 모르게 습관적으로 그 상대를 평가하고 등급을 매긴다. 나를 낮게 평가하고 있으면 나의 능력을 알아보지 못하는 놈이라고, 나를 아주 싸구려로 평가하고 있다고 화를 낸다. 그리고 상대를 아주 질 나쁜 놈이라고 다른 사람들에게 소문내고 다닌다. 나를 높게 평가하고 있으면, 그래 너는 된 놈이야 하면서 그를 곁에 두고 아끼려 한다. 그렇다고 남들에게 좋은 녀석이라 말하지는 않는다.

상대도 자신이 하는 것처럼 똑같이 나를 그렇게 평가하고 있을 것이다. 말은 그 사람의 품격을 나타내는 것이다. 그러므로 말을 가려서 하고 신중히 해야 하고 품위를 지키며 해야 한다. 자신은 언제나 좋은 사람으로 평가받아야 하고, 상대는 아무렇게나 평가받아도 된다는 생각은 버리자. 다른 사람의 좋은 점을 찾아 남들 앞에서 칭찬할 수 있는 사람이 된다는 것은 어려운 일인가 보다.

식육점에서 파는 고기는 질에 따라 등급이 매겨지고 가격에도 차이가 난다. 시장에서 파는 채소나 곡식류도 마찬가지다. 최상위 등급은 언제나 가장 비싼 가격에 팔린다. 사람은 능력이 뛰어나면 '고수'나 '최고~~'라 부른다. 이런 평가를 받기까지 알게 모르게 수많은 노력을 했을 것이다. 그래서 최고 등급에 최고의 인품을 지닌 사람을 우리는 우러러 존경하게 된다.

5-7.
선택적 기억

맛있는 것만 골라 먹는 사람이 있다. 그 사람은 맛있는 음식을 어떻게 알아낼 수 있을까? 이전에 맛있게 먹었던 기억을 고르고 고르며 반추(反芻)해 내거나 아니면 다른 사람들에게서 맛있는 것을 찾아내는 방법을 배웠을 것이다. 최종적으로는 자신이 눈으로 보고 코로 냄새를 맡고 손으로 만져서 그 재료가 맛이 있고 없고를 판단한다. 이런 판단의 근저(根底)에는 경험의 기억이 중요한 역할을 한다. 맛있는 음식을 고르고 맛있는 친구와 사귀고 맛있는 인생을 살기 위해서 그 사람은 무언가 자신만의 노력을 곁들인 것이다.

거꾸로 아무거나 맛있게 먹는 사람도 있다. 이 사람은 맛있는 것을 골라야 하는 스트레스는 덜할 것이다. 맛있게 먹으면 되는 것이기에 먹을 음식이 있기만 하면 고마운 일이다. 맛이 있고 없고의 차이는 그리 중요한 문제가 되지 않는다. 먹으면서 맛있다고 생각하기 때문이다. 먹다 보니 내 입맛에 맞아서 맛있다고 느끼는 것이고 그러다 보니 맛있는 음식이나 맛있다고 이름난 음식을 애써 고를 필요가 없을 것이다. 모든 음식을 맛있게 먹을 수 있는 능력을 타고난 것도 큰 복주머니를 달고 태어난 것이다.

최근 직원들과 식사를 할 때였다. 메뉴는 다양했는데 그날따라 모두 열무 비빔밥을 주문하였다. 주문한 비빔밥이 나오자 다른 직원들은 아무 생각 없이 열심히 비비고 있었다. 그런데 한 직원이 외쳤다. '제 열무 비빔밥에는 왜 열무가 없지요'라고 말하는 것이었다. 그러면서 옆 사람의 비빔밥에도 열무가 없는지 확인절차를 거쳤다. 빨간 고추장에 버무려진 엇비슷한 색깔의 여러 가지 재료가 한 데 뒤섞여 있음에도 어떻게 열무가 없다는 사실을 금방 알아냈을까?

맛있게 먹고 싶은 열무 비빔밥에 열무가 빠졌음을 알아차릴 수 있는 사람은 분명 열무를 좋아하는 사람일 것이다. 예전부터 엄마가 담아 주셨던 향수 어린 열무를 무척 즐겨 했기에 자신이 먹고 싶은 열무를 열심히 찾았을 것이다. 그런데 그 열무가 보이지 않았으니 얼마나 당황을 했을까? 그런 추억이 없고 그저 식사 한 끼 때우기 위해 주문한 사람들은 그 비빔밥에 열무가 빠졌는지 관심조차 없었을 것이다. 열무 비빔밥에 열무가 빠졌다면 이 비빔밥은 열무 비빔밥일까? '체리피커(cherry picker)'는 예쁜 케이크 속에 체리가 보이지 않으면 마음이 슬퍼질 것이다.

어두운 밤이어서 지켜보는 사람이 없다고 얼굴 빨개지는

맛있는 것만 골라 먹는 사람이 있다.
그 사람은 맛있는 음식을 어떻게 알아낼 수 있을까?

일을 아무렇게나 저질러 놓고 짐짓 태연하게 새로운 아침을 맞이한다. 분명 아무도 없다고 생각했는데 '지난밤에 네가 한 일을 똑똑하게 기억하고 있다'라는 환청이 계속해서 들려오면 이를 어쩌나. 고대 그리스 신화에 나오는 레테(lethe)의 강물, 망각의 강물을 마시면 고통스러운 기억뿐만 아니라 즐거운 추억도 함께 사라진다고 하는데, 그 강물을 한 모금 마시고 과거의 모든 호불호(好不好)의 기억을 깨끗이 지우고 싶을까? 아름다운 추억은 값비싼 자산인데도 말이다.

핸드폰을 오랫동안 사용하다 보면 저장해야 할 데이터의 양이 넘쳐서 다른 귀한 자료를 저장할 수 없는 경우가 생기기도 한다. 새로운 데이터를 받아들일 수 있는 공간을 만들기 위해서는 먼저 저장되었던 데이터를 지워야 한다. 우리들의 뇌 속의 기억도 그럴 거라 믿는다. 좋은 추억을 더 오랫동안 간직하고 싶다면 기억할 수 있는 용량을 더 크게 늘리거나, 좋지 않은 기억들을 자주 지워야 할 것이다.

너는 '틀렸다'고 말하면 관계의 끈은 싹둑 끊어진다. 내 편이 옳다는 것을 증명하고자 상대에게 기억하고 싶지 않은 수치

심을 안겨주는 경우도 있다. 자신이 말로써 상처를 받았던 그 아픈 기억이 두엄 속의 비닐처럼 오랫동안 썩지도 않고 마음속에서 살아 꿈틀거리고 있음을 경험으로 알 것이다. 똑같은 이치로 상대의 마음속에서도 그 쓰라린 기억은 절대 지워지지 않을 것이다. 레테의 강물을 마신다고 해도, 어쩌면 평생 지워지지 않을 것이다.

관계의 리셋 버튼, 삭제 버튼을 누르면 모두 지워질까? 요즘에는 포렌식이라는 이상한 괴물을 동원해 과거의 모든 기억을 복구해내고 있으니 어디 숨을 데도 숨길 데도 없다. 기억의 유통기간은 시간이 흐를수록 짧아진다고 하지만 상처받은 기억의 유효기간은 끝이 없다. 아름다운 추억거리만 선택적으로 기억할 수 있으면 좋으련만…

5-8.
왕소금이 짠맛을 잃으면?

멸치젓국은 소금으로 절이는데 소금보다 더 짜다고 느끼는 것은 왜일까? 짜다고 하면 떠오르는 것은 젓갈이나 자린고비일 것이다. 엉뚱하지만 청출어람(青出於藍), 출람지예(出藍之譽)를 생각해본다.

순자(筍子)는 '권학편(勸學篇)'에서 다음과 같이 말하고 있다. '학불가이이 청취지어람 이청어람 빙수위지 이한어수(學不可以已 青取之於藍 而青於藍 氷水爲之 而寒於水 : 학문은 그쳐서는 안 될 일이다. 푸른색은 쪽 풀에서 취했건만 쪽빛보다 더 푸르다. 얼음은 물이 된 것이지만 물보다 더 차갑다)'.

이규보(李奎報)는 〈과용담사過龍潭寺〉라는 시에서, '수기처량습단삼 청강일대벽어람(水氣凄涼襲短衫 淸江一帶碧於藍 : 물기운이 서늘하게 짧은 적삼에 파고들고, 한 줄기 맑은 강물 쪽

눈물에는 짠맛도 있고 단맛도 있다.
단맛이 난다고 하여 다른 사람의 눈에서
눈물을 뽑아내지는 말자.

빛보다 더 푸르네)'라고 읊기도 했다.

스승의 그림자는 밟아서는 안 된다고 배웠지만, 밟아서는 안 되는 것이 꼭 스승의 그림자만을 지칭하는 것은 아닐 것이다. 그럼에도 불구하고 그림자만 보아도 밥맛이 떨어지는 사람도 있다. 쇠에서 나온 녹(綠)이 쇠를 갉아먹는다고나 할까. 청출어람처럼 선순환을 일으키는 사람도 있지만, 쇠를 갉아 먹는 것처럼 악순환을 불러일으키는 사람도 있다는 것이다. 빛이 밝음을 잃으면 어둠이 될 뿐이고 소금이 짠맛을 잃으면 굴러다니는 모래알에 지나지 않는다. 사람 또한 인품(人品)을 잃으면 들판에서 날뛰는 금수에도 미치지 못한다.

눈물에는 짠맛도 있고 단맛도 있다. 단맛이 난다고 하여 다른 사람의 눈에서 눈물을 뽑아내지는 말자. 세상에서 '빛과 소금'이 되라는 성경 말씀을 금과옥조로 삼고 살아가는 사람들은 청출어람은 아닐지라도 쇠를 갉아먹지는 않을 것이다. 소금은 음식에 간을 하든가 음식이 썩지 않게 하는데 사용하는 것이지 남의 상처 난 곳에 염장 지르듯 뿌리는 물건이 결코 아니다.

멸치젓국에 자린고비를 절이면 자린고비는 더 짜질까 아니면 싱거워질까? 소금에 절인 멸치젓국과 눈물로 절인 고단한 삶 중에서 어떤 것이 더 짤까? 사람 마음이 구두쇠 같을 때도 짜다고 말한다. 어찌 보면 자린고비보다 더 짠 게 사람 마음이고 청양고추보다 더 매운 게 사람 눈초리가 아닐까 싶다.

'눈물 젖은 빵을 먹어 보았는가?', '남의 밥은 맵고도 짜다', '삼각산 밑에서 짠물 먹는 놈', '인천 앞바다 바닷물보다 더 짠 놈'이라는 소리도 심심찮게 들어볼 수 있다. 하지만 인생은 단맛도 짠맛도 매운맛도 섞여 있는 짬뽕 맛일 거다. 이것저것 어중이떠중이를 한 통 속에 밀어 넣고 버무린 그런 맛일 거다.

짠맛을 내는 소금도 종류가 여럿이다. 암염(巖鹽, 돌소금)은 소금 바위에서 캐낸 것이다. 천일염(天日鹽)은 바닷물을 염전에 가두고 햇빛과 바람으로 수분을 증발시켜 만든 가공하지 않은 소금이며, 정제염(精製鹽)은 바닷물을 여과와 침전, 이온교환막 통과 등의 과정을 거치면서 불순물과 중금속을 제거한 소금을 말한다.

맛소금은 정제염에 MSG(Mono Sodium Glutamate : 글루탐산나트륨)를 첨가해 감칠맛이 나게 만든 소금, 구운 소금은 천일염을 고온에서 볶거나 구워서 만든 소금, 죽염은 대나무 통에 천일염을 빈틈없이 채워 넣고 600도의 온도에서 소나무 장작의 열을 이용하여 구워낸 소금, 함초소금은 서남해안 지역에서 나는 함초(鹹草)를 첨가해서 만든 소금이다. 이들은 정제염의 일종이다. 소금도 원재료나 제조과정에 따라 짠맛에 차이가 있고 용도와 가격도 다양하다. 사람도 그렇다.

밥상 위에 떨어지는 햇살에도 간혹 눈치가 보이고 소금간이 필요할 때가 있다. 남이 사주는 비싼 갈비탕은 눈치가 보인다. 어금니 사이에 끼인 마른 대파 한줄기와 질긴 소 심줄이 다투다 보면, 맛있는 육즙을 느낄 새도 없이 목구멍 사이를 지나간다. 어쩌면 틀니 사이에서 이쑤시개를 기다리고 있는지도 모를 일이다. 내가 베푸는 값싼 시골 된장국은 눈치 볼 게 없어 마음이 편하고 마구마구 먹어대도 배가 편하다. 눈칫밥은 소금을 뿌리지 않아도 그만큼 짜다. 옛말에 '돈 없이 못 갈 데는 기생집이고 맨발로 못 갈 데는 밤나무 아랫니라'라는 말이 있다.

5-9.
시효완성과 예의염치

시효(時效)란 일정한 사실 상태가 일정한 기간 동안 계속함으로써 법률상으로 권리의 취득 또는 권리의 소멸이 일어나게 하는 법률요건을 말한다. 학문적으로는 금속이나 합금의 어떤 성질이 시간의 경과에 따라 변화하는 현상을 뜻하기도 한다. 시효에는 타인의 물건을 오랫동안 점유함으로써 권리를 취득하게 되는 '취득시효'와 장기간 권리를 행사하지 않음으로써 권리가 소멸되는 '소멸시효가' 있다. 또한 '공소시효(公訴時效)'는 죄를 범하고 일정한 기간이 경과 하면 국가의 소추권을 소멸시켜 공소 제기를 불가능하게 하는 제도를 말한다.

시효가 완성된다는 것은 법적으로 권한이 정리된다는 것을 말하는 것이지 윤리적 양심적으로는 정리되었다고 말할 수 없는 것이다. 즉 공소시효가 지나면 지은 죄가 그냥 씻겨지나요? 소멸시효가 지나면 떼먹은 돈은 그냥 갚아지나요? 흉터가 사라지면 그냥 그 아픔이 치유되나요? 마음 한구석에 남아 있는 지워지지 않은 분노와 원한의 응어리는 어떻게 풀어야 하나요? 다행스럽게도 우리 마음속에는 시효와 상관없는 '용서'라는 용해제가 들어있다. 그 용서를 통해서만이 미운 원한이 치유될 수 있는 것이다.

사람은 태어나면서부터 생존시간은 줄어들게 되어있다. 그러다가 수명을 다하면 자연으로 돌아간다. 그 육신의 수명이 다하였다 하여 모든 것이 사라지는 것은 아니다. 그 사람이 생전에 말하고 행하였던 자료, 축적한 재산 등은 어떠한 형태로든 대물림하며 후세에 영향을 미친다. 후대 사람들을 천국으로 인도하는 천사가 되기도 하고 지옥으로 이끄는 악마가 되기도 한다. 이는 자신이 남긴 흔적에 따라 갈린다. 발효음식은 시간이 지나면서 사람들이 즐겨 하는 좋은 향기가 나온다. 부패 음식은 사람들이 싫어하는 썩은 냄새가 진동하게 된다. 세월이 쌓여도 다른 사람들로부터 발효음식같이 사랑받음과 부패 음식같이 멸시당함은 예의염치가 있고 없음에 달린 것이다.

언제부터 이 나라가 죄짓고도 큰소리치는 사람들의 나라가 되었는가? 라고 한탄하면서 밤새 찌지직거리는 텔레비전 뉴스만이 홀로 울고 있다. 죄지은 자는 주홍글씨를 이마에 새기고 하늘을 우러름에 참으로 부끄러워해야 함에도 주홍글씨가 훈장이라 우기는 적반하장이 유별나다. 죄를 짓고도 죄인 줄 모르는 건지,

죄를 짓고도 죄인 줄 모르는 건지,
죄인 줄 알면서도 죄가 아니라 주장하는 건지,
부끄러워하는 자화상은
그 어디에서도 찾아볼 수 없으니

죄인 줄 알면서도 죄가 아니라 주장하는 건지, 너무 뻔뻔스럽다. 후안무취(厚顔無恥)가 극에 달한 듯하다. 부끄러워하는 자화상은 그 어디에서도 찾아볼 수 없으니 말이다.

요즘 정치인들은 잘못을 저지르고도 잘못했다고 말하지 않는다. 잘못한 대가는 더더욱 치르려 하지 않는다. 벌 받으라 지적하는 사람에 대해 거꾸로 벌을 받으라 윽박지른다. 흥청망청 빚내 쓰고서 그 빚 받으러 찾아온 사람을 실컷 두들겨 패는 꼴이다. 특히 먹고사는 것이 첫 번째인 사람들에게 밥 한 끼니를 동냥 퍼주듯 하고는 오히려 그 사람의 호주머니를 뒤져서 있는 돈 없는 돈 모두 앗아간다. 그러면서 이도 저도 돈도 뒷배도 없는 것들이라 깔보며 대놓고 무시한다. '누가 감히 내 밥그릇에 손을 대는 거야' 하면서 그들은 '혐오 대장' 놀이를 그치지 않는다. 권력을 쥔 자는 한없이 강하고, 일반 대중은 한없이 약한 세상이 되었다.

시골에는 5일마다 서는 5일 장이 있다. 수많은 민심이 한꺼번에 장터로 몰려든다. 온전히 걸어가는 것조차 힘들고 질서가

무너질 듯하지만 무너지지 않는다. 이는 다른 사람에 대한 배려가 숨어있기 때문이다. 관자는 일찍이 창름실즉지영욕 의식족즉지예의(倉廩實則知榮辱 衣食足則知禮義, 곳간이 넘치면 영예와 치욕을 알고, 입고 먹는 것이 풍족해야 예의범절을 인다)를 주장했었다. 예의염치(禮義廉恥)를 나라를 다스리는 사유(四維)라 강조한 그는 지금의 세태를 미리 엿보고 있었을까?

그 잘난 정치인들은 인면수심(人面獸心)의 가면을 쓰고 독불장군인 양 호들갑만 떨면서 지금까지 저지른 죄가 시효완성이 되었다고 외치고 있다. 그들만을 위한 소도(蘇塗 : 삼한 시대에 천신(天神)에게 제사를 지내던 성지(聖地)로 죄인이 이곳으로 달아나더라도 잡아가지 못하였다고 한다)에서 살고 있다고 큰소리를 치고 있다.

모이주머니가 홀쭉해진 갈매기조차도 뱃머리에 앉아 있는 사람들에게 연신 머리를 조아린다. 먹을거리를 주는 사람의 마음을 사기 위해서다. 저녁노을이 곱게 물들어가는 법성포 포구 끝에 내걸린 얽히고설킨 굴비처럼, 조각구름 사이로 고개를 내밀고 굽은 시렁에 주렁주렁 매달린 인생의 꿈들이 맛있게 익어가는 참 좋은 시절에, 고운 마음 배부른 소식이 밥상머리에 많이 올라왔으면 좋겠다.

5-10.
견공대왕(犬公大王) 납시오!

개의 변신은 무죄, 사람의 변심은 유죄인가? 이제 개가 영어를 하고 사람을 가르치는 세상이 되었다. 존경받는 강아지를 gsgg라 부르면 가짜뉴스나 허위사실 유포죄로 엄하게 다스릴 것이다. 듣도 보도 못한 불경죄로 다스려질 모양이다. 개가 어느덧 사람들의 상전이 되어 나타났다고 세상이 시끄럽다. 개들의 변신 속도가 늦은 봄 초목의 색상 변화보다 더 빠르니 눈에 확 튄다. 그동안 사람 마음은 변화의 속도를 따라가지 못하고 있었으니 변심했다고 손가락질을 받게 생겼다.

속 깊은 물은 빠르게 흘러가고 있는데 겉으로 보면 미동도 하지 않는 것처럼 보인다. 그러다 보니 개들이 오해할만하다. 다큰 어른이 어찌 한 점 바람에 흔들릴 것이며, 구름이 초승달을 가린다고 울어 댈 것인가? 봄이면 파릇한 새싹, 여름이면 땀에

염치없이 막말 잘하는 견공을 찾아내려면
네모난 상자를 뚫어지게 쳐다보아야 하고
듣기 싫은 말도 귀가 따갑도록 들어야 한다.

젖은 푸르름, 가을이면 토실토실한 오곡백과, 겨울이면 수북이 쌓이는 하얀 눈을 보고 누가 변신했다고 나무랄까. 시간이 지나면서 시시때때로 변하는 그것들의 모습은 너무나도 자연스럽다.

최근에 트로트 가요가 유행하다 보니 대부분의 방송사가 트로트 가요 경연대회를 경쟁적으로 도입하였다. 이를 따라 하듯 견공들의 막말 대잔치가 유행하니 너도나도 막말 경연대회를 열고있다. 출연할 견공은 무궁무진하고 시청률은 전혀 걱정할 것이 없다고 큰소리를 친다. 그러면서 역사에 남을 견공 막말 대잔치 우승자를 심사권이 전혀 없는 이웃 사람보고 투표로 뽑아달라고 야단들이다. 차라리 노래방 기기를 이용하거나 AI 로봇을 시켜 판가름내면 될 일을 왜 사람들의 투표로 결정짓겠다고 하는지 그 속내가 궁금할 따름이다. 염치없이 막말 잘하는 견공을 찾아내려면 네모난 상자를 뚫어지게 쳐다보아야 하고 듣기 싫은 말도 귀가 따갑도록 들어야 한다. 견공대왕이 하시는 말씀은 토씨 하나 틀리지 않게 외워야 한다. 그렇지 않으면 세기의 유행을 따라가지 못할 것이다.

예전에는 개가 자기를 좋아하는 주인 앞에서만 꼬리를 흔들었다. 요즘에는 개가 자기의 스트레스를 풀어달라고 주인을 향해 큰소리를 친다. 주인이 재롱을 떨지 않으면 가지도 않고 먹지도 않고 아무 곳에나 똥을 싸며 주인을 개무시한다. 개가 사람을 이리저리 끌고 다니는 형국이다. 졸병을 줄 세우고 앞장서서 끌고 가는 장군처럼, 대왕이 신하를 부리는 듯하다. 손자 손녀의 귀여운 자리를 견공대왕(犬公大王)이 차지한 지 오래다.

개는 영어로 dog이라 한다. 그런데 개가 날뛰면 세상이 뒤집힌다. 그래서 dog가 god(신)이 된다. 견공을 뛰어넘는 견신(犬神)이 되는 것이다. 개띠 해도 아닌데 벌써부터 개들이 판을 치니 온 누리가 개판이 될까 걱정스럽다. 군에 갓 입대했던 이등병 시절에는 예의염치나 삼강오륜이 물구나무섰다면서 선임병에게 오지게 기합받은 때도 있었다. 혹여 '개판'이라는 말도 불경죄가 되면 어쩌나! 술주정하는 사람을 보면 개가 되었다고 말했었는데 이제는 그렇게 말하면 아니 되겠지요? 개를 개라 부르면 아니 되고 '개님'이나 '견공'이라 높여 불러야 하는 세상이다. 강아지, 송아지, 망아지는 어떻게 불러야 할까? 이를 주객전도(主客顚倒)라 하는가, 인구전도(人狗顚倒)라 하는가?

사람이 개의 눈치를 보며 살아야 하는 세상, 그 상전의 비위를 건들면 안 된다. 나의 헝클어진 머리는 손질할 시간이 없어도 견공의 털은 잘 다듬어주어야 한다. 나는 싸구려 월남치마를 입을지언정 견공에게는 비싼 옷을 입혀야 한다. 나는 굶어도 견공에게는 비싼 고기를 바쳐야 한다. 개가 대로에 납시면 길옆으로 비켜서서 머리를 조아려야 한다. 왜냐면 그 녀석이 나의 상전이니까! 상전으로 모시는 개, 그 개가 나를 보고 빨리 뛰라 한다. 외출할 시간이 되었다고, 쇼핑하러 가야 한다고 짖어댄다.

이제는 개가 정치를 하겠다고 한다. 집에만 있으면 답답하니 광장을 뛰어다녀야겠다고 한다. 잘난 모습 뽐내겠다고 예쁘게 치장해달라고 한다. 이를 어쩌나!. 사람에게는 예의범절이라는 문화가 있었는데 개에게도 그런 상식이 통할까?. '저 사람 개 같은 놈이네', '개 소리 하고 있네'하면 존경하는 말로 알아듣는다. 개 없이는 하루도 살 수 없다고 야단이다. 나는 언제부터 '개봇'(개가 조종하는 로봇)이 되었는가?

6.
해어화(解語花) 한 송이로 아침을 열다

6. 해어화(解語花) 한 송이로 아침을 열다

6-1.
명태야 놀자 황태야 놀자

하얀 눈이 수북이 쌓이는 추운 겨울날 강원도 지역을 돌아다니다 보면 명태 말리는 덕장을 자주 보게 된다. 어렸을 적엔 동태 머리를 떼어내 칼등으로 잘 다져서 젓갈을 담고, 알은 명란젓, 내장 등은 창난젓을 담았던 기억이 생생하다. 명태는 자신이 가지고 있는 모든 것을 사람들에게 나누어 준다. 명태는 조선 인조 때 함경도 관찰사가 명천군(明川郡)을 순시하던 중, 반찬으로 나온 생선 맛이 담백하고 좋아 그 이름을 물었는데, 명천에 사는 태(太)씨 성의 어부가 잡아 온 고기라 하여, 관찰사가 명천의 명(明) 자와 물고기를 잡아 온 태(太) 씨의 성을 따 명태(明太)라는 이름을 지어주었다고 한다.

명태를 갓 잡았을 때는 생태, 얼린 것은 동태, 그냥 건조 시킨

배움이 필요한 사람은 참스승을 만나야 하고,
배고픈 사람은 밥 주는 사람을 만나야 하고,
선거에 나오는 사람은 표를 주는
국민을 만나야 한다.

것은 북어, 꾸들꾸들하게 반건조시킨 것은 코다리라 한다. 2~3년 자란 어린 명태는 노가리, 얼었다 녹았다를 반복해서 노랗게 마른 것은 황태, 소금에 절여 말린 것은 짝태라고 한다. 명태의 다른 이름은 여기에 그치지 않는다. 명태를 잡아 올린 시기에 따라서 춘태, 하태, 추태, 동태로 나뉜다. 황태가 만들어지는 과정에서 파생되는 명태의 다른 이름도 다양하다. 찐태(날씨가 더워서 황태를 만들다가 물러버린 것), 파태(황태를 만들다가 몸통이 부서져 질감이 거친 것), 먹태 또는 흑태(따뜻한 날씨에 말려 검은색을 띤 것), 무두태(황태를 말리다가 머리가 떨어진 것), 깡태(황태가 얼지 않고 말라서 식감이 딱딱해진 것), 바람태(강한 바람에 수분이 빠르게 말라 뺏뺏해진 것), 백태(날씨가 너무 추워서 하얗게 마른 것), 골태(잘못 말려서 붉고 속이 부드럽지 않은 것), 낙태(건조하다가 바닥에 떨어져 상품 가치가 없는 것) 등등

황태는 덕장에 부는 선선한 바람, 얼었다 녹았다 할 수 있는 기온의 변화, 주인장과 일손의 조심스러운 손놀림, 요리사의 능숙하게 묵은 손맛, 식객(食客)들의 추억 속의 입맛이 함께 어

우러질 때 뭇 사람들에게 사랑을 듬뿍 받는다. 많은 사람이 반겨 주고 맛있게 먹어 주었을 때 제대로 된 몸값을 유지할 수 있다.

제사상에 빠져서는 안 되는 음식 중의 하나가 북어다. 제사를 지내고 나면 상에 올려진 음식과 술 등으로 참석자들이 함께 음복하게 되는데, 퇴주잔에 부어 놓은 몇 잔의 잔술에 취하면 해장하라고 북어를 제사상에 올리는 것은 아니겠지요? 아마 그럴지도 모른다고? 북어에는 명태보다 단백질이 4~5배 더 많고, 숙취 해소에 효과적인 아미노산인 알라닌(alanine), 아스파트산(aspartic acid), 글루탐산(glutamic acid), 글리신(glycine), 라이신(lysine) 등이 많아서 알코올 해독에 효과적이라 한다. 술을 자주 마시는 사람은 숙취 해소를 위해 황태나 북어 해장국을 자주 찾게 되는 이유가 증명된 것이 아니겠는가.

마음씨 좋은 매장 관리자는 쇼 윈도우에 우두커니 서 있는 마네킹에게 우아한 옷을 입혀 지나가는 사람의 눈길을 잡아끈다. 바쁜 걸음을 쉬어가게 하는 마술을 부린다. 살아 숨 쉬는 생명력을 불어넣는 것이다. 마네킹의 변신처럼 명태의 다양한 변신도 무죄다. 오로지 어떤 주인을 만나느냐에 따라 다르다. 그 주인의 마음에 따라 모양도 이름도 가치도 바뀌게 된다. 사업상 파트너로 누구를 만나느냐에 따라 사업의 성과가 좋고 나쁠 수 있다. 인생 파트너로 누구를 만나느냐에 따라 인생길이 순탄할 수도 어려울 수도 있다. 어둠 속에서 두려움에 떨며 방황하게 될지, 밝음 속에서 희망의 설렘으로 살아갈지가 정해지는 것이다. 친구를 만나는 것도 마찬가지가 아니겠는가.

세르파(sherpa)의 도움을 받아 함께 낯선 산을 오른다면 아무리 높고 험악한 산이라도 어렵지 않게 오를 수 있다. 비늘을 자랑하는 물고기는 물을 만나야 하고, 하늘을 나는 연은 바람을 만나야 한다. 배움이 필요한 사람은 참스승을 만나야 하고, 배고픈 사람은 밥 주는 사람을 만나야 하고, 선거에 나오는 사람은 표를 주는 국민을 만나야 한다. 명태가 파태 쪼가리가 아닌 값 비싼 황태로 가치상승이 되는 것도 오로지 주인의 몫이리라. 황태는 어디서 와서 어디로 가려 하는가? 나침반을 저 멀리 던져놓고 관태(북어 20마리를 한 두릅으로 묶어 놓은 것) 한가득 싣고 저만치 떠나가는 황포돛배는 실바람에 기우뚱거리며 강물에 몸을 맡긴다. 진짜 주인인 석양 노을을 만나 유유자적(悠悠自適)이다.

6-2.
만파식적과 연리지를 생각하며

한 몸으로 만나야 할 운명이라면 뿌리가 다르더라도 연리지처럼 가지가 서로 연결된다. 한곳으로 흘러야 할 숙명이라면 남한강과 북한강의 물은 두물머리에서 만나게 된다. 외딴 섬들도 서럽도록 그리움이 쌓이면 연륙교를 통해 이어지게 된다. 외로이 반짝이는 별들도 사랑이 고프면 스스로 은하수를 건너고 오작교를 넘는다. 그런데도 우리는 단일민족이라 배워왔지만, 아직도 남북으로 나누어지고 동서로 흩어져서 서로 으르렁대고 있다. 경제적으로 위기가 닥쳐오고 있어 마음이 만나야 하고 힘을 합쳐야 하는데 하늘이 막히고 땅이 갈라지니 마음 까지 찢어져 불구대천(不俱戴天)의 원수로 살아가고 있다. 이럴 때는 만파식적의 신묘한 힘이라도 빌려와서 통합의 즐거움을 느껴보고 근심걱정 병마(病魔)를 떨쳐버리면 좋겠다는 생각을 해본다.

만파식적(萬波息笛)은 신라의 신적(神笛)으로 왕이 이 피리를 부니 나라의 모든 근심과 걱정이 사라졌다고 전해진다.

「삼국유사(三國遺事)」에 의하면 신라 제31대 신문왕(神文王)은 아버지 문무왕(文武王)을 위하여 동해(東海)에 감은사(感恩寺)를 지어 추모하였는데, 죽어서 해룡(海龍)이 된 문무왕과 천신(天神)이 된 김유신(金庾信)이 합심하여 용을 시켜 동해의 한 섬에 대나무를 보냈다. 이 대나무는 낮이면 갈라져 둘이 되고, 밤이면 합쳐져 한 몸이 되었다. 두 손바닥이 마주쳐야 소리가 나는 것처럼, 이 대나무도 역시 합한 후에야 소리가 났다. 왕이 이 신묘한 대나무를 베어서 피리를 만들어 부니, 나라의 모든 걱정 근심이 해결되었다는 것이다.

연리지(連理枝)는 뿌리가 다른 나뭇가지가 서로 엉켜 마치 한 나무처럼 자란다. 매우 희귀한 현상으로 남녀 사이 혹은 부부애가 진한 것을 비유하며, 예전에는 효성이 지극한 부모와 자식을 비유하기도 하였다. 「후한서(後漢書)」 채옹전(蔡邕傳)에 나오는 이야기이다. 채옹(蔡邕 : 132~192)은 효성이 지극하여, 어머니가 병으로 자리에 눕자 백일 동안이나 잠자리에 들지 않고 보살폈다. 그녀의 지극정성 효심에 감동하였는지 그녀의 방 앞에 두 그루의 싹이 나더니 점점 자라서 가지가 서로 붙어 마침내 한그루처럼 되었다. 후세 사람들이 이를 일러 채옹의 효성이 지극하여 부모와 자식이 한 몸이 된 것이라 말한다는 것이다.

당나라의 시인 백거이(白居易)는 당 현종과 양귀비의 뜨거

다정한 '말씨'가 싸우자는 '말투'로 변하면
상대를 제압하고자 하는 마음이 불길처럼 솟는다.

운 사랑을 읊은 시 '장한가(長恨歌)'에서 이렇게 읊고 있다.

'칠월칠일장생전(七月七日長生殿 ; 7월 7일 장생전에서), 야반무인사어시(夜半無人私語時 ; 깊은 밤 사람들 모르게 한 약속), 재천원작비익조(在天願作比翼鳥 ; 하늘에서는 비익조가 되기를 원하고), 재지원위연리지(在地願爲連理枝 ; 땅에서는 연리지가 되기를 원하네), 천장지구유시진(天長地久有時盡;높은 하늘 넓은 땅 다할 때가 있건만), 차한면면무절기(此恨綿綿無絕期 ; 이 한은 끝없이 계속되네)'. 위 시에서 비익조(암컷과 수컷의 눈과 날개가 하나씩이어서 짝을 짓지 아니하면 날지 못한다는 상상의 새)는 그리움, 애틋함, 사랑을 상징한다. 연리지도 이와 같은 뜻으로 쓰였다.

당나라 시인 노조린(盧照隣 : 637~689)의 시에 나오는 외눈박이 물고기인 비목어(比目魚)도 있다. 이 비목어는 태어날 때부터 눈 하나를 잃었으며, 자신처럼 눈 하나를 잃은 물고기를 만나 서로의 처지를 감싸고 의지하며 마치 두 눈을 가진 물고기처럼 살게 되었다는 것이다. 그래서 부부간의 사랑을 강조할 때 하늘에는 비익조, 땅에는 연리지, 물속에는 비목어라는 말이 생겼을 것이다. 우리의 삶이 온전해지려면 자신의 짝을 찾아 원앙(鴛鴦)처럼 살아야 하는데 요즘에는 어떠한가?

연말이 다가오면서 다수가 모이는 행사가 많아지고 있다. 행사 뒤끝이 유쾌하게 끝나는 경우가 그리 많지는 않다. 조그만 불씨가 바스락거리다 온 산을 불태우듯 사소한 말 한마디가 큰 싸움을 일으키기 때문이다. '내가 맞네 네가 맞네'하면서 시작된 싱거운 말다툼이 나중에는 서로 못 잡아먹어 안달이 난 사람처럼 원수가 되는 것이다.

무엇이 서로를 이렇게 갈라놓을까? 그 작은 씨가 문제인 것이다. 다정한 '말씨'가 싸우자는 '말투'로 변하면 상대를 제압하고자 하는 마음이 불길처럼 솟는다. 핏대가 불룩거리고 삿대질이 상대방의 눈을 찌른다. 이럴 때 누군가가 만파식적의 피리를 불어주면 얼마나 좋겠는가. 더불어 잘살고자 하는 염원이 손끝에서라도 맞닿으면 결국 한 몸을 이룰 수 있는 것 아닌가.

6-3.
득우난득주 득주난득우(得友難得酒 得酒難得友)

날 것들이 파닥파닥 반란을 꿈꾸는 모듬회 한 접시, 갖은 재료를 지지고 볶고 다져서 기름에 튀겨낸 모둠전 한 상, 한 종류의 생선이나 한가지 재료의 전(煎)이 아니다. 여러 종류가 섞인 것이다. 그 속에는 내 입맛에 딱 맞는 맛있는 전도 있고, 손도 대기 싫은 횟감도 있을 수 있다. 흔히 천사와 악마는 동거하고, 천국과 지옥도 한 길로 통하고, 행복과 불행도 연리지처럼 붙어 있다고 말한다. 이처럼 착한 사람들만 모여서 살 수 없고 다양한 사람이 이웃이 되어 모듬살이나 더불어 살이를 하는 곳이 우리가 사는 세상이다. 내가 좋아하는 사람과 좋아하지 않은 사람이 한 데 어울려 살아가고 있는 것이다.

한 동네에서 같은 목적이나 취지를 가지고 생활하는 사람들

소금이 짠맛을 잃으면 그것은 소금일 수 없고,
그저 모래알에 지나지 않는다.
사람이 인품을 잃으면 사람이라 할 수 없다.

과는 더 자주 만나 어울리기 마련이다. 이러한 과정에서 벗의 관계가 이루어진다. '벗을 삼다', '벗하다', '벗을 트다'라는 말은 사람들의 만남에서 서로 허물없이 친하게 사귀고, 정답게 지내는 사이를 일컫는다. 한자인 '友'는 왼손을 나타내는 '手'자와 오른손을 나타내는 '又'자를 어우른 글자로, 손을 마주 잡고 서로 도우며 더불어 친하게 지낸다는 뜻을 내포하고 있다. 벗의 관계를 맺은 사람들도 공동체를 이루며 모듬살이와 더불어 살이를 하는 것은 피할 수 없다.

원광(圓光)의 '세속오계' 중에는 '믿음으로써 벗을 사귀어야 한다(交友以信)'라는 조항이 있고, '삼강오륜' 중에는 '벗의 도리는 믿음에 있다(朋友有信)' 라는 구절도 있다. 믿음이 벗을 사귐에 있어 첫 번째 덕목임을 강조한 것이다. 또한 '사랑하고 공경하는 것', '서로가 책선(責善)을 다하는 것', '정의(情誼)가 도타워야 한다는 것'도 중요한 덕목을 이룬다.

이이(李珥)는 「격몽요결(擊蒙要訣)」의 접인장(接人章)에서 '무릇 사람을 대하는 데는 마땅히 화평하고 공경하기를 힘써야 한다' 라고 강조했다. 이웃을 사귐에도 마땅히 그러해야 할 것이다.

「논어」에서 친구를 사귀는 데 있어 유익한 벗 익자삼우(益者三友)로 정직한 사람(友直), 성실한 사람(友諒), 견문이 많은 사람(友多聞)을 들었고, 해가 되는 벗 손자삼우(損者三友)로 편벽된 사람(友便佞), 남의 비위만을 맞추어 주는 사람(友善柔), 말만 잘 둘러대고 실속이 없는 사람(友便羨)이라 하였다. 세상을 살면서 오로지 득이 되는 친구만 만나는 것이 아니라 손해를 끼치는 친구도 만날 수 있다는 뜻이다.

소금이 짠맛을 잃으면 그것은 소금일 수 없고, 그저 모래알에 지나지 않는다. 사람이 인품을 잃으면 사람이라 할 수 없다. 그러면 금수(禽獸)만도 못하게 된다.

친구라는 사람이 그 책무를 다하지 않으면 벗이라 할 수 없을 것이다. '주식형제천개유 급난지붕일개무(酒食兄弟千個有急難之朋一個無 : 술 사주고 밥 사줄 때는 친하다는 사람이 천 명이 넘는데, 위급하고 어려움에 빠지면 친하다는 사람이 한 명도 나타나지 않는다)(명심보감)'는 경구도 있다. 어려울 때 돕지 않는다면 그들은 참 벗이 아니다.

「공과격 功過格」에서는 벗 사이에 공이 되는 일과 허물이 되는 일을 예로 들었다. 공이 되는 일에는 '어진 벗을 친근히 하면 하루에 일공이요, 벗의 허물을 보고 충성된 말로 고하고 착한 일로 인도하면 십공이요, 빈천(貧賤)하였을 때의 벗을 잊어버리지 않으면 삼십공이요, 벗이 그 아내나 아들이 부탁한 것을 저버리지 않으면 오십공'이라 하였다. 허물이 되는 일로는 '벗이 그 아내와 아들이 부탁한 것을 저버리면 오십과요, 죽은 벗과 비천하였을 때의 벗을 저버리면 오십과요, 벗과 실없는 말로 시시덕거리며 부모 처자를 들먹이면 삼과'라 하였다. 매일의 공과(功過)를 계산하여 공이 많으면 복이 있을 것이고, 과가 많으면 재앙이 있을 거라는 권선징악(勸善懲惡)의 개념이 강하지만 한 번쯤 되새겨볼 필요가 있을 것이다.

무명씨의 시조에 '마음이 지척이면 천 리라도 지척이오/마음이 천 리오면 지척도 천 리로다/우리는 각재천리(各在千里)오나 지척인가 하노라'는 구절이 있다. 또한 '득우(得友)면 난득주(難得酒)요 득주(得酒)면 난득우(難得友)라/금석하석(今夕何夕)고 유주유우(有酒有友)로다'라는 싯구도 보인다. 보고 싶은 벗이 있다면 즐거운 일이다. 그리워지는 벗이 있다면 행복한 일이다. 아주 멀리 보이지 않는 곳에 있어도 생각이 나고 아롱거리는 벗이 있다면 아직은 잘살고 있다는 것이다. 득주득우(得酒得友)하면 금상첨화(錦上添花)일 것이다.

6-4.
비움과 채움의 수레바퀴

요즘에는 물병을 들고 다니는 사람을 자주 보게 된다. 생수병은 자판기나 편의점 어디에서나 쉽게 살 수 있다. 물을 담고 있는 물병도 이제는 패션화되지 않을까? 라는 생각을 해본다. 물병은 물이 채워져 있을 때 물병의 기능을 할 수 있다. 물을 다 마시고 나면 쓰레기통 속으로 버려지기도 하지만 버려지지 않고 다른 용도로 사용되기도 한다.

버려지는 물병과 계속 살아남는 물병의 차이는 어디에서 오는 것일까? 이는 사용하는 사람의 마음에 달린 것이다. 버리고 싶으면 아낌없이 버리고 남기고 싶으면 귀하게 아낀다. 물병은 담고 있는 물을 누군가가 마셔줄 때 그 가치가 있다. 그 물이 목이 타서 죽어가는 사람에게 목마름을 해갈해주면 생명수가 되는 것이고, 꽃잎에 뿌려지면 단비가 되는 것이다. 물이 채워져 있는 동안은 물병으로서의 가치만 있다. 하지만 비워지는 순간 그 물이 무엇을 위해 사용되었는가에 따라 그 가치는 다양하게 변한다. 채워진 물을 그저 물일 뿐이라 한정시켜버린다면 물 이상의 가치는 발휘될 수 없을 것이다.

채워진 것이 물이면 물병, 참기름이면 참기름병, 약물이면 약병, 다른 물건들이 채워져 있으면 ~~병이라는 이름이 붙여질 것이다. 나름 좋은 것을 채우려 해도 그것은 맘대로 되지 않는다. 사용하는 주인장의 마음에 따라 다르다. 무언가가 채워져 있다면 다른 무엇을 채울 수 없다. 몸값을 달리하고 싶지만 채워진 것을 비우기 전에는 그 꿈을 이룰 수 없다. 가치의 변화를 가져오기 위해서는 채운 것을 비워야 한다. 물레방아는 비우고 기다리고 채우기를 반복한다. 사람도 먹고 움직이고 싸기를 반복한다.

인생도 다른 사람을 만나서 사귀다가 헤어지고 또다시 만나기를 반복한다. 초등학교 다니면서 머릿속에 채운 지식으로 팔순 때까지 버틴다면 그 가치는 고집에 머물러 있을 것이다. 새로운 가치를 만들어내기 위해서는 새로운 지식과 지혜를 채워야 한다. 그러기 위해서는 비움이 필요하다. 채우고 있을 때의 가치는 제한적이지만, 비우고 있을 때의 가치는 무제한적이다. 채워져 있을 때보다 비워져 있을 때, 원하는 대로 생각한 대로 모든 것을 집어넣을 수 있기 때문이다. 비움은 자신이 가지고 있는 물건을 밖으로 꺼내어 다른 사람과 나눈다는 것 아니겠는가? 가치 있게 비워진다면 감사할 일이다.

물병은 담고 있는 물을 누군가가 마셔줄 때
그 가치가 있다.

무엇을 담고 무엇을 비워야 할 것인가? 무엇을 채워서 누구에게 나누고 누구에게 베풀 것인가? 내가 가진 장점, 내가 잘하는 재능이 나만을 위한 소유물에 그치면 그 가치는 나 혼자만의 것이 된다. 가득 채우면서 비움의 공간이 없다면 그저 물병 속의 물일 뿐인 것이다.

이것이 다른 사람들에게 나누고 베풀어질 때 그 가치는 무한대로 커지는 것이다. 학생 시절에는 열심히 지식을 채운다. 어른이 되어서는 그것을 사회를 위해 내놓는다. 달도 차면 기운다. 왜 그럴까? 어제를 내려놓고 오늘을 비워야 새로운 내일을 채울 수 있는 것이 아닐까? 골프를 하다 보면 홀컵에 들어간 공은 즉시로 꺼낸다. 다른 사람을 위해 비워주는 것이다. 축구 골대에 공이 들어가면 골인을 선언하고 그 공을 꺼낸다. 꺼내지 않고 있으면 어찌 되는가? 계속 경기를 진행하기 위해서는 그 공을 꺼내야 한다. 게임에 참가한 모든 사람을 위한 배려인 것이다.

깨끗하게 비워둔 쓰레기통은 왜 이리 빨리 채워지는지 모르겠다. 날마다 청소를 했건만 집안 가득 쌓인 먼지는 언제 이리도 쌓였을까? 운동도 열심히 하고 음식도 줄이지만 내 허리둘레는 왜 빛의 속도로 굵어졌을까? 채워진 항아리보다 비워진 항아리가 존재 가치가 더 있다고 하지만, 소유함의 가치에 더 큰 의미를 부여하는 것이 세상의 인심이다. 빈자리는 너무 쉽게 채워진다. 채워진 자리는 절대 내놓지 않으려 한다. 정년이 훨씬 지났음에도 끝까지 내놓지 않고 더 오래도록 유지하려 한다. 그러니 채우기에 급급한 사람들이 마음을 비우기란 그리 쉬운 일이 아니다.

6-5. 각자성석(刻字城石)과 문패(門牌)

서울에 있는 한양도성은 조선왕조 도읍지인 한성부 도심의 경계를 표시하고 그 권위를 드러내며 외부의 침입으로부터 방어하기 위해 축조된 성이다. 태조 5년(1396), 백악(북악산) · 낙타(낙산) · 목멱(남산) · 인왕의 내사산(內四山) 능선을 따라 축조한 이후 여러 차례 개축하였다. 평균 높이 약 5~8m, 전체 길이 약 18.6km에 이르는 한양도성은 오랫동안(1396~1910) 도성 기능을 수행하였다.

한양도성에는 4 대문과 4 소문을 두었다. 4 대문은 북쪽에서부터 시계방향으로 숙정문 · 흥인지문 · 숭례문 · 돈의문이며, 4 소문은 서북에서부터 시계방향으로 창의문 · 혜화문 · 광희문 · 소의문이다. 이 중 돈의문과 소의문은 멸실되었다.

오늘 내가 걸어간 발자취는 반드시 뒷사람의 이정표가 되리니

축성(築城)과 관련된 기록이 새겨진 성돌을 각자성석(刻字城石)이라 한다. 한양도성에는 천자문의 글자로 축성구간을 표시한 것(14C), 축성을 담당한 지방의 이름을 새긴 것(15C), 축성 책임 관리와 석수의 이름을 새긴 것(18C) 등의 성돌이 280개 정도 전해지고 있다. 세종 때 성벽을 쌓은 지방의 이름을 새겨두었다가 성벽이 무너지면 그 지역 사람들로 하여 다시 쌓게 했다고 한다. (한양도성 웹사이트 참조)

이름을 어딘가에 새기는 것은 '명예로운 이름'을 알리는 것이기도 하나 그만큼 그 명예에 걸맞은 책임도 따른다는 것이다. 사람들은 삶의 흔적을 어디엔가 기록하고서 그 흔적이 오랫동안 지워지지 않기를 바란다. 그래서 인사유명 호사유피(人死留名虎死留皮)라는 말이 생겨났는지도 모를 일이다. 명예로운 이름이라면 다른 사람들의 입을 통하여 칭송되고 오랫동안 후세에 전해지기도 한다. 저주와 야유가 붙는 이름이라면 차마 얼굴을 들고 다닐 수가 없을 것이다. 다른 사람들의 기억 속에서 하루라도 빨리 지워지기를 원할 것이다.

산을 오르다 보면 큰 바윗돌에 자신의 이름을 새기는 사람들이 있다. 처음과 끝을 알 수 없는 엉뚱한 이름만을 새겨놓고서 자신의 이름이 후세에 오랫동안 전해질 거라는 믿음에 마음껏 웃고 있는지도 모를 일이다. 지나가는 바람도 드러눕는 풀을 통해 흔적을 남기고, 흘러가는 구름도 그림자를 통해 지나간 궤적을 남긴다. 누리호 위성도 상호교신을 통해 정상궤도임을 확인한다. 더불어 살아가는 이웃도 마주치는 눈빛 속에 이름을 남긴다. 그렇게 남긴 흔적이나 궤적이나 이름들이 후세 사람들의 마음에 얼마나 오랫동안 기억될 것이며, 얼마나 값어치가 있을 것인가? 누가 누구인지도 모를 이름을 여기저기 새겨놓고서 나를 기억하라 말하는 것은 지나가는 들개들이 전봇대에 오줌을 갈겨대고는 모두 자기네 땅이라 우기는 것과 무에 다를까?

서산대사는 '답설야중거 불수호난행 금일아행적 수작후인정(踏雪野中去 不須胡亂行, 今日我行跡 遂作後人程 : 눈 덮인 들판을 걸어갈 때 모름지기 어지럽게 걷지 마라. 오늘 내가 걸어간 발자취는 반드시 뒷사람의 이정표가 되리니)'라는 시를 통해 자신이 남긴 흔적은 반드시 후세 사람들에게 영향을 미친다고 하였다.

사람이 이 세상에 태어나면 자신의 이름을 족보(族譜)와 호적에 올린다. 학교에 가면 학적부에, 회사에 취업하면 사원명부에 이름을 올린다. 물건을 매매하더라도 계약서에 자신의 이름을 쓴다. 우리는 태어나면서부터 죽을 때까지 이름과 떨어질 수 없다. 그 이름과 함께 자신이 어떻게 행하였는지, 어떤 말을 하였는지도 빼곡하게 기록이 되고 있다. 요즘에는 아무도 모르게 돌아다닌 흔적이 자신도 모르게 감시되고 기록되고 있다. 그것들은 값비싼 정보가 되어 여기저기 팔리고 있다. 항시 몸에 달고 다니는 핸드폰은 오장육부(五臟六腑)가 아닌 육장육부가 된 지 오래다. 핸드폰에는 24시간 나를 감시하는 고성능 탐지기가 부착되어 있다. 그래서 나의 일거수일투족이 다른 사람에게 무한대로 공개되고 있으니 그들에게 미치는 영향 또한 클 수밖에 없다. 그러므로 혼자 있을 때조차도 근신해야 한다.

한양 도성길을 따라 길게 누워있는 성석을 바라본다. 지금까지는 그저 그런 성석이겠거니 생각했었는데 오늘따라 갑자기 각자성석이 눈에 들어왔다. 번개가 스치듯 지금까지 내가 걸어왔던 길을 되돌아보게 했다. 혹여 삐뚤삐뚤 걸어오면서 나를 보고 따라오는 사람들에게 그렇게 걸으라 흔적을 남기고 오지는 않았는가? 내 뒤통수에 새겨진 이름 석자에 묵직한 책임감이 밀려왔다. 명예와 책임을 생각하면서 걷는 자세를 똑바로 했다.

6-6.
닭 다리와 닭 날개

자신이 가장 아끼고 좋아하는 사람을 다른 사람들이 아주 질색하고 싫어한다면 무엇이 문제일까? 나의 착각일까 너의 오해일까. 딱 한 번만이라도 나에게 물어보았으면, 딱 한 번만이라도 내가 좋아한다는 것을 너에게 말해주었다면 착각과 오해는 일어나지 않았을 것이다. 입은 화를 낼 때만 쓰는 물건이 아니다. 소통의 도구인 것이다.

육지에서 축산업을 하는 사람과 바다에서 양식업을 하는 사람이 사돈을 맺었다. 결혼식을 마치고 서로 이바지 답바지 음식을 나누었다. 축산업 하는 사람은 평소 생선이 귀한 음식이었기에 값비싼 전복과 생선을, 양식업을 하는 사람은 소고기가 귀한 음식이었기에 1등급 한우와 송이버섯을 준비했다. 귀함과 흔함의 차이는 어디에서 오는 것일까?

생일이 같은 소와 사자는 친한 친구로 지내고 있었다. 그들은 생일이 돌아오자 돈독한 우정을 확인하려 생일 선물을 교환했다. 소는 지금까지 먹어보았던 풀 중에서 가장 맛있는 풀을, 사자는 가장 맛있게 먹었던 고기를 준비했다. 먹을 수 없는 선물 앞에서 후회하고 있을까?

어느 부부가 오랜만에 함께 외식을 나갔다. 치킨을 주문한 후 남편은 자신이 가장 맛있다고 생각하는 닭 다리를 부인에게 먼저 건네주고 자신은 닭 날개를 먹었다. 부인은 닭 날개를 먹고 싶은데 남편이 주지 않아서 뾰로통한 표정을 지었다. 남편도 먹고 싶은 것을 꾹 참고 건네주었다고 생각하면서 부인이 서운해하는 것을 이해하지 못하겠다는 표정을 지었다. 그렇게 서로 화난 얼굴을 바라보면서 벌컥벌컥 화를 내기 시작했다. 그러다 각자 집으로 돌아왔다.

피아노를 아주 잘 치는 아이를 둔 아빠가 있었다. 어느 날 그 아빠는 거금을 들여 최신형 디지털 피아노 한 대를 사 들고 집에 와서 아이에게 전해주었다. 그때 아이가 하는 말 '그랜드 피아노의 음질보다 한참 떨어져요, 아빠 그냥 쓰레기통에 버리세요'라고 했다. '내 자식이어도 그렇지 서운한 생각이 울컥 치솟아 정말 머리통을 한 대 쥐어 박고 싶었다' 한다. 기뻐할 줄 알았는데 망신만 샀다는 생각에 담배 한 대 꺼내 피우는 모습이 아직도 생생하다. 아빠의 주고 싶은 마음과 자식의 받고 싶은 마음

스스로 장막을 거두기 전까지는
그 안에 갇혀 있는 세계가 얼마나 비좁고
어두운 세상인지 잘 모를 것이다.

은 그렇게 다르다.

내가 좋아하면 다른 사람도 당연히 좋아할 것이고 좋아해야 한다는 생각을 가지는 것은 당연할 것이다. 다만, 그런 생각의 골이 깊어지고 단단하게 굳어졌을 때가 문제다. 나의 행위는 언제나 정당한 것이고 정당한 대우를 받아야 하는데 그 정당한 행위에 반하는 반응이 나타나면, 이것은 나에 대한 도전이고 나를 나쁘게 평가하는 것이라는 나쁜 생각에 갇히게 된다.

나는 이 상품을 사고 싶은데 장사꾼은 저 상품을 팔려고 한다. 사려는 사람은 조금이나마 싸게 사려고 그 가게에서 가장 비싼 제품을 들고서 없는 흠도 찾아내려 한다. 팔려는 사람은 오랫동안 팔리지 않은 제품을 들고서 눈에 보이는 흠도 핫한 패션이라 우긴다. 깎아달라고 하면 깎아줄 것인가, 깎아주면 정말 살 것인가? 스무고개 수수께끼를 하나하나 풀어 가지만 서로의 생각이 다른 만큼 마음도 정답도 그만큼 다르다. 순간순간 내 속마음은 감추고 상대의 마음을 훔치기 위해 노력하고 있을 뿐이다.

'내가 싫어하는 줄 알면서 왜 자꾸 주는 거야'하고 다투는 사람도 흔하다. 주는 사람은 자신이 좋아하기에 상대도 싫어하지 않을 거라 믿고 계속 주는 것은 아닐까? 다만 상대가 좋아하는지 묻지 않았을 뿐이다. 기분이 나쁘면 입으로 화는 낼 줄 알지만, 무엇을 좋아한다는 말은 왜 할 줄 모른단 말인가. 입이 게으르면 배도 고프고 마음도 고생한다.

세상은 나를 중심으로 돌아가야 한다는 나만의 세계관은 하나이기에 매우 좁고 작다. 그러나 우리라는 세계관은 참가자 수만큼 커지고 늘어난다. 단순한 더하기가 아닌 제곱 승으로 늘어날 수도 있다. 그래서 우리가 사는 세상은 혼자서는 굴릴 수 없는 동그란 공인지도 모르겠다. 나만의 옹고집에 빠져있다면 그 옹벽(擁壁)의 높이가 얼마인지 알지 못한다. 스스로 장막을 거두기 전까지는 그 안에 갇혀 있는 세계가 얼마나 비좁고 어두운 세상인지 잘 모를 것이다.

요즘 돌아가는 시국이 잘 말해주고 있다. 순수한 국민은 '닭 다리를 먹고 싶다'하는데 권력에 갇힌 정치인은 '닭 날개가 더 맛이 있다'라고 떠들고 있다. 입은 있어 말은 하는데 엉뚱한 답만 외치고 있다.

6-7.
돈벼락 맞는 꿈?

남들보다 좀 더 빨리 돈 되는 정보를 알았다면 나도 대박을 낼 수 있었을 것인데, 남들보다 좀 더 일찍 투자했더라면 더 많은 땅을 확보했을 것인데, 남들보다 좀 더 많이 챙겼다면 큰소리 치며 땅땅거리고 살 수 있을 것인데 하면서 잡았던 물고기 놓친 듯 씁쓸한 입맛을 다신다. 양손에 탐욕 덩어리를 넘치도록 들고서 남들보다 늦어 손해가 크다고 아쉬운 듯 신세 한탄을 한다. 그러면서 앞서간 사람들이 흘린 속 빈 정보를 붙들고 가보(家寶) 다루듯 귀하게 여기려 한다. 혹여 나한테도 돈벼락 맞는 복이 있으려나 하는 허황(虛荒)된 꿈을 꾼다.

뿌린 씨앗이 하나도 없는데 어찌하여 배부른 소출을 기다린단 말인가. 지금 당장 씨를 뿌리고 가꾼다면 내년에는 풍성한

땀을 흘리지 않으면서 일하는 즐거움을
어찌 느낄 수 있을까, 복권을 사지 않으면서
당첨되는 기쁨을 어찌 기대할 수 있을까.

수확이 있을 것인데, 도무지 씨를 뿌리려 하지 않는다. 빈둥빈둥 남의 눈치만 보면서 그들이 하는 행동을 질투와 시기가 넘치는 거짓 마음으로 따라 하려 한다. 땀을 흘리지 않으면서 일하는 즐거움을 어찌 느낄 수 있을까, 복권을 사지 않으면서 당첨되는 기쁨을 어찌 기대할 수 있을까. 감나무 끝에 매달린 홍시를 보면서 입만 벌리고 있으면 내 입으로 떨어진다고 믿는 모양이다. 자신이 가지고 있는 것에 감사할 줄 모르고 남의 것만 좋아 보인다고 탐하고 있으니 아무래도 마음에 큰 병이 든 것 같다. '내 것은 작고 네 것은 크게 보이는' 비교의 악마가 나타나서 홧병을 더 크게 키운 가 보다. 나는 왜 돈복이 없는 거야 하며 자꾸 초라해지는 마음을 추스르지 못하고 있다.

여러 사람이 같은 정보를 한 장소에서 들어도 복이 없는 사람은 그것을 쓰레기 취급하고 복이 있는 사람은 그것을 귀하게 다룬다. 자동차를 운전하다 보면 출발하는 시간과 장소가 같아도 목적지에 도착하는 시간은 제각각이다. 같은 길이라도 막히는 경우가 있고 지름길을 선택했는데도 어찌어찌하여 더 늦게 도착하기도 한다. 주변 환경의 차이는 물론 관점의 차이, 생각의 차이, 습관의 차이, 행동의 차이가 그 결과를 다르게 한다. 돈복을 손에 쥐고서 돈복이 어디 있느냐고 돈복을 잃어버렸다고 아우성친다. 핸드폰을 들고 한참 동안 통화를 하다 '내 핸드폰 어디 있지'하면서 핸드폰을 잃어버렸다고 걱정하는 꼴이다.

요즘 갑자기 돈벼락 열풍이 불고 있다. 올바른 정신으로 정직하게 사는 사람만 바보가 되어버린 느낌을 지울 수 없다. 줄을 서서 기다리는 선량한 이웃을 한순간 바보로 만들고 있다. 법을 지키며 살아가는 대다수의 정직한 사람들은 마음이 떨거지가 되어버렸다. 어디 한 구석에라도 믿는 마음 줄 곳이 없게 되어버렸다. '나는 왜 저런 돈복이 없는가'를 외치며 눈앞에서 스치듯 사라지는 신기루만 바라보고 있다. 스스로 작아지고 있다. 내 복이 아닌 줄 알면서도 자꾸 다른 사람의 복에 신경질적인 눈길을 쏟아붓고 있다.

내 곁에 있는 사람이 나를 속이려 하는지 의심하기 전에 그 사람이 복이 있는 사람인지 꼼꼼하게 살펴보자. 잘 익은 수박을 고르려면 그 속을 알 수 없으니 수박 겉을 손등으로 두들겨 본다. 잘 익은 놈은 '퉁퉁' 경쾌한 소리가 나고, 익지 않았거나 껍질이 너무 두꺼운 녀석은 '둥둥' 둔탁한 소리조차 내지 못한다. 맛있는 수박처럼 '퉁퉁' 소리가 나는 이웃을 잘 만나는 것도 복이다. 덕불고필유린(德不孤必有隣)이다.

지독한 호리성(好利性)이 발호(跋扈)하니 돈에 눈이 멀어만 간다. 귀를 막아도 환청이 들린다. 밤새도록 들린다. 사람들이 그 돈벼락 이야기만 하고 있기 때문이다. 그러면서 너는 왜 그런 고급 정보를 나에게 알려주지 않는 거야 하고 엉뚱하게도 다른 사람을 원망한다. 거짓 정보가 꽃뱀의 화려한 겉모습 속에 숨겨진 다이아몬드처럼 반짝이는 눈은 사정없이 나를 노리고 있다. 독기를 품은 혀는 바쁘게 날름거리며 내 곁으로 다가오고 있는지도 모를 일이다. 좀 더 살필 걸, 좀 더 확인할 걸 하면서 자학(自虐)의 소리는 이제 그만 뚝!

꿀밤 한 대 때렸더니 '퉁퉁' 소리가 나면 어찌할꼬? 나에게 복을 줄 수 있는 사람을 잘 고르면 되겠지요? 그러기 전에 내가 먼저 복을 나눠줄 수 있는 사람이 되는 것이 우선 아닐까? '죄는 막둥이가 짓고 벼락은 샌님이 맞는다'는 속담도 있지만, 복을 짓는 사람이 돈벼락을 맞는 게 정답일 것이다. 큰 복이 터지면 복 가루가 멀리까지 날아간다. 그래서 복 받는 사람도 많아진다. 그러니 그 복이라도 받으려면 주변 사람에게 복이 터지라고 빌어보면 어떨까? '나는 왜 이렇게 살지?'라는 질문을 해본다.

6-8.
샐리(Shally)가 머피(Murphy)를 만났을 때

극(極)과 극은 통한다. 강한 부정의 부정은 긍정이라는 말도 있고, 적의 적은 내 편이라는 말도 있다. 세상에서 가장 편한 자세도 그 시간이 길어지면 고통으로 변한다. 서 있으면 앉고 싶고 앉으면 눕고 싶다. 누워있으면 얼마간은 편할지 몰라도 하루를 넘길 수는 없을 것이다. 이리저리 뒤척일 수밖에 없다. 영극통(寧極痛)이라 말하면 억지 주장이 되는가?

샐리가 머피를 만나면 어떤 현상이 생길까? 서로 끌어당길까 아니면 서로 밀어낼까? 음양오행설(陰陽五行說)에서 말하는 상생상극(相生相剋)은 사회생활을 하는 동안 어떻게 영향을 미치는 것일까? 물이 말라버린 좁은 도랑에서 찬 겨울을 이겨내고 쑤~욱 올라오는 봄 쑥이 '밝음이 있으면 어둠이 있고 즐거운 일이

계속해서 기분 좋은 일만 생기는 것도,
계속해서 슬픈 일만 생기는 것도 아닐 것이다.

있으면 슬픈 일도 생기는 것'이라고 말하고 있다.

샐리의 법칙(Sally's law)은 계속해서 자신에게 유리한 일만 일어남을 의미하는 것이고, 머피의 법칙(Murphy's law)은 일이 좀처럼 풀리지 않고 오히려 갈수록 꼬이고 되는 일이 없을 때 하는 말이다. 세상을 살다 보면 머피의 법칙처럼 자기가 바라는 것은 하나도 이루어지지 않고, 우연히 나쁜 방향으로만 일이 전개되어 거듭 낭패를 당하는 때도 있다. 반대로 샐리의 법칙처럼 일이 우연히도 자기가 바라는 바대로 진행되는 경우도 있다.

그렇다고 계속해서 기분 좋은 일만 생기는 것도, 계속해서 슬픈 일만 생기는 것도 아닐 것이다. 매일 만나는 친구나 이웃도 좋을 때가 있고 나쁠 때도 있다. 매끼 마다 똑같은 음식을 먹을 수 없듯이 매일 반복되는 일상도 항상 좋거나 항상 나쁘지는 않을 것이다. 다만 좋은 일 나쁜 일이 생겼을 때 그것을 어떤 자세로 대하는가에 따라 그것에 대해 느끼는 시간과 강도가 달라질 것이다.

자석은 무언 가를 끌어당긴다. 하지만 양극(陽極)은 양극을 밀어내고 음극(陰極)은 음극을 밀어낸다. 양극과 음극이 만나야 서로 끌어당긴다. 어쩌면 음양이 조화를 이루어야 한다는 가르침을 주는 것 같다.

사람들은 자기가 원하는 것을 끌어당기는 어떤 강력한 힘을 가지고 있다. 가치가 비슷한 사람, 성향이 비슷한 사람, DNA가 비슷한 사람, 그들과는 자연스럽게 어울리고 그들만의 모임을 만드는 경우가 있다. 이는 자석이 서로 다른 극에서 끌어당기는 것과 같은 현상이라고 볼 수 있다. 그렇지만 중요한 것은 자석이라 할지라도 밀어내는 경우가 있다. 즉 가치 있는 긍정적인 에너지만 선택적으로 끌어당기고 부정적인 에너지는 끌어당기지 않는다. 감탄고토(甘呑苦吐, 달면 삼키고 쓰면 내뱉는 것)와 같은 이치일 것이다.

음양(陰陽)을 논할 때, 햇빛이 드는 밝은 곳은 양, 그림자가 지는 어두운 곳은 음이라 말한다. 오행설은 만물의 생성소멸(生成消滅)을 목(木) · 화(火) · 토(土) · 금(金) · 수(水)가 상생(相生) · 상극(相剋)하는 관계를 맺으며 변전(變轉)하는 것을 설명하는 말이다. 상생(相生)은 오행의 운행에 따라 서로 다른 것을 낳고 도와주는 것이며, 상극(相剋)은 서로 억제(抑制)하고 저지(沮止)를 한다는 뜻이다. 즉, 상생은 상보(相補) 관계라 할 수 있으며 상극은 상투(相鬪) 관계라 할 수 있다. 예를 들면 木은 火를 낳지만, 土와는 다툼의 관계가 되는 것이다. 이런 순서대로 돌고 돌아 서로가 상생상극의 관계에 놓이게 된다. 어찌 보면 내 편 네 편이 아닌 우리 편이 되어 한데 어우러져 돌아가는 인생살이와 같아 보인다.

상생 관계의 이웃을 만나면 좋은 일이 많을 것이나 상극 관계의 이웃을 만나면 좋지 않은 일이 더 많이 생길 것이다. 그렇다고 좋은 사람만을 골라서 만날 수는 없는 노릇이다. 좋은 사람만 고른다 해도 그중에서도 좋고 나쁨이 또 생긴다. 내 주변에 나를 도와주는 사람이 많으면 좋은 일이 많이 생기는 것처럼 다른 사람을 도와주려는 마음을 더 크게 키우면 될 일이다. 좋은 이웃이 많으면 아름다운 세상, 아름다운 인생이 될 것이다. 선한 생각을 많이 쌓다 보면 나 역시 다른 사람에게 선한 이웃이 될 수 있을 것이다.

오랫동안 꿈을 그리는 사람은 마침내 그 꿈을 이룬다. 머릿속으로 그리는 상상들이 현실이 되기도 한다. 반복적인 '생각의 힘'은 그 자체로 에너지의 파장을 일으켜서 실체가 되어 나타날 수도 있다. 나만의 꿈을 하루하루 그린 것이 모여서 지금의 나를 만드는 것이다. 상생 상보 할 수 있는 이웃을 끊임없이 반복적으로 생각하면 그런 이웃이 내 곁으로 다가올 것이다.

우리가 하는 생각과 말이 눈에 보이지 않는다고 해서 실체가 없거나 사라지지 않는다. 계속해서 긍정 에너지를 쌓다 보면 반드시 그 에너지는 실체가 되어 나타나게 된다. 지금 이 순간, 내가 꿈꾸는 것을 멈추지 않고 계속 생각하다 보면 내가 원하는 것을 이룰 것이다. 살아가는 동안 샐리의 법칙이 머피의 법칙을 압도할 수 있도록 끊임없이 선한 에너지를 충전시켜보자.

6-9.
오늘은 '남 일', 내일은 '내 일'

투표권을 가지고 있는 유권자들을 극한직업으로 내몰고 있다. 대선 투표일이 코앞으로 다가왔지만 어떤 후보를 선택해야 좋을지 결정할 수가 없다고 야단들이다.

요즘 트로트가 대세를 형성하면서 트로트 가수 선발대회가 우후죽순으로 늘어나고 있다. 경연대회에 참가하는 가수들의 실력이 비등비등 엇비슷하다 보니 심사하시는 선배 가수분들이 무척 고통스러워하는 모습을 자주 보게 된다.

스포츠경기는 사람의 마음이 끼어들 수 없도록 기계나 장비가 측정한 숫자로서 우열을 확실하게 가려준다. 간혹 심판의 오심을 기계가 올바르게 잡아주는 경우가 발생하기도 하나, 참가 선수들은 대부분 그 결과에 불만 없이 승복한다. 기계가 판정을 내려주는 숫자에는 사사로운 감정 개입이 배제된 것이기에, 참가자들 사이에서 오해나 다툼이 일어나지 않는다.

하지만 마음이나 감정이 관여할 수밖에 없는 가수 선발전에서는 사정이 좀 다른 듯하다. 노래하는 실력이 서로 비슷비슷하면 아무래도 자신과 인연이 있는 사람을 선택하기가 쉽다. 문제는 마음이 끼어든 판정이다. '너'와 '나'의 사사로운 감정이 개입되면 탈락자들의 불평불만과 비난이 있을 수 있다. '객관적이지 않고 아주 주관적이라고', '나는 모르는 심사위원인데 너는 아는 심사위원이었다'라고 불만을 토로하는 것이다. 참가자들을 모두 알고 있는 심사위원이 얼마나 될까마는, 심사위원들과의 평소 친소관계가 당.탈락에 영향을 미치는 것은 부정할 수 없을 것이다. 그래서 심사위원들도 지극히 객관적으로 판정했음을 증명하기 위해 애를 쓰면서 아주 힘들어하는 모습이었다. 눈길도 마음도 애매모호(曖昧模糊)하다.

누군가를 선택해야 함에 있어, '좋은 쪽'으로 선택할 때는 나와의 좋은 감정이 작용하고, '나쁜 쪽'으로 선택해야 할 때는 나와의 나쁜 기억들이 항상 영향을 미치게 된다. 누군가를 떨어뜨려야 한다면 나의 뇌 속에 저장된 온갖 나쁜 기억들만 떠오를 것이고, 누군가를 합격시키려 한다면 그 사람에 대한 온갖 좋은 추억들만 떠오를 것이다.

선택의 기로(岐路)에 섰을 때, '어떤 쪽'으로 선택하느냐에 따라 사람의 뇌는 좋은 감정이나 나쁜 기억을 소환해 낼 수 있다는 것이다. 그렇다면 어떤 결정을 함에 있어, '좋은 쪽'으로 생각하면 내 기억 속의 좋은 감정이 떠오르니 내 기분도 좋아질 것

'좋은 쪽'으로 선택할 때는 나와의 좋은 감정이 작용하고, '나쁜 쪽'으로 선택해야 할 때는 나와의 나쁜 기억들이 항상 영향을 미치게 된다.

이고, '나쁜 쪽'으로 생각하면 나쁜 감정을 소환해내니 내 기분도 덩달아 나빠지게 될 것이다.

여러 명 중에서 한 명을 선택해야 한다고 했을 때, 그중에서 더 '좋은 쪽'으로 선택해야 정신건강에 이롭다. 결국에는 좋은 감정이 더 많았던 사람이 선택될 것이다. 덜 '나쁜 쪽'으로 선택하겠다고 하면, 여하튼 간에 나쁜 감정이 떠오르게 되고, 그러면 은연중에 자신의 기분도 나빠진다. 나쁜 감정은 자신을 더 기분 나쁘게 만드는 것을 경험으로 알 수 있다. 그러므로 여러 명 중 한 명을 선택해야 할 때는 반드시 더 '좋은 쪽'으로 선택하는 것이 좋다.

대선 투표일이 가까워지면서 유권자들의 마음도 바빠지고 있다. 이 후보도 싫고 저 후보도 마음에 들지 않는다고 말한다. 그러면서 한 명은 꼭 뽑아야 하니 기분이 더 더럽다고 한다. '기권하면 될 일 아닌가?'라고 물으면, '투표할 권리는 절대 포기할 수 없다'라고 외친다. 그렇다, 투표권을 가진 유권자들은 지금 괴로워하고 있다. 투표를 포기하기도 싫고 뽑을 후보들도 싫다고만 떠들고 있는 것이다. 그렇게 말하고 있는 사람들에게 한마디 하고 싶은 것은, 선거를 바라보는 '관점'을 바꾸어 보자는 것이다. '후보자들이 다 나쁘다' 라고 평하기 전에, '덜 나쁜 후보를 뽑아야 하겠다'라고 하기 전에, '덜 좋은 후보는 밀어내고 더 좋은 후보를 뽑겠다'라고 생각의 관점을 바꿔보자는 것이다.

'더 나쁜 후보'를 생각하면 스트레스를 더 많이 받는다.
'덜 좋은 후보'를 생각하면 스트레스를 덜 받는다.
'더 좋은 후보'를 생각하면 스트레스는 확실히 사라진다.

옆집에 쓰레기가 쌓이면 내 집 아니라고 다른 사람들과 합세해서 쓰레기를 옆집에 버리기 시작한다. 그러면서 절대 '내 일'이 아닌 '남 일'이라 생각한다. 그러나 자고 나면 그 쓰레기 더미가 커져서 내 집 대문을 막아선다. 그때 서야 '내 일'이었구나 하고 생각하면 이미 늦다. 오늘은 '남 일'인 것이 내일은 '내 일'이 되는 것이다.

6-10.
해어화(解語花) 한 송이로 아침을 열다

비가 굵게 내리는 아침이었다. 월말이 가기 전에 우편물을 보내야 하는 출판사의 일정이 있어서 다른 회사와의 미팅을 하루 미루고 출판사로 출근했었다. 비가 오니 봉투에 넣은 귀한 옥고들이 비에 젖지 않게 우체국까지 가지고 가는 것이 문제였다.

한 직원이 저보고 '내일 보내면 안 될까요'하는 것이었다. '비가 와도 우체국으로 가지고 가는 것은 문제없이 할 테니 오늘 무조건 합시다. 오늘 못하면 내일 저 없이 하실래요?'라고 퉁명스럽게 말을 뱉었다. 그렇게 뱉고 나니 마음이 아팠다. 굳이 그렇게까지 쏘아붙일 일은 아니었고, 오늘 못하면 내일 다른 직원들끼리 알아서 하도록 맡겨 놓으면 될 일 아닌가 말이다. 후회와 반성이 교차하는 마음 아픈 시간을 보내야만 했다.

말을 끊으면 관계도 끊어진다.
'이해는 가까이 오해는 멀리'

암튼 비가 오니 방수천을 준비해야 했다. 마트에 가서 사와도 되련만, 사무실에 있는 가장 큰 일회용 봉투 옆을 터서 이리저리 스카치테이프로 붙였다. 다섯 개 정도를 이어 붙이니 제법 쓸만한 비닐 천막이 되었고 아쉬운 대로 500여 권을 실은 수레를 뒤덮을 수 있었다. 비가 조금 순해지니 재빨리 우체국을 향해 뛰었다. '이에서 땀이 나도록' 서둘렀다. 그렇게 500미터쯤 떨어진 우체국에 도착하고 나니 비가 다시 사납게 내렸다. 어휴! 그나마 다행이구나, 감사할 일이구나 하는 마음이 앞섰다.

월말이 다가오면 매양 같은 일을 반복하지만, '퉁명스럽게 내뱉었던 말' 빼고는 모두 잘 되었다. 앞으로는 어떠한 경우라도 하기 싫은 듯 화난 듯한 말이 입 밖으로 나가지 않도록 입단속을 잘해야겠다는 다짐을 한다. '기쁜 선물은 모두를 행복하게 한다'. '사랑을 표현하면 아름다운 이웃이 몰려온다'라는 말을 야금야금 생각해보았다. 말이란 여하튼 이해보다는 오해가 더 빠르다는 사실이었다.

이른 아침 사무실에 출근해서 차 한 잔을 마시고 있자니 그 맛이 참으로 맛있다는 생각이 들었다. 어쩌면 밥 한 끼니를 대신

하는 것일 수도 있지만 차를 마시고 있는 동안에는 머릿속이 개운해지고 배도 불러오는 느낌이 있어서 기분이 상쾌하다. 식사를 마치고 후식으로 마시는 차는 왠지 배부름을 가라앉히는 느낌이지만, 이렇게 새벽에 마시는 차는 빈속을 다독거려주는 느낌이 있어 더 좋다.

빈 공간에 무언가 채워가는 느낌, 빈 종이에 무언가 써 내려가는 느낌, 빈 시루에 찹쌀가루가 쌓이는 느낌, 모래시계 속 모래알이 줄줄줄 흐르며 삼각산을 만드는 느낌, 부족한 듯한 허기짐을 달래주는 느낌, 행복을 싣고 오는 누군가를 만날 수 있다는 기대감 등등.

이런 기분 좋은 느낌을 불러오는 차 한 잔은 참으로 고소하다. 초저녁 빈속에 들이켜는 소주 한 잔은 뱃속을 온통 흔들어 놓지만, 이른 아침 빈속의 차 한 잔은 뱃속을 편안하게 해준다. 졸리는 아이가 포근한 엄마 품에 안기려는 그런 맛이다.

'예쁜 말 경험을 쌓아라. 말을 끊으면 관계도 끊어진다. 단 한 줄로 전달력을 높여라. 평범한 표현이 비범한 울림을 가져온다. 넘치는 감동은 평범함에서 온다. 연한 표현과 진한 감동, 강한 표현과 약한 동감, 천방지축 아이들의 붙임성과 까탈스러운 어른들의 조심성, 언어의 그물망, 하늘이 온통 해어화(解語花) 향기로 물든다면'. 등등 이런 잡다한 생각과 '당신이 필요해서 사랑한다는 것은 미숙한 사랑이며 사랑하니까 당신이 필요하다는 것은 성숙한 사랑이다'(윈스턴 처칠)라는 말의 의미를 되새김하면서 차 한잔으로 어지러운 머릿속을 정리했다.

예로부터 아름다운 여인을 폐월, 수화, 침어, 낙안, 경국지색(傾國之色), 단순호치(丹脣皓齒), 설부화용(雪膚花容), 화용월태(花容月態) 등으로 표현하였다. 특히 중국의 4대 미인이라 부르는 서시, 왕소군, 초선, 양귀비를 '침어(浸魚), 낙안(落雁), 폐월(閉月), 수화羞花)'에 빗대었다.

'침어(浸魚)'는 서시(西施)가 호수에 얼굴을 비추니 물고기들이 넋을 잃고 헤엄치는 것을 잊어 그대로 가라앉아 버렸다는 것이다. '낙안(落雁)'은 왕소군(王昭君)을 지칭하며, 기러기가 하늘을 날아가다 왕소군을 보고 날갯짓하는 것을 잊어 떨어졌다 하여 붙여졌다. '폐월(閉月)'은 초선(貂蟬)을 지칭하며, '달이 부끄러워 구름 뒤로 숨는다'는 뜻이다. '수화(羞花)'는 양귀비(楊貴妃)의 별칭으로, '꽃들이 부끄러워 고개를 숙인다'는 것이다. 아름다움을 표현하는 방법이 아름답다는 생각이 든다.

이른 아침에 '해어지화(解語之花)'(나의 말을 이해하는 꽃)를 생각하면서, '이해는 가까이 오해는 멀리'하는 하루가 되기를 꿈꾸어 본다.

7.
노랫말 모음

7-1. 사랑 한 잔 딱! 좋아
7-2. 돈, 돈, 돈, 돈을 벌자
7-3. 당신은 나의 비자금
7-4. 곰달래 사랑
7-5. 오목내 여인
7-6. 네가 먼저 그랬잖아
7-7. 명사십리 울모래
7-8. 사랑의 재건축
7-9. 고맙다고 말해
7-10. 나도 한 번 해볼까?
7-11. 그때 그 자리에
7-12. 첫사랑
7-13. 너는 나의 핸드폰
7-14. 돌산 갓 김치

7. 노랫말 모음

7-1.
사랑 한 잔 딱! 좋아

동그란 눈동자에　　참사랑이 구른다
새벽 정성 빌고 빌고　　사랑으로 빚은 입술
누가 몰래 마시는 가　　너도 한잔 나도 한잔
바싹바싹 입술 타령　　나의 사랑 애가 탄다
입술 잔을 부딪치면　　행복 잔이 따라오고
입술 잔을 포개오면　　사랑 잔이 따라온다

오목한 보조개에　　립스틱이 흐른다
지극 정성 빌고 빌고　　사랑으로 빚은 입술
누가 몰래 마시는 가　　나도 한잔 너도 한잔
울렁울렁 사랑 타령　　나의 사랑 속이 탄다
입술 잔을 기울이면　　사랑 잔이 따라오고
입술 잔을 맞추오면　　행복 잔이 따라온다

7-2.
돈, 돈, 돈, 돈을 벌자

하루 종일 눈치 보며 뼈 빠지게 일만하다
가죽지갑 텅 비었다 쪽팔려서 말 못하네
자고나면 이자 붙고 달이 가면 월세 받는
강남빌딩 건물주가 나의 희망 나의 소망
으라차차 돈을 벌자 기분 좋게 한턱 쏠게
돌아돌아 돈이 돌아 온다온다 내게 온다
와와와와 돈돈돈돈 나도 한 번 벌어보자

하루 종일 눈치 보며 화장실도 자주 못가
돈 없다고 무시하다 수준 낮다 떠나가네
있으면은 얼마 있냐 많으면은 얼마 많냐
나도 있다 너 만큼은 나도 많다 큰소리쳐
으라차차 돈을 벌자 배터지게 한턱 쏠게
돌아돌아 돈이 돌아 온다온다 내게 온다
와와와와 돈돈돈돈 왕창 한 번 벌어보자
와와와와 돈돈돈돈 나도 한 번 벌어보자

7-3.
당신은 나의 비자금

누가 볼까 허리춤에
누가 볼까 내 맘속에
비밀번호 알려지면
태산 같은 바윗돌에
현금봉투 필요없소
필요하면 그때 그때
보고프면 즉시즉시
아~아~
당신은 내 사랑
당신은 내 사랑 지갑
당신은 나의 비자금

둘둘 말아 묶어 놓고
겹겹 말아 포개놓네
비자금이 바람난다
꽁꽁 묶어 묻어뒀네
신용카드 필요없소
꺼내 쓸 수 있잖아요
꺼내 볼 수 있잖아요

당신은 나의 비자금
당신은 내 사랑 지갑

7-4.
곰달래 사랑

초승달이 떠오르니　　둥근 달이 싱글벙글
살아온단 그 약속에　　오매불망 기다리네
먹구름아 비키거라　　고운 내 님 막지마라
돌아온단 그 한마디　　산꼭대기 달이 뜬다
아~
달아달아 고운 달아　　나의 사랑 곰달래야
식어버린 너의 심장　　달빛 따라 떠난 사랑

비구름아 먹구름아　　고운 달빛 어이 막나
흑 구름아 솟지마오　　거친 바람 막아주오
달아달아 곰달래야　　어느 산에 걸렸느뇨
어데 있노 곰달래야　　달을 찾아 내가 왔다
아~
어짜쓰까 어짜쓰까　　이 노릇을 어짜쓰까
나의 사랑 돌려주오　　구름 따라 떠난 사랑

7-5.
오목내 여인

해가 지면 영등포에서 버스 타고 날아온 여인
달콤 사랑 키워보자고 기차 타고 달려온 여인
비추었다 감추었다 하얀 속살 아른거려
반쪽 달이 윙크해도 눈길 한번 주지 못해
은빛 사랑 쏟아지면 텅 빈 가슴 채워 줄까
사랑 한잔 마를 때까지 하얀 이슬 내릴 때까지
기다리고 기다렸던 막차 타고 돌아선 여인
아~ 아~ 아 ~아 ~
달이 뜨면 생각이 난다 보고 싶은 오목내 여인
김포공항 마지막 열차 잡고 싶은 오목내 여인

7-6.
네가 먼저 그랬잖아

그래 그래 그래　　니가 먼저 그랬잖아
바람 불면 흔들리는　　잔물결은 아니라고
해가 나면 다가오고　　비가 오면 떠나가는
그런 사랑 아니라고　　니가 니가 그랬잖아
씹다 버린 껌딱지 사랑　　피다 버린 꽁초 사랑
그런 사랑 아니라고　　니가 먼저 그랬잖아
니가 먼저 그래놓고　　니가 그럼 안되잖아
야~ 야~ 나쁜 사람　　니가 그럼 안되잖아

7-7.
명사십리 울모래

우는 사랑 울모래로 안아보자 우는 추억 울모래로 달래보자
우웅 우웅 울어대는 명사십리 우웅 우웅 노래하는 울모래여
첫사랑이 떠나가서 우웅 우웅 옛사랑이 그리워서 우웅 우웅
명사십리 머나 먼 길 남도갯길 6000리
해풍타고 오는 길 사랑 찾아 오는 길

우는 마음 갯죽으로 달래보자 우는 모래 전복으로 웃게하자
우웅 우웅 울어대는 명사십리 우웅 우웅 노래하는 울모래여
지난 추억 애가타서 우웅 우웅 하얀 추억 지워져서 우웅 우웅
명사십리 머나 먼 길 남도갯길 6000리
갯냄타고 가는 길 추억 찾아 가는 길

7-8.
사랑의 재건축

내 땅 내 땅 보러 왔어　　내 집 내 집 보러 왔어
내 짝 내 짝 찾아 왔어　　사랑 사랑 찾아 왔어
내 사랑을 찾아 왔어

땅값 올라 팔러 갔어　　집값 올라 팔러 갔어
제 짝 찾아 떠나 갔어　　사랑 사랑 떠나 갔어
내 사랑이 떠나 갔어

내 땅에다 집을 짓네　　헌 집 헐고 새집 짓네
식은 사랑 돌아 오네　　떠난 사랑 돌아 오네
내 사랑이 돌아 오네

아아~~~~
떠난 사랑 식은 사랑　　내 사랑이 돌아 오네
사랑 사랑 사랑 내 사랑아
떠난 사랑 식은 사랑　　내 사랑이 돌아 오네
사랑 사랑 사랑 사랑의 재건축

7-9.
고맙다고 말해

꼴찌에게 말해 고맙다고 말해
어서 빨리 말해 고맙다고 말해
안그러면 너를 꼴찌로 만들거야
나도 하고 싶다 1등 하고 싶다
나도 할 수 있다 1등 할 수 있다
나도 이제 1등이라네
그러니까 말해 고맙다고 말해
지금 당장 말해 고맙다고 말해

꼴찌에게 말해 고맙다고 말해
어서어서 말해 고맙다고 말해
안그러면 너를 밑으로 내릴거야
나도 하고 싶다 1등 하고 싶다
나도 할 수 있다 1등 할 수 있다
나도 이제 꼴찌가 아니라네
그러니까 말해 고맙다고 말해
지금 당장 말해 고맙다고 말해

7-10.
나도 한 번 해볼까?

이것 한번 해볼까 무~얼　저것 한번 해볼까 무~얼
그것도 한번 해볼까 무~얼　요것도 한번 해볼까 무~얼

기다리면 해결되나　남이 와서 풀어주나
망설이면 이뤄지나　누가 누가 도와주나

오~ 오~ 오~ 오~　오늘이 가기 전에
하면 될까 뭘 뭘 뭘~　주저하지 마 마 마~

나도 한번 해볼꺼야　최고 최고 성공 성공
너도 한번 해볼테야　성공 성공 최고 최고

미련 없이 아낌 없이　질러 질러 뛰어 뛰어
지금 하면 된다 된다　내가 하면 된다 된다

나도 한번 해볼꺼야　일등 일등 사랑 사랑
너도 한번 해볼테야　일등 일등 사랑 사랑

7-11.
그때 그 자리에

둘이라서 좋았네 그때 그 자리
사랑이 싹트는 그곳 둘이라서 좋았네
혼자라서 싫었네 그때 그 자리
사랑이 떠나간 그곳 혼자라서 싫었네
바윗등에 새긴 언약 만 개의 바람되고
꽃이슬에 매단 사랑 비바람에 날아가네
소나무에 걸린 믿음 이리저리 흔들리고
구름위에 뿌린 바램 참새들이 쪼아가네
아 ~~~~~못잊을 사랑
내 맘속에 불난 사랑 네 맘속을 태운 사랑
아 ~~~~~
잊지 못해 원수로다 보고 싶다 그리운 임
그때 그 자리엔 참새똥만 쌓이고
그때 그 자리엔 물이끼만 가득하네

7-12.
첫사랑

나도 몰래 정을 줬네
빨간 입술 삐죽이며
눈물 따라 흐른 사랑
찰떡궁합 만났을까
달님에게 구름에게
비가 오면 감기 들까
오싹오싹 바싹바싹
너도 몰래 품은 사랑
아 ~아~

너도 몰래 마음 줬네
하얀 속살 실룩실룩
바람 따라 떠난 사랑
어느 곳에 피었을까
윙크하며 물어 본다
눈이 오면 넘어질까
속이 탄다 애가 탄다
나도 몰래 싹튼 사랑
행복하게 잘 살아라

7-13.
너는 나의 핸드폰

한순간도 내 손에서
떼어놓을 수 없어
내 눈에서 멀어지면
심장이 덜컹덜컹
안절부절 허둥지둥

너를 보고 있으면
너를 꼭 안고 싶어
까만 밤도 하얀 밤도
내 품에서 떠나지 마
너는 내꺼 내꺼 내꺼

너는 나의 심장
너는 나의 영혼
너는 나의 전부야

7-14.
돌산 갓 김치

길쭉넙쭉 푸르딩딩
수줍어라 연보라여
돌산 바다 갓 잎 사이
천년동안 지켜내 온
울긋불긋 매운 양념
여수항의 바다 내음
돌산에서 베어내고
청자 여인 버무리니

웃고름도 가지런타
매운 눈물 줄을 선다
청자 손맛 스며드니
오동도의 꿀맛이다
연지곤지 찍어내고
손끝으로 무쳐낸다
오동도가 젓갈 보태
여수항의 꿀맛이다

독자님의 서평 한마디

「맛있는 말, 한입 잡숴 봐 U!」
영혼을 맑게 해주는 난향(蘭香)이 스며있다.

송란교는 예쁜 말, 예쁜 미소의 전도사다.
송란교는 세상을 밝게, 아름답게 만드는 실천가이다.
나는 송란교와 함께 하는 시간이 즐겁고 행복하다.
그리고 늘 깨우고 배운다.

「맛있는 말, 한입 잡숴 봐 U!」
먹어도 먹어도 맛있는 예쁜 말, 아름다운 말,
세상을 바로 세우는 말.
책 제목이 어찌 이리 맛깔스러울까?
내용은 더 맛있고 더 예쁘지만...

송란교 작가의 책을 읽다 보면 마음이 편안해지고 풍요로워진다. 사무실에 한 권, 서재에 한 권, 아이들 방마다 한 권씩 비치하고 수시로 읽기를 권장한다. 나와 내 아이들이 어떤 말을 구사하느냐에 따라, 인생이 달라지고, 운명이 바뀌게 된다. 그러하니 이보다 더 중요한 건 없을 것이다.

이 책을 읽는 독자분들은 자녀와 지인들에게 한 권씩 꼭 선물해야 할 것이다. 나부터 그렇게 할 것이다.
웃음과 해학, 위트와 지혜가 넘치는 책, 가슴이 뻥 뚫리는 책,
「맛있는 말, 한입 잡숴 봐 U!」를 강력하게 추천한다.

추천인 : (주)신동아방송국(SDA-TV)
미디어그룹 회장 정진교

송란교 프로필

· 전남 나주 출생

· 학력

- 한국외국어대학교 대학원 중어중문학과 (석사)
- 조선대학교 중어중문학과
- 광주대동고등학교

· 경력

- 경남은행 자금부장. 서울분실장. 지점장
- IBK연금보험 사외이사
- 천우문화예술대학 교수
- (사)국제서비스협회 전임교수
- 성동신문 논설위원
- (주) 지에스씨 사외이사

· 수상

- 재정경제부 장관 표창 (2005.12.30. 제051457호)
- (사) 세계문인협회 문화예술공로상 (2018.11.18. 제W-18-0047호)
- 문학세계 문학상 대상 (칼럼니스트 부문, 2022.12.16, 제CW-22-1006)
- (사) 국제웃음치료협회 '세계를 빛낸 천사상' (2018.12.1. 제2018-22)

· 연재

– 〈성동신문〉 : "송란교의 마음산책"

– 〈월간 문학세계〉 : "말이 주는 그 놀라운 축복"

– 〈경남신문〉 : "촉석루"

· 저서

– 『난향(蘭香), 그물에 걸리다』 (시집)

– 『예쁜 말 예쁜 미소 예쁜 인생』 (교양집)

– 『나도 한번 해볼까?』 (교양집)

– 『한국을 빛낸 문인』 (2017 ~ 2019년) 공저

· 작사

– 〈사랑 한 잔 딱 좋아〉 (작곡 송결, 노래 김민국)

– 〈돈돈돈 돈을 벌자〉 (작곡 노영준, 노래 정선희)

– 〈당신은 나의 비자금〉 (작곡 송결, 노래 조슬빈)

· 연락처

– 이메일 : nksong62@naver.com

맛있는 말, 한입 잡숴 봐 U!

송란교 지음

발행 1판 1쇄 2023년 2월 24일
발행 2판 1쇄 2023년 5월 01일

지 은 이 : 송란교
펴 낸 이 : 김천우
펴 낸 곳 : 도서출판 천우
등 록 : 1992. 2. 15. 제1-1307호
주 소 : 서울시 성동구 무학봉28길 6 금용빌딩 2F
전 화 : 02)2298-7661
팩 스 : 02)2298-7665
http://cafe.naver.com/chunwu777
http://blog.naver.com/cw7661
E-mail : cw7661@naver.com

값 15,000원

ISBN 978-89-7954-895-2